U0495275

新时代高校思想政治教育研究丛书

王 涛 主编

# 新时代青年工作理论与实践研究

朱 尉 著

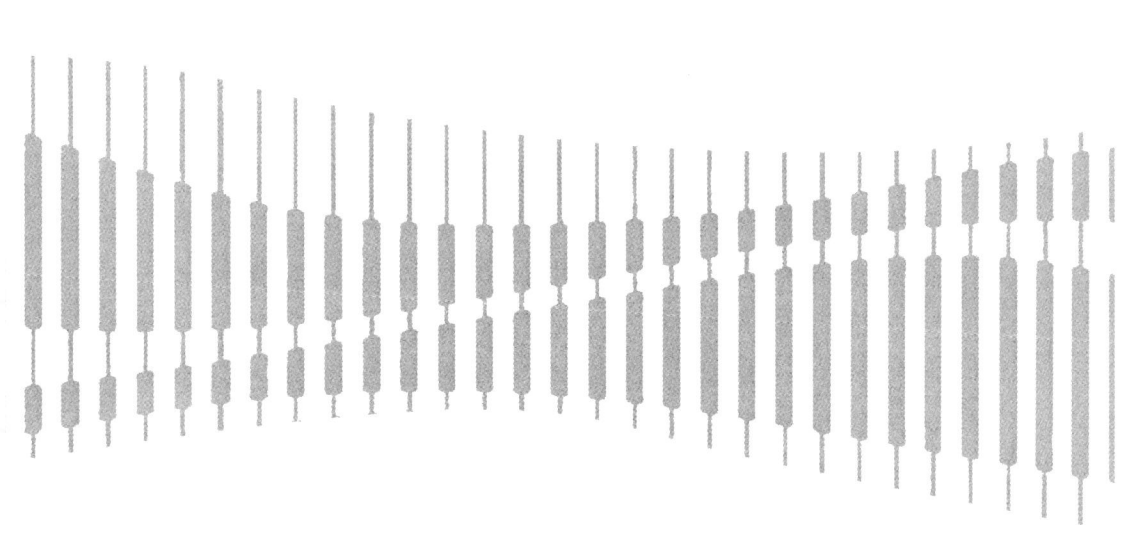

陕西师范大学出版总社

图书代号　JY22N1628

**图书在版编目(CIP)数据**

新时代青年工作理论与实践研究/朱尉著. — 西安：陕西师范大学出版总社有限公司,2022.11
（新时代高校思想政治教育研究丛书/王涛主编）
ISBN 978-7-5695-3027-8

Ⅰ.①新… Ⅱ.①朱… Ⅲ.①高等学校—学生工作—研究 Ⅳ.①G645.5

中国版本图书馆CIP数据核字(2022)第101576号

## 新时代青年工作理论与实践研究
XINSHIDAI QINGNIAN GONGZUO LILUN YU SHIJIAN YANJIU

朱　尉　著

| | |
|---|---|
| 出 版 人 | 刘东风 |
| 选题策划 | 郭永新　郑　萍 |
| 责任编辑 | 舒　敏 |
| 责任校对 | 马凤霞 |
| 装帧设计 | 张潇伊 |
| 出版发行 | 陕西师范大学出版总社 |
| | （西安市长安南路199号　邮编710062） |
| 网　　址 | http：//www.snupg.com |
| 印　　刷 | 西安市建明工贸有限责任公司 |
| 开　　本 | 720 mm×1020 mm　1/16 |
| 印　　张 | 15.25 |
| 插　　页 | 2 |
| 字　　数 | 210千 |
| 版　　次 | 2022年11月第1版 |
| 印　　次 | 2022年11月第1次印刷 |
| 书　　号 | ISBN 978-7-5695-3027-8 |
| 定　　价 | 49.00元 |

读者购书、书店添货或发现印刷装订问题，请与本公司营销部联系、调换。
电话：(029)85307864　85303629　传真：(029)85303879

# 总　序

思想政治工作是我们党的优良传统和政治优势，是我们党治党治国的重要方式，是党团结带领全体人民战胜各种艰难险阻、不断从胜利走向更大胜利的重要法宝。在全面推进高校思想政治工作高质量发展、以优异成绩迎接党的二十大胜利召开前夕，由陕西师范大学马克思主义学院和教育部高校思想政治工作队伍培训研修中心（陕西师范大学）共同策划编撰的"新时代高校思想政治教育研究"丛书与大家见面了。作为本套丛书的审读者和出版的见证者，我感到非常高兴和欣慰。

中国特色社会主义进入新时代以来，以习近平同志为核心的党中央高度重视高校思想政治工作，先后召开了全国高校思想政治工作会议、全国教育大会、学校思想政治理论课教师座谈会。在此期间，习近平总书记还视察多所高校，与广大师生座谈讨论，就加强和改进高校思想政治工作发表了一系列重要讲话和重要论述，为我们推进新时代高校思想政治工作高质量发展指明了时代方向，提供了理论遵循。在习近平总书记关于高校思想政治工作系列重要讲话和重要论述的指引下，中共中央国务院印发了《关于加强和改进新形势下高校思想政治工作的意见》，中办、国办以及中央宣传部、教育部等部门先后颁布了《关于进一步加强和改进新形势下高校宣传思想工作的意见》《关于深化新时代学校思想政治理论课改革创新的若干意见》《新时代高等学校思想政治理论课教师队伍建设规定》《高校思想政治工作质量提升工程实施纲要》《教育部等八部门关于加快构建高校思想政治工作体系的意见》等一系列重要文件，采取了一系列切实有效的措施，对加强和改进新时代高校思想政治工作作出了重大部署。由此，高校思想政治工作进入了创新发展、质量提升、精准施策的新阶段。

为适应新时代高校思想政治工作的新形势和新任务，陕西师范大学马克思主义学院以崇高的使命感和责任担当意识，立足"学习研究宣传马克思主义的主阵地"和"用习近平新时代中国特色社会主义思想铸魂育人的主渠道"，全面贯彻落实立德树人根本任务，在推进高水平学科建设、队伍建设、努力提升人才培养质量、理直气壮开好思想政治理论课的基础上，积极推进高校思想政治工作的内涵建设，在创新发展和质量提升上下功夫。学院先后成立了"马克思'经典'理论问题研究""中国特色社会主义理论与实践问题研究""新时代高校思想政治教育质量提升与精准施策研究""党的建设与国家治理研究"等学术研究团队，同时依托教育部高校思想政治工作队伍培训研修中心（陕西师范大学）和设在本院的陕西省思想政治工作重点研究基地，致力于新时代新形势下高校思想政治教育和思想政治工作的研究与探索，推出了一系列研究成果，也培养和锻炼了一批中青年学术骨干和思想政治工作骨干。"新时代高校思想政治教育研究"丛书就是学院几位专兼职青年教师结合学习工作实践，致力于新时代高校思想政治教育和思想政治工作质量提升与创新发展的研究成果。

这套丛书在内容建构和表现形式方面，体现出以下特点：

其一，紧紧围绕用习近平新时代中国特色社会主义思想铸魂育人这条主线，突出了对新时代新思想新理论的学理探讨、阐释和运用。

做好高校思想政治教育工作，最根本的就是要深入学习贯彻习近平新时代中国特色社会主义思想，落实立德树人的根本任务，努力培养堪当民族复兴重任的时代新人，培养德智体美劳全面发展的社会主义建设者和接班人。丛书以习近平新时代中国特色社会主义思想为指导，以全面贯彻落实习近平总书记关于高校思想政治工作系列重要讲话和中共中央国务院《关于加强和改进新形势下高校思想政治工作的意见》为着力点，系统地研究论述了新时代青年工作的理论与实践、全面依法治国方略与大学生法治教育、大学生主体性思想政治教育、高校思想政治教育亲和力，以及高校辅导员职业能力、马克思主义职业选择理论与大学生就业等高校思想政治教育的基础性、前沿性问题和新形势下大学生思想政治教育的热点问题，以体系性的研究呈现出对新时代新思想新理论的学习与思考、落实与践行。

其二，聚焦高校思想政治教育基本问题、自身特点和内在规律的研究，既注重内在逻辑的系统性，更突出了研究论域的创新性。

高等学校肩负着人才培养、科学研究、社会服务、文化传承与创新、国际交流与合作的重要使命。"培养什么人、怎样培养人、为谁培养人"是教育的根本问题。丛书聚焦新时代青年大学生的健康成长，思想政治教育工作者的能力素质以及教育内容、方法的拓展创新等基本问题和热点问题，在内容建构方面既注重内在逻辑的系统性，更突出了研究论域的创新性。内在逻辑的系统性体现在每一本书既是独立的论域，但同时又组成了一个统一的整体。比如，关于新时代青年工作的理论与实践、全面依法治国方略与大学生法治教育，重在对新时代新思想新理论的形成、发展与践行的研究和探讨，突出了对新思想新理论的追本溯源、探赜析微；大学生主体性思想政治教育实践研究、高校思想政治教育亲和力研究、高校辅导员职业能力建设研究，聚焦新时代高校思想政治教育的主体对象和基本问题，突出了对教育对象、教育者自身特点、能力素质以及新时代思想政治教育特点和内在规律的研究；马克思主义职业选择理论与大学生就业问题研究，则着眼于理论对实践的指导作用，突出了解决学生的思想问题与解决现实问题的结合。这些研究都紧紧围绕高校立德树人和用习近平新时代中国特色社会主义思想铸魂育人这个核心，从而构成了其内在逻辑的系统性。在研究论域的创新性方面，既有对高校思想政治工作面临的新形势新任务新挑战的学理分析，更注重对新时代思想政治工作特点和规律及其高质量发展的深度思考与探究。

其三，坚持理论与实践相结合、解决思想问题与解决实际问题相结合，在注重理论探讨的同时，结合工作实践突出了策略方法的针对性和解决现实问题的有效管用。

习近平总书记在全国高校思想政治工作会议上指出："思想政治工作从根本上说是做人的工作，必须围绕学生、关照学生、服务学生，不断提高学生思想水平、政治觉悟、道德品质、文化素养，让学生成为德才兼备、全面发展的人才。"这一重要论述深刻揭示了高校思想政治工作的本质特征，对高校思想政治工作的方法途径和价值目标提出了明确要求。丛书立足高校实际，在关注青年工作、青年学生主体性、大学生法治意识、思想政治教育亲和力的同时，把处于学生工作一线的辅导员专业素质和职业能力以及马克思主义职业选择理论与大学生就业问题作为研究对象，体现了对高校思想政治工作队伍和大学生切身利益等具体问题的关注与关切。将马克思主义理论运用到学生就业和职业发展的具体实践中，把解决思想问题和解决实际问题相结合，体现了思想政治教育知与行的统一。辅导员职业能力建设研究不仅对提升辅导员自身职业能力有重要的理论价值和实践价值，而且对推进高校思想政治工作队伍建设具有重要的启示和指导作用。

思想政治教育是一项政治性、思想性、专业性很强的实践活动，建设一支高素质的学生思想政治工作队伍是落实立德树人根本任务的重要保证。丛书的六位作者都有从事学生辅导员工作的经历，在学生思想政治教育和日常思想政治工作方面有一定的积累。书中所阐发的观点既是他们理论学习的心得和体悟，也是他们日常工作实践的亲身经历和经验总结。从这个意义上来说，丛书所展示的是一幅幅大学生思想政治教育的真实画面，是一帧帧教育者与受教育者交流互动的鲜活场景，具有很强的感染力、可读性，对做好高校思想政治教育工作具有重要的借鉴意义和指导价值。

近年来，在习近平新时代中国特色社会主义思想的指导下，高校思想政治教育工作取得了显著的成绩，展示了中国特色社会主义大学的制度优势和独特魅力。2021年7月，中共中央国务院又印发了《关于新时代加强和改进思想政治工作的意见》，对加强和改进新时代思想政治工作作出了全面部署，提出了新的要求，这无疑将对高校思想政治工作产生积极而又深远的影响。希望本套丛书的出版能为高校思想政治教育研究的繁荣创新尽绵薄之力。

需要特别说明的是，本套丛书是在陕西师范大学副校长、马克思主义学院前院长任晓伟教授的精心策划和具体指导下完成的。从选题立项到编辑出版，从内容体例到写作规范，包括马列经典著作的版本，晓伟校长都给予了悉心指导。从这个意义上来说，本套丛书既是教育部高校思想政治工作队伍培训研修中心（陕西师范大学）

人才培养的回顾和小结，也是马克思主义学院人才培养成果的展示，更是对我们今后在高层次专门人才培养和科学研究中如何瞄准前沿、凝结集体智慧和成果的有益探索。当然，鉴于理论水平和研究能力所限，丛书还存在诸多不足，还需要进一步深入研究。比如，如何拓展研究的理论视域及其深度广度，在注重实效性的同时进一步突出学理性；如何处理好工作经验与科学研究的关系，把经验上升为理论，从而更好地指导实践。这些都需要在今后的研究中进一步完善提高。

在审阅书稿的日子里，我脑海中不时浮现出当年申报教育部高校辅导员培训和研修基地的情景，以及成为全国首批"高校辅导员在职攻读博士学位专项计划"招生单位以来，我校思想政治教育学科和思想政治工作队伍建设发展进步的一幕幕场景。借此机会，我要特别感谢长期以来对马克思主义学院和教育部高校思想政治工作队伍培训研修中心（陕西师范大学）学科建设、队伍建设、高层次人才培养等工作给予帮助、指导和支持的各位领导和专家学者！同时也感谢陕西师范大学出版总社刘东风社长、大众文化出版中心郭永新主任和郑萍编辑为本丛书的付梓所给予的大力支持和悉心指导！在本丛书的修改和出版过程中，我们深刻感受到了陕西师范大学出版人的学术素养和敬业精神。

是为序。

王　涛

2022 年 8 月

# 前　　言

"青年工作，抓住的是当下，传承的是根脉，面向的是未来，攸关党和国家前途命运。"党的十八大以来，习近平总书记坚持党对青年工作全面领导的优良传统，站在中华民族伟大复兴的时代节点对青年工作提出了一系列具有战略意义的新思想、新论断，从而构成了新时代青年工作理论。它深刻阐述了党对青年本质及特点、青年历史作用和现实影响的全面认识；揭示了中国青年运动如何开展以及青年发展的方向；回答了青年工作为谁培养青年、培养什么样的青年以及如何培养青年等一系列全局性、战略性问题；回答了青年工作的体制机制、具体措施等宏观、微观问题。尤其是2022年5月10日，习近平总书记在庆祝中国共产主义青年团成立100周年大会上发表重要讲话，全面回顾了百年来共青团坚定不移跟党走、为党和人民事业奋斗的光辉历程，做出的重要功勋，积累的宝贵经验，对广大共青团干部和团员提出了殷切期望和明确要求。讲话深刻回答了"新时代建设什么样的共青团、怎样建设共青团"这一方向性、全局性、战略性问题，是习近平关于青年工作的重要思想，是新时代党的青年工作理论的最新发展。新时代青年工作理论是习近平新时代中国特色社会主义思想的重要组成部分，是对青年群体的主体利益及发展的理论观照，为当代青年在实现中华民族伟大复兴的中国梦的历史征程中提供了具体的行动指导，也是新时代指导青年、青年运动和青年工作科学发展的理论指南和行动纲领。

从陕北七年的知青岁月到正定、宁德的基层历练，从浙江、上海的地方实践到进入中央，习近平总书记的新时代青年工作理论在实践中生成，在实践中发展，逐步形成了具有科学性、系统性、实践性的中国特色青年工作理论体系。它既是对马克思主义青年观的接续传承，又是对中国化马克思主义青年观的整体推进；既是对中华优秀传统文化的深度开掘，也是对革命文化的时代性转化，更是对社会主义先进文化的创造性发展。必须深刻理解新时代青年工作理论的指导意义，在贯彻与践行中推动新时代中国青年、青年运动和青年工作的创新发展。

新时代青年工作理论需要整体性把握，首先要把握其思想精髓和理论实质。一方面，要从青年工作的一般理论出发，以多学科协同的理念研究青年工作的理论范畴、基本规律和思维逻辑，分析青年观及青年思想的基本框架，在此框架下全面总结新时代青年工作理论的内容，解析其内部的基本逻辑和结构特征，从总体上系统把握新时代青年工作理论的内容体系。另一方面，在分析过程中强调整体观，即在对马克思主义青年观与中国化马克思主义青年观的继承与发展上强调整体逻辑；在青年观的思想内涵、哲学基础、认识论、方法论的联系与比较中强调宏观整体的一致；在新时代青年工作理论形成发展的过程中强调成长经历、文化积淀、实践经验与自身思考的整体连通。

新时代青年工作理论的整体性把握，对中国青年与青年事业发展意义重大。新时代青年工作理论在实践中巩固了党的群众基础，强化了共青团和青年组织的组织力、引领力和服务力，提升了中国青年的社会影响力和国际影响力，提高了青年工作的科学化水平。把握新时代青年工作理论，有助于充分发挥中国共产党的领导这一中国特色社会主义制度的最大优势，确保青年发展政策落实见效，推动青年组织和社会组织的科学发展，在全党全国范围内营造关注青年、关心青年、关爱青年的社会氛围，切实解决青年发展难题，促进青年更好更快发展，帮助青年实现人生出彩，在实现青年梦的过程中凝心聚力，为实现中华民族伟大复兴的中国梦积蓄力量。

对新时代青年工作理论的整体性把握，离不开践行与发展，即要探讨践行新时代青年工作理论的主要着力点和推动青年工作内涵式发展的路径。要始终坚持党对青年工作的领导，牢牢把握青年运动的时代主题，把握青年工作的战略地位及职责使命，把握新时代做好青年工作的科学规律和路径方法，充分发挥青年发展的主体性，在落实共青团改革发展的任务中扫清制度性障碍，破解体制机制难题，带领广大青年奋力谱写青春华章。

# 目　　录

**第一章　青年与青年工作的理论界说** / 001
　　一、青年的基本内涵 / 002
　　二、青年思想与青年观 / 012
　　三、青年学与青年工作 / 015
　　四、青年研究的理论视域 / 024

**第二章　新时代青年工作理论的出场逻辑** / 048
　　一、青年地位不断上升呼唤青年工作的理论回应 / 048
　　二、青年发展的客观现实需要划时代的理论创新 / 051
　　三、青年工作的实际困局需要科学理论有力破解 / 054
　　四、中国特色青年工作理论体系发展的必然要求 / 057

**第三章　新时代青年工作理论的思想渊源** / 064
　　一、新时代青年工作理论的理论基础 / 064
　　二、新时代青年工作理论的中国渊源 / 072
　　三、新时代青年工作理论的文化资源 / 083
　　四、新时代青年工作理论的实践来源 / 101

**第四章　新时代青年工作理论的内容体系** / 116
　　一、新时代青年工作理论的科学内涵 / 117

二、新时代青年工作理论的主要内容 / 143

三、新时代青年工作理论的建构逻辑 / 148

**第五章 新时代青年工作理论的基本特征** / 157

一、新时代青年工作理论内容层面的基本特征 / 157

二、新时代青年工作理论方法论层面的基本特征 / 160

三、新时代青年工作理论的理论品格 / 166

**第六章 新时代青年工作理论的时代价值** / 184

一、新时代青年工作理论的理论价值 / 184

二、新时代青年工作理论的实践价值 / 189

**第七章 新时代党领导青年工作的具体实践与基本经验** / 194

一、新时代党领导青年工作的具体实践 / 194

二、新时代党领导青年工作的基本经验 / 204

**第八章 新时代青年工作理论的践行与发展** / 209

一、践行新时代青年工作理论的主要着力点 / 209

二、在实践中不断推动青年工作的内涵式发展 / 214

**主要参考文献** / 224

# 第一章 青年与青年工作的理论界说

青年是具有生物个体和社会成员双重身份的社会群体，总是鲜明地表现出生物性不断成长中的自然人与社会性正在形成中的社会人两种特点。青年是我国社会发展中一支最为活跃、最有生气的创造性力量，蕴含着推动历史发展和社会前进的强劲能量。因此，必须正确认识青年的历史作用与社会影响，积极引导青年成长成才与全面发展，为青年成长提供合理的制度安排，形成全社会关心关注青年成长、积极帮助青年成才的社会氛围。这不仅需要在实践中进行顶层设计和机制优化，还需要不断发展的理论为实践提供科学指导。

随着社会和人们认识的发展，青年的概念经历着各种演变，同时不同学科视野下对青年及青年工作的审视也丰富了青年的理论内涵。人们对青年工作的认识逐渐由局部到整体、由零散到系统，形成了青年工作的一般理论框架。这些系统化、整体化的青年工作理论从青年工作中提炼而来，形成理论后又成为一段时期青年工作的思想指导和行动纲领。本章对青年及青年思想基本内涵、青年工作理论框架和青年学的发展构想进行系统梳理和归纳，意在形成青年工作理论的一般知识框架。

## 一、青年的基本内涵

### (一) 青年概念的由来与演变

对青年的认识是一个历史发展的过程。对青年概念的界定决定着青年工作的对象、方向和原则。青年概念是伴随青年与社会而产生的。因此梳理青年概念的演进，有助于正确认识和把握青年的本质和成长规律，有助于理解青年与社会、青年与其他社群的关系，这是全面科学认识青年的逻辑起点。

在现代社会之前，并没有青年的概念，人们不需要特殊的教育和训练就可以直接进入职业领域，因此青年并没有成为科学认识的对象。伴随着近代工业化大生产的发展，社会分工逐渐精细化，人类不能自然进入职业领域而需要进行教育和训练才能具备一定的能力。此时现代意义上的青年概念出现，并作为儿童到成年的过渡阶段进入了科学范畴。当然，我们这里讲的青年概念作为生理现象是自有人类起就客观存在的，只不过作为社会现象有其发生的历史过程。

进入现代社会，人们对青年的概念有了不同的认知。从社会功能看，"青年是整个社会力量中的一部分最积极最有生气的力量"[1]；从社会角色看，"年轻人开始工作并开始建立家庭，他就不再是青年了，而不同阶层和不同类型的青年人，开始工作和成家的时间是不同的"[2]；从发展阶段看，青年是由青春期向成人过渡的时期，具体而言青年是由其发展的某些阶段所决定的；从生理特征看，"青年人是指十五六岁到二十五六岁的那部分人，性征发育是青年期的主要标志"[3]。但无论是

---

[1] 中共中央文献研究室编：《毛泽东文集》第6卷，人民出版社1999年版，第466页。
[2] 杨张乔：《青年本质研究的方法论》，载《青年研究》1987年第6期，第1页。
[3] 杨张乔：《青年本质研究的方法论》，载《青年研究》1987年第6期，第1页。

哪种角度，对青年的认识必须进入社会发展的历史背景中去，进入科学发展的历史进程中去，这也是青年研究一以贯之的基本原则。

青年作为社会现象萌芽于原始社会，当时人们从事劳动并无分工，只有年龄的区别。人们对青年被作为从童年向成年过渡的准备期的认识尚处于直观朦胧的阶段，没有形成对青年概念的理性认识。进入奴隶社会和封建社会后，统治阶级子弟在从童年向成年的过渡时期会经历教育和培训以维护和巩固自己的统治地位，劳动群众的子女很早就从事生产劳动，青年的过渡期几乎没有。教育成为特权而使青年现象由普遍变为特殊。18世纪欧洲工业革命后机器大生产需要人们具备知识和技能才能操作机器，加之生产力大幅度提高，国民教育有了充足的物质条件保障。欧洲许多国家开始实行全民教育，青年的过渡期成了普遍现象。而中国青年的普遍化进程则始于新中国成立后。青年概念在中国被认为源于道教的假说，作为思想和理想的象征，青年从一开始就有美学意义和宗教性质。[①] 中国对青年的认识也同样存在着渐进的过程，从最初超越自然束缚提出的形而上的理想崇拜，到后来对青春的赞美，再到对未来的心理探索，从对青年赋予理想和豪情到对理智形成主体性的认同。作为国家发展的生力军和重要力量，青年在社会各个层面发挥着越来越重要的作用。青年作用的日益突出也丰富着青年概念的内涵。

青年概念是从18世纪卢梭对人的四个发展阶段的划分而出现的。从最开始的生理性界定青年的过渡特征，到后来社会性因素与生理性因素交互影响和渗透，对于青年的认识开始重视社会的视角。联合国教科文组织在1968年的报告中把青年人定义为"社会看作是青年的人"，指

---

[①] 吴端：《寂静的青春——儒学民众化与青年现象的消失》，中国发展出版社2015年版，第38—43页。

出"青年是一种随时代、地理和文化背景而变化的社会分类方式"。①这种定义方式显示了青年存在的社会复杂性。1985年联合国大会首次给青年下了定义，将15至24岁的人定义为青年。这种定义方式一方面是出于统计便利，另一方面也表明青年的定义会随着社会环境的变化而变化。这些年对青年年龄定义的变化与多样正说明了各国青年工作发展的不同情况。列宁格勒学者鲍里亚兹给"青年"下了如下定义：①它是一种客观的社会现象，它是一种重要的、特定的社会年龄群体；②青年在各个历史阶段的生物性、社会性及其本质是人类属性的一个组成部分，同时也是社会的某些具体历史形态的一个组成部分；③青年人的人类属性的同化过程是按照社会法则而实现的，这些社会法则是：发展的不平衡性和自发性；④当青年人达到人类属性的充分同化状态时，就表明他们已成为社会运动的一个不可分割的、有理解力的主体和客体，同时也表明，他们已到了不再是青年的时候；⑤青年的年龄限期客观上取决于它的发展期和一定的发展阶段。② 这个定义相对来说具有较强的包容性。它既强调了青年作为社会现象的客观性，也肯定了其主观认识的历史发展过程；既承认了青年是自然性与社会性的统一，也强调了青年是社会的主客体统一，同时也分析了自然性的发展是社会性发展的结果。这种界定方式既承认了年龄期限的特殊性，也提出了用年龄来界定青年发展的局限性。

随着青年作为社会力量的崛起，青年因价值取向、社会态度等一致认同而形成了共同利益的群体，人们对青年群体在推动社会发展中的作用和影响的关注已经超越了对青年个体的关注。人们开始关注青年群体

---

① 联合国科教文组织：《对世界青年问题的分析——联合国科教文组织二十二届大会关于1984—1989年中期规划的青年工作的方针的说明》，载《青年研究》1984年第4期，第53页。
② 肖阳：《青年的定义》，载《青年探索》1986年第1期，第21页。

的代际特征,"世代理论"成为定义青年不同代际特点的经典理论。人们对青年群体的关注开始趋向同一代青年的总体描绘。进入新世纪,人们又发现,代际关注确实能够总体描绘青年的特征与影响,但无法深刻展现青年的社会建构意义,尤其是无法突出青年个体的差异性与主体性,这对利益诉求日益多元的当代青年发展不利。于是青年的概念与认识逐渐开始转向青年知情意行等构成的主体性。

青年概念从个体关注到群体关注是对青年认识的一次重大飞跃。把青年作为一个人生过渡阶段,视角虽然是青年个体,但重点又落在个体从童年到成年的过渡。社会学认为,青年个体的活动与行为对社会的结构与过程无法构成显著的影响,这种针对青年个体差异的研究无法准确地把握青年群体的整体特征和社会影响。曼海姆就注意到生活在同一个时代、有共同经验的青年朋辈会结成一种"代群体"意识,并认为后者一旦定形,就会进一步扩展它的基础,形成新的"代风格"(generation style)核心,从而脱离成人群体的主流时尚,甚至与后者产生对立。① 所以对青年群体的认识和关注就应运而生。"我们对青年的科学认识就确定了两个基本点:第一,它是社会群体,而不是过渡阶段;是一种具有清晰的结构特征的、可以具体把握的社会实体,而不是时间段;第二,它是社会群体,而不是个个分散的个体,是一种具有广泛社会影响、广泛社会关联性后果的社会群体。"②

青年群体的具体类型划分目前尚无统一的标准,但能够看出大家的关注视角都无意识地指向了问题青年或者弱势青年的群体观照上。比如,联合国大会认为需要更多地关注青年亚群体的存在对社会的影响,

---

① [德] 卡尔·曼海姆:《卡尔·曼海姆精粹》,徐彬译,南京大学出版社2002年版,第69页。
② 陆建华:《论青年群体的社会学特征》,载《中国青年研究》1993年第1期,第38页。

而不应简单地关注单纯的统计学意义上的青年年龄划分。青年"应当被视为包括许多具体子范畴的概括范畴,尤其应关注其中比较脆弱的子范畴——例如青年妇女、乡村青年、城市青年、残疾青年、青年难民、职业青年、失业青年、青少年罪犯以及居住在种族隔离制度下的青年人,等等"①。2014年11月30日,中国青少年研究中心发布了《全国六类重点青少年群体研究报告概要》,六类青少年群体是当前党和政府关注的重点,分别为:未就业大学生群体、网络媒体从业青年群体、民族地区民族青年群体、"留守儿童"群体、违法犯罪未成年人群体、残疾青少年群体。②近些年,随着青年群体的细分,新兴群体融入社会的状况成了学界关注的焦点。

可以说,在青年群体类型划分上,目前仍没有明确界说,但人们聚焦于代际划分来统一描述某代青年群体的总体特征。在代际划分基础上,也有学者提出"将一些重大历史事件'打包',从长时段的角度探讨重大历史时段而不是其间的历史事件对代际划分的影响"③。这就出现了陈映芳的"激进青年"和"革命青年"说④,以及周晓虹的"激进青年""革命青年""造反青年"和"世俗青年"说,在国家与社会的关系视角下勾画出了中国青年的百年发展史。这种青年群体的划分虽然也有着共时性的阶段特征,但是主要依据较为一致性的价值观和社会行为模式,实际上是以社会本位的结构视角探讨青年的代际互动,反映了中国青年逐步摆脱家国同构的政治格局影响的过程。这种青年群体历

---

① 黄蓉生:《青年学研究》(第2版),四川人民出版社2009年版,第65页。
② 中国青少年研究中心:《全国六类重点青少年群体研究报告概要》,中国青年网 2014-12-02, http://qnzz.youth.cn/zhuanti/lowdmgxlt/sjfb/201412/t20141202_6150396.htm。
③ 周晓虹:《中国青年的历史蜕变:国家与社会关系的视角》,载《江苏社会科学》2015年第6期,第72页。
④ 陈映芳:《"青年"与中国的社会变迁》,社会科学文献出版社2007年版,第180页。

史的整体界定，同样有助于对青年群体的认识。

现在有学者意识到经典的青年概念在进入后现代语境后面临着多重挑战。青年与成年的界限不再清晰，尝试用成年呈现期来准确界定青年概念。阿尔奈特在《成年呈现期：从10多岁后期到20多岁的曲折之路》一书中，对处于后现代语境中青年的主要特征进行了界定。中国科学院大学沈杰教授则认为这一概念重构是对当下青年进行的准确描述，但也强调："青年概念及其相关理论的发展仍然需要从社会发展理论和人的发展理论中汲取新的丰富滋养，同时必须对后现代境况中青年的本质规定性做出崭新的阐释。"①

总之，青年的概念经历了过渡说、社会说、年龄说、群体说、代际说、主体说等演变。从青年概念的演进可以看出青年与社会关系的历史渊源和不可分割的紧密联系。青年的发展经历了由个体向群体的过程，这个过程是伴随生产力发展带来的教育权利普遍化的。教育是导致社会分层与流动的重要原因。法国社会学家布迪厄曾指出：教育是阶级再生产的机制。布迪厄的阶级再生产理论强调了教育对于阶级结构的维护和复制的作用。② 为了使青年更好地融入社会，顺利进入职业领域，青年的概念伴随着教育权利的出现而出现。可见，青年发展与青年教育有着天然的逻辑关联，这也为青年工作理论提供了相关语境。进入21世纪后，青年差异化特征明显，青年发展的主体化诉求日益多元，青年成长的社会化支持日益多样，导致青年群体边界模糊，越来越细分的青年小众群体进入学界关注视野。

（二）不同学科视野中的青年

青年是一个影响因素和观察视角多元的复杂概念。不同学科都从各

---

① 沈杰：《后现代语境中青年概念的重构》，载《中国青年研究》2018年第6期，第32页。
② 高宣扬：《布迪厄的社会理论》，同济大学出版社2004年版，第71—74页。

自的理论视角对其进行了不同程度的科学解读，形成了对青年认识的全貌。

**生理学的青年定义**：用年龄来界定青年是生理学青年定义的标准范式，体现了青年这一概念的生理规定性。1985年，联合国大会在其通过的"国际青年年"决议中首次对"青年"进行了定义："按年龄来下定义，哪是青年，哪是儿童，哪是成年人，不同国家和不同文化，都有不同的定义。但联合国为了便于统计，规定15至24岁为青年人，但不妨碍会员国下的别的定义。"① 在这里，青年被认为是从少年到成年的过渡阶段。另一种界定方式是将青年视为边际人②，即把青年看作从具有不成熟性和依赖性的儿童到具有责任和权利的成年人的过渡。这种边际人界说是在生理意义上加入社会影响因素的界定方法。无论年龄界定还是边际界定，从本质上看都是从身体器官以及性成熟、体格发育等生理学变量来界定青年，是一种被动的静态的观察视角。

**心理学的青年定义**：心理学者把青年定义为心理发展处于迅速走向成熟而又未完全成熟的阶段，具有各种"矛盾的、危机的、双重的"复杂心理的人格群体。这种定义仍然是将青年视为一个受生理和心理变化影响的"年龄群体"。青年心理不稳定的特殊期成了很多心理学理论约定俗成的讨论前提，青年既充满幻想与激情，有时又脱离现实、充满矛盾的心理状况成为我们理解青年群体特殊性的重要视角。

**社会学的青年定义**：社会学家把青年视为与其他社会群体和整个社会有着某种特殊关系的社会范畴。作为再生产的一个因素，青年通过社会化过程实现个体成长。无论是奥古斯特·孔德还是埃米尔·涂尔干，

---

① 联合国大会秘书长的报告 A/40/256 中决定 I（Ⅳ）的附件：《青年领域的进一步规划和适当后续行动的指导方针》，1985年，第19段。
②［日］青井和夫：《青年社会学》，朱根译，载《现代外国哲学社会科学文摘》1985年第11期，第38页。

都把家庭和学校作为社会变量，来系统地完成对青年的社会化。他们都视青年为一个受社会因素影响的社会群体，重视社会群体对青年的塑造与教育作用，而不再仅仅着眼于个体的心理、行为和文化的社会适应。

文化人类学的青年定义：美国文化人类学家米德在她的《萨摩亚人的成年》一书中指出，青年不再是青春期心理学的一个内容，而是一个文化的实在。与心理学家将青年作为个体研究对象不同，文化人类学把青年作为一个人类学或哲学意义上的抽象的文化群体。"人类学家可以同时将青年视为一个有生物特性的年龄群体以及一个社会文化的实体进行更高层次的动态研究。"①

不同的青年概念的界定实际是由不同学科研究的思维路径所决定的，他们都从各自的视角运用理论解读青年，也为跨学科视角的综合研究提供了出场的逻辑前提。

生理上的认知主要是年龄的界定和性成熟。美国心理学家斯坦利·霍尔从进化论的视角把性成熟视为青年的本质特征，实际上也是年龄分期研究。他的《青春期》一书被公认为青年研究的初始。他认为青年期之情绪不稳是必然现象，故而主张应特别重视青年教育。他注意到了个体生物学发展对青年的影响，但忽视了心理发展和环境对青年更深层次的隐性影响。

心理学主要分为从人的认知、情感和个性等心理的形成过程来认识青年的心理发生理论、从社会结构与他人的关系视角认识青年的社会发生理论，以及从社会群体的心理对青年个性的影响来认识青年的社会心理学理论。

心理发生理论并不否认生物因素和社会因素在青少年心理发展中的

---

① 平章起：《青年社会学与"中层理论"探索》，载《青年研究》2000年第1期，第42页。

作用，但更着重于从心理内部寻求发展的规律。以弗洛伊德为代表的精神分析派从性欲角度来看待个体的心理发展；以美国心理学家 E. 埃里克森为代表的心理动力学派强调动机和情感在青年发展中的作用，也重视社会文化因素对青年自我的形成产生的影响；以瑞士心理学家 J. 皮亚杰为代表的认知学派则强调青年的认识能力和智力发展的作用。这些视角都有助于我们认识青年的心理发展，但只是探寻内部心理过程对青年发展的意义，忽视外在的社会环境甚至教育在青年个性形成和思想发展中的积极作用，这样无法全面科学地揭示青年发展的全部规律。

社会发生理论着重强调社会结构、社会文化、社会化方式对青年心理发展的关键作用。代表人物德国心理学家勒温认为青少年的人格结构和现场的行为都是由个体所处的环境结构决定的，团体内成员间的关系对个体行为心理的影响应处于环境结构的首端。青年心理发展是由自然环境、社会环境、思想上的某事物的概念三部分组成的心理环境发生作用的结果。同时他认为青年已有生活的全部和对将来生活的预期构成了心理动力场，是研究青年需要、紧张、意志等的重要视角。这种研究比社会心理学中的学习理论更加强调未来预期的心理动力机制。社会发生理论将环境因素引入青年心理发展是个重大进步，但只是重视了团体内部环境对青年心理的影响，社会环境只是作为理论上的影响因素被提出，成为其青年心理发展理论的局限所在。

如果说社会发生理论已经开始关注社会化方式对青年个体心理发展产生的影响，那么社会心理学则进一步探讨个体和群体在社会互动中的心理和行为的发展规律。法国心理学家皮埃尔·让内就把青年看作社会过程的产物，在社会心理学的视野中，青年的社会化过程、群体交往结构、群体规范态度等被重视并加以研究。

文化人类学则把青年看成了一个类群体和社会文化的实体并解释其发展过程。美国文化人类学家米德的"文化决定论"给人们打开了文化对青年人格影响的研究视角,是对基因决定论的挑战。① 包括她提出的代沟理论也是将文化视作青年与不同年龄群体隔阂障碍的主要原因。曼海姆在进行"文化危机"研究时发现,文化危机在青年一代中表现最为敏感。他对青年的研究以"代"为轴心,分为实证主义(年龄区隔)和历史浪漫主义(同样历史经验的区隔)。这种代际研究实际上是社会学关于社会阶层研究传统的继承。

社会学理论则是在青年与社会的互动关系中揭示青年的发生过程。孔德在青年研究中十分重视家庭这一社会变量在青年和青年教育中的作用。涂尔干认为只有通过学校的正规教育,才能完成青年系统性的社会化。塔尔科特·帕森斯的社会行动理论揭示了青年在社会行动系统中的"边缘化"地位和社会"依附性"本质,认为在社会化的过程中除受到家庭、学校等传统因素的作用之外,青年同龄群体也对青年社会化起着重要的作用。② 从家庭、学校到同龄群体等诸要素的分析,既非经验主义的总结,又摆脱了抽象主义的束缚,这种中层理论的研究更有助于对青年本质的理解。

不同学科视野的青年概念解读,都提供了青年的一个侧面。概念的把握要抽离表象直达内核,因此在以上概念认识的基础上,本文认为青年的概念应该界定为:首先,它是作为群体的一种客观的历史存在,这种存在决定了对青年的审视无法摆脱且必须正视史学范式;其次,既要从人的本质中把握青年的普遍性,也要把握青年的主体性与社会性的本

---

① [美]玛格丽特·米德:《萨摩亚人的成年——为西方文明所作的原始人类的青年心理研究》,周晓虹等译,商务印书馆2008年版。

② "所谓'边缘化问题'是指青年的社会状态的模糊不清,他们既非成人亦非儿童。他们既不能分享成人的权力,又不能停留在青春期以前不负任何社会责任的状态,他们既不能受到成人真正严肃的对待,又不能为成人所忽视。青年边缘化问题决定了青年社会依附性的本质"。见平章起:《青年社会学与"中层理论"探索》,载《青年研究》2000年第1期。

质特征;再次,青年的概念是一种历史的发展的概念,必将随着社会发展的变化而不断丰富其内涵,所以对青年的认识应该是具体的、历史的、发展的。对青年概念的历史梳理有助于清晰把握青年概念的产生与演进,不同学科视野对青年概念的认识有助于把握青年的整体特征,这些都是认识青年本质与地位的前提,也是观察青年问题的必要视角。

## 二、青年思想与青年观

对青年和青年群体的认识、青年组织的作用发挥以及青年工作的整体协调等一系列的观点和论断构成了青年思想。系统化和科学性的青年思想发展到一定阶段会形成具有稳定结构的青年观。学界当前对青年思想与青年观的界定相对模糊,出现了概念的乱用、混用现象。因此,有必要从根本上对二者的联系和区别进行准确界定。

### (一)青年思想的内涵

在这里首先需要从哲学层面辨识观、观念、思想之间的区别。从概念看,观念是一种会影响具体实际操作的主观认知,与概念基本一致但没有概念更具体。而思想是对事物本质的理性认识,具有一定的系统性和科学性,往往会形成抽象的方法。因此,观念与思想相比较,更多的是具体层面和宏观体系层面之别。而思想发展到一定阶段会形成观。观相对来说是更高层级的思想,具有相对稳定的结构,是思想发展的最高级别——理论或者主义的下位概念。从概念的动态特征考察三者的区别,观念具有一定的可操作性,是人的主体意识中具体的方法论层面的认识;思想相对于观来说,处于一种相对动态的发展过程中,二者都具有一定的系统性和完整性。作为理论的组成部分,观相对来说已经稳定,成为人们的根本遵循和行动指南,而思想相对来说会随着社会发展不断丰富其内涵,当然其主体部分和内涵主旨不会随便变化,在相当长的一段时间内会指导人们的具体实践。

具体到青年思想的内涵，实际因对象的不同有两种不同的含义：一种是以青年群体为对象，他们所表现出来的整体价值取向、思想观念、社会态度等，属于意识形态。我们现在经常说的当前青年思想的主要特征，就是青年思想在这个层面的所指。另一种是某个领导人的青年思想，是领导人对青年及其发展所持有的态度，这个层面的青年思想是对青年的本体论、认识论和方法论的具体概括。因这类的青年思想最终要表现为青年工作的具体实践，笔者认为这个层面应该界定为青年工作理论，一则能更准确地指出概念的工具性和内涵的实践指向，二则与青年群体的思想区分开来。具体到青年工作理论，则包括青年工作本体论（对青年工作的主体与客体的认识，青年的本质、需求、分层等），青年工作史论（青年工作思想史、青年工作发展史），青年工作环境论（青年发展的内外部环境、国际国内环境、政策环境等），青年工作方法论（青年工作的规律与原则、青年工作机制、青年工作方法等），青年工作效果论，青年工作体系论，青年工作研究等内容。它们共同构成了青年工作理论的内容体系，是对青年及青年发展的系统性思想。

从这个意义上讲，新时代青年工作理论就是指以马克思主义青年观为理论根基，对当前中国青年的本质、青年发展的目标、青年工作的具体谋划的一系列观点和方法，包括青年本质和地位、青年成长与发展、青年教育与培养、青年组织的作用发挥、青年的工作与问题等内容，这些内容深刻回答了我们党为谁培养青年、培养什么样的青年、怎样培养青年等一系列重大理论与现实问题。它是党的治国理政思想在青年工作中的具体体现，是具有系统性和相对完整性的理论体系。当然，新时代青年工作理论还在发展过程中，必定会随着党治国理政实践的发展和中国青年工作与青年运动的具体发展而与时俱进、不断丰富。

（二）青年观的演进

青年观是对青年与青年工作的根本观点、根本看法和根本态度。青年观的核心就是对青年的本质、青年的地位及作用和青年发展目标的根本观点。马克思主义青年观是无产阶级政党在领导青年运动中，把马克思主义基本原理与青年工作实践相结合的产物，是马克思主义经典作家和马克思主义政党以辩证唯物主义和历史唯物主义为指导，看待青年问题的基本立场、观点以及正确认识和处理青年问题、开展青年工作的具体原则与方法，是马克思主义科学理论的有机组成部分。马克思主义青年观和马克思主义新闻观、人民观等共同构成了马克思主义理论。

随着马克思主义青年观在中国的传播以及中国早期马克思主义者对青年思想的整体性发展，中国化马克思主义青年观实现了历史上第一次飞跃，形成了毛泽东青年观。它是党对革命战争年代青年救亡图存、求得民族独立和民族解放以及建设新中国的精神号召，是马克思主义青年观与当时青年运动的有机结合。邓小平针对"文化大革命"对青年的伤害及十一届三中全会新的历史机遇，对青年工作提出了一系列新的思想和观点，他以解放思想、实事求是的理论勇气进行拨乱反正，大力推进改革开放，对马克思主义青年观和毛泽东青年观进行了丰富创新，形成了邓小平青年观。邓小平青年观是党对社会主义建设时期青年艰苦创业、建设社会主义新家园的思想引领。以江泽民为核心的第三代中央领导集体从国家命运和民族振兴的历史高度发展了毛泽东青年观和邓小平青年观，对全面建设小康社会和社会主义现代化建设新时期的青年发展进行了思想总结，形成了江泽民青年观。胡锦涛面对国际发展和中国改革开放的新形势，把中国化马克思主义青年观推向了新的历史阶段，是党对青年高举中国特色社会主义旗帜、推动中华民族伟大复兴历史使命的科学回答，形成了胡锦涛青年观。新时代，习近平把青年自身的梦想与实现中华民族伟大复兴中国梦的历史使命结合起来，把青年的自我发展与中国特色社会主义事业的发展结合起来，提出了一系列关于青年发展的新思想和新论断，形成了新时代中国共产党青年工作思想。新时代中国共产党青年工作思想是对马克思主义青年观的根本继承，是对中国化马克思主义青年观的推进与发展。我们党长期以来有着优良的青年工作传统，始终重视青年、服务青年、培养青年、引导青年。中国化马克思主义青年观对不同历史时期的青年运动进行了具体指导，新时代青年工作理论则引领新时代的新青年在中国特色社会主义伟大实践和中华民族伟大复兴的征程中阔步向前。

青年工作理论是已经具备理论特征的青年工作具体的理论观照，是系统性与科学性仍在发展与完善中的理论总结；青年观具有一定的稳定性和结论性，是比较系统和理论化的青年工作认识论。青年工作理论发展成青年观需要一定的历史条件和主体条件。以习近平同志为核心的党中央在实现中华民族伟大复兴中国梦的历史征程中会不断丰富对新时代新青年的新认识，提升青年工作的科学化水平，促进青年的全面发展，推动新时代青年工作理论走向成熟。

## 三、青年学与青年工作

青年学是青年观核心抽象的理论表述。呼吁青年学的学科建立是中国青年研究同仁们的一种学术自觉。自20世纪80年代起，大家就在为构建青年学的知识体系和解释青年发展的特殊规律而不断努力。截至目前，青年学作为独立学科的建立仍在努力之中。青年学的概念界定、青年学应有的知识体系及研究方法、青年学与青年工作的关系等一系列问题都是我们进行青年工作理论研究的逻辑前提。

（一）青年学的发展构想

1.青年学的内涵

在现有的青年学定义中，研究者在以下几个维度形成了较为一致的意见：首先，青年学是在马克思主义理论指导下的科学；其次，青年学的发展必须吸收其他学科的理论滋养；再次，青年学的研究对象是青年群体；最后，青年学的研究任务是科学认识青年本质，揭示青年发展规律（包括青年身心发展规律、青年与社会互动规律和青年工作规律）。[①] 虽然各自概念的界定和知识体系的构建有着不同的倚重，在笔者看来没有本质上的不同。鉴于青年学作为学科提出的价值以及当前社会科学发展的需要，对青年学的定义需要重视以下几个方面：首先，青年学自出现以来，就有着社会学、文化学、心理学不同学科视角的理论观照。它们在各自学科领域内的发展对青年学构成了很多研究领域和研究概念的争夺与挑战。青年学要作为学科发展，不应排斥其他学科的多种观照，但应该明确青年学研究独有的对象、内容和方法，找到可以深耕的"自留地"。没有独立的学科归属将不利于青年研究工作的开展。其次，青年学应该包括理论研究和应用研究。既可以提供青年现象和青年问题的理论解释，又能为青年问题的解决以及青年工作的开展提供具体的方法。再者，青年群体的特殊性决定了青年工作和青年研究规律的特殊性，因此，从哲学思辨的层面把握青年本质，用理论思维的方法开展青年研究应该成为青年学寻找学科独立性的理论生长点。笔者认为，青年学应该是一门在马克思主义理论指导下的以青年为研究对象、以把握青年发展规律为研究任务，在哲学意义上开展的兼具理论研究和应用研究的独立学科。

2.青年学的知识体系及研究方法

黄志坚教授在《青年学新论》中将青年学的知识体系分为四部分：青年及青年的本质、青年的身心发展、青年与社会的相互关系、青年的特殊需求的发生及引导。[②] 这个知识体系包括了青年的本体、青年发展

---

[①] 见黄志坚主编：《青年学》，中国青年出版社1988年版，第31—34页；邹学荣主编：《青年学概论》，高等教育出版社1992年版，第13页；吴广川等主编：《青年学辞典》，吉林人民出版社1989年版，第1页；陆建华主编：《青年学辞典》，安徽人民出版社1990年版，第114页。

[②] 黄志坚：《青年学新论》，中国青年出版社2004年版，第36页。

的内外部规律和青年发展的内容，但作为青年学实践层面的内容明显弱化，青年工作、青年教育等方面的方法论没有涵盖其中，当然也缺少青年研究。完整的学科知识体系，应该包括对主要研究对象的本体认识、价值认识、规律认识和方法认识。因此，青年学的学科知识体系应该包括青年及青年本质、青年的多重价值、青年发展规律、青年工作和青年研究。

而青年学的研究方法长期以来多依靠社会学和心理学的具体研究方法，如调查法、实验法、统计法、观察法等，这些方法有助于从侧面把握青年，但青年的特殊本质必然要求青年研究与其他群体研究相异，青年研究应有其独特方法。青年学的研究方法应从历史与现实中考察青年作用，从共性与个性中研究青年特性，从定性与定量中把脉青年问题，从归纳与演绎中分析青年现象，从一般与个别中做好青年工作。

3. 青年工作与青年学

马克·史密斯给出了青年工作的定义："青年工作"指的是一种旨在促进青年人个人和社会协同发展的活动，这类活动是青年人正规的职业和学术培训的补充，并且需要通过青年志愿组织来提供服务。可以看出，在西方学者眼里，青年工作是帮助青年人更好地成长和融入社会的活动，属于社会工作的范畴。而在中国语境里，青年工作则是由党、政府和社会共同进行的以青年为对象的社会性教育、引领或服务工作，旨在实现青年与社会的协同发展。它包括青年教育、青年保护、青年发展、青年活动、青年服务等内容。总之，青年工作是为推动青年的成长与发展而进行的一系列工作，对青年工作进行理论总结属于实践层面的应用研究。

青年学是青年研究的整体科学，它包含对青年工作的理论方法的研究。青年学既是对青年本身特征的反映，也是对青年工作的理论归纳，既是对青年及青年工作内在规律的全面总结，也是对青年发展内在需要的理论观照。青年学就是要为青年成长提供理论引导；为青年发展提供智力支持；为青年教育提供理论教材；为青年工作科学化提供理论支撑；为制定青年政策法规提供理论依据。① 从理论上，讲青年学应该囊括青年工作的相关理论，青年工作也应具有一套相对完整的理论体系：前提是对青年本质规律的把握以及对青年发展需求的认识，但更应在青年工作开展的方式方法及青年现象和青年问题的解决层面展开探讨。

（二）青年工作的理论架构

"党的青年工作"的概念最早出现在1925年中共四大通过的《对于青年运动之决议案》中，其范畴基本上就是共青团所开展的工作。从概念的科学界定来看，党的青年工作是指在中国共产党的领导下，以共青团、青联、学联等青年组织为核心力量，以青年群体为工作对象，通过一系列政策、制度、机制以及思想政治工作引导青年认同党的意识形态，组织青年服务大局，参与现代化建设和国家治理，帮助青年成长成才。具体包括青年思想政治工作、组织动员青年、服务青年、培养青年人才等方面。青年工作是党的工作体系的重要组成部分，是中国青年运动在党的工作层面的表现形式。党的青年工作具有政治性，是在党的领导下组织动员先进青年服务国家现代化建设的总体工作；党的青年工作具有群众性，其归根到底是群众工作，需要深入群众，以多元方式动员组织青年，服务青年；党的青年工作具有统战性，要对各个阶层、不同职业、不同民族、不同信仰的青年实施联系和有效组织，扩大青年爱国统一战线。

青年工作是一项综合性的系统工程，需要制定执行青年工作政策，整合社会青年工作资源，推动思想引领、素质拓展、组织提升、权益服

---

① 黄志坚：《学术研究与普及应用——论加强青年学研究之双轨并进》，载《中国青年研究》2018年版第1期，第41页。

务，实现党和政府与青年、青年与社会、青年群体自身的多元良性互动。偏向于应用研究的青年工作理论，长期以来被等同于共青团工作理论来研究。这受青年工作的初始特征——党和政府的青年工作的决定和影响。随着青年工作的发展和青年研究的推进，青年工作不能仅从党和政府的角度出发、必须突出青年的主体性存在，成了大家的共识。但纵观目前已有的研究，青年工作理论的研究很少，大家在使用"青年工作"的概念时有一种约定俗成和理所当然的倾向。仅有的田杰教授2003年主编的《青年工作理论概要》还是作为共青团工作培训教材使用的。他着重从内容方法等技术层面对青年工作所涉及的方方面面进行分析，对相当一段时间内青年工作的具体开展起到了很好的指导作用。但问题也很明显，青年的主体性并非贯穿该书的思想红线。具体而言，对工作规律的把握没有从青年的特殊性出发；立论角度是站在党和政府的管理角度，强调了青年的组织工作与思想政治工作，忽视了青年服务与青年引领。同时，当年的青年工作理论在当前环境下有着明显的时代局限性，青年工作的内容和要求已经发生了很大的变化，书中也缺少对青年工作的环境与机制的探讨。总之，新时代需要更加科学的青年工作理论来指导青年工作的具体实践。构建青年工作理论的基本框架，需要分析框架中必须包含的理论要素，以及各要素之间的层次关系，核心要素是什么，理论的根本是什么。这些都决定着青年工作的具体方向。厘清这些问题，必须把握两个基本的价值判断：

第一，青年的成长与发展是青年工作的核心追求，是青年工作理论的本质核心。

首先，从需要理论出发，成长与发展是青年的最高需求，是青年工作的根本追求。马克思的满足理论强调，人们最高级的需要是发展的需要；马斯洛的"需求层次论"中最高级别的需求是"自我实现"；奥尔德弗的 ERG 理论认为人有"生存的需要、关系的需要、成长的需要"；

麦克利兰"三种需要理论"认为人们最重要的需要是成就需要,其次是权力需要和合群需要。种种需要理论最终都不约而同地将成长与发展的需要视为人们的最高需要。青年与人是特殊与一般的关系,同样,对成长与发展的需要也是青年的最高需要。

其次,从青年工作的内容与目标出发,青年与社会的和谐发展是青年工作的归宿。发展体现的是目的性和价值性的统一,从本质上讲,发展并非简单的目标考核和度量标准,而是作为一种价值标准贯穿青年工作的每一个层面。青年工作是在思想引领、素质拓展、权益服务、组织提升等四大维度对青年进行引领和服务的,具体涉及青年教育、青年生活、青年就业创业、青年恋爱与婚姻等领域。这些工作都是以青年的成长与发展为目标,旨在实现青年与自身、与其他社群、与社会、与政府的多元良性互动。

再次,从中国青年运动的发展史来看,青年运动是青年追求成长与发展的重要途径。青年是青年运动的主体,青年群体从自身的社会需要与切身利益出发,为实现某种目的而集结成集体行动。中国青年运动的目标主要有以下四点:一是爱国主义诉求表达,二是对公平正义的价值追求,三是维护自身权益的需要,四是响应党的某一政治号召。[①] 在青年运动的发展目标中可以清晰地看到青年运动是满足青年成长需求和发展要求的重要载体,在推动青年自身发展和国家社会发展中起着重要的作用。

第二,青年主体性发展是青年全面发展的核心,是青年工作理论构建的根本遵循。

马克思主义人的全面发展理论一方面强调社会生产力发展水平为人

---

[①] 中国青少年研究中心课题组:《中国共产党与青年、青年运动关系研究》,载《中国青年研究》2013年第6期,第39页。

的全面发展提供外在的物质保障，另一方面，也内在规定了人作为自身全面发展的主体所应具备的条件。因为"个人的全面发展，只有到了外部世界对个人才能的实际发展所起的推动作用为个人本身所驾驭的时候，才不再是理想、职责……"①也就是说，人是自身全面发展的主体，社会只提供个人发展的外部条件。人的主体性是指人要把自我当作客体去认识和建构，与外部环境给人的发展创造的条件相结合，进而实现人的全面发展。这也是唯物辩证法中内外因规律的体现。那么全面发展的主体性实际上就包括主动发展自身的意识和能够发展自身的能力，即主体意识和主体能力。只有具备了主动参与自身发展的意识，并为自身全面发展积极建构能力，全面发展才有根本性可能。"人的主体性是人各种潜能中最重要也是最高层次的潜能"②，所以人的全面发展的核心是人的主体性发展。青年成长与发展的核心是青年主体性的发展。只有主体性得到发展，青年的各方面素质才能和谐发展，包括理想信念、道德品质、智力体力、审美能力、物质与精神需要等的发展；只有主体性得到发展，青年才能实现个性的自由发展，其精神状态、心理倾向及行为特征才可以在实践中得以发展。

因此，青年工作理论的科学建构要以青年的成长与发展为核心，以青年的主体性发展为根本。它既包含对青年和青年工作本质性的理解与认识，也包括青年成长与发展的规律性理论和青年工作具体实践的方法理论，应该是认识论、价值论和方法论的统一。具体可分为青年本质与地位、青年成长与发展、青年教育与培养、青年工作与组织四部分。

青年本质与地位是对青年的地位、作用、影响、本质等的认识，是

---

① 中共中央马克思恩格斯列宁斯大林著作编译局编译：《马克思恩格斯全集》第3卷，人民出版社1960年版，第330页。
② 张继良：《主体性是人的全面发展的核心》，载《北京师范大学学报》1989年第4期，第86页。

青年工作的基础问题。它决定着青年工作的目标、价值、内容与任务，是青年工作理论的"元理论"。"曼海姆认为，作为一个世代，青年问题包含着两个问题：即'青年能给我们什么？''青年希望从我们这儿得到些什么？'要解决这些问题，首先必须明确青年的社会职能，以及青年的地位和作用。"① 青年本质是由青年内部的特殊矛盾所决定的最一般、最普遍和最稳定的共同属性。对青年本质与地位的认识，既是马克思主义人的本质理论的青年解读，也是青年工作方向与实效的根本影响因素。

青年成长与发展是对青年发展的方向、途径与方法的理解，是青年工作的根本问题。青年成长与发展的内在要求、宗旨、规律、条件、目标、方法都决定着青年实践和青年工作的具体路径。青年发展是指在与自身、与周边社群、与社会的多重互动中青年生理、心理、社会、文化规定性上所表现出来的增长和演进的过程、现状和特征。② 这种自然性和社会性的统一发展受内外部环境、政策环境、制度环境、社会环境等综合影响，所以青年与社会的关系是青年发展的前提。

青年教育与培养是青年发展的重要载体和具体行动，是青年工作的主要问题。马克思说过教育和生产劳动相结合是人全面发展的唯一方法。党长期以来的教育思想是对青年教育目标与内容的规定，是青年工作的实践要求。它是青年教育的主客体在培养青年成长成才过程中对各种资源与力量的平衡与调配，是青年全面发展的重要引擎。青年教育的内容、方向、原则、方针一方面推动青年主体意识和主体能力的不断发展，另一方面系统地实现社会化。青年教育要唤醒青年的主体意识，发

---

① ［日］青井和夫：《青年社会学》，朱根译，载《现代外国哲学社会科学文摘》1985 年第 11 期，第 38 页。
② 沈杰：《中国青年发展的分析框架及其测量指标》，载《北京青年研究》2017 年第 2 期，第 7 页。

展青年的自我意识和主体能力。"通过教育可以把人类从他人的权威中解放出来,虽然不是唯一的途径,但已经在传统上被证明是正确的。……通过教育来大大解放人类,就是将个人自主(常常是理性自主)设定为教育的一种目的。""在西方的教育与教学中几乎形成共识的是,自我决定、自我独立以及自我的人生规划都可以说成是个人自主,同时它也是教育的一种理想境界。"[①] 青年教育与培养要以青年成长与发展为根本目标,准确把握青年的本质与实际需求,把握青年教育的内在规律和社会需求,加强系统优化和机制建设,不断提升青年教育的科学化水平。

青年工作与组织是对青年发展的政策机制等宏观系统及力量的具体协调与分配,是青年工作的关键问题。青年工作必须坚持问题导向,以青年发展中的结构性矛盾与基础性矛盾为根本出发点和着力点,进行总体部署与系统破局。因此需要着力强化对党、共青团、社会组织、学校、家庭等组织力量的角色定位,优化青年工作体系,创新青年工作思路和工作方法,改革青年工作组织机构,牢牢把握青年工作的群众性、政治性和组织性三大"根本属性",始终照顾青年特点以发展青年的主体性,最终实现青年发展内外部力量的有机协调。

这四部分之间是互相联系互相影响的,从认识层面、理论层面、行动层面和机制层面共同构成了青年工作的全貌。青年的成长与发展是青年工作的核心目标,青年主体性的发展是青年全面发展的根本。因此,青年主体性发展规定着青年工作理论框架的取向。现代哲学发展是从实践和价值阐释人的主体性的。既然青年工作的根本价值遵循是青年的主体性发展,那么就要通过青年工作来发展青年的能动性、创造性、主导

---

[①] [英]詹姆斯·D. 马歇尔:《米歇尔·福柯:个人自主与教育》,于伟、李珊珊等译,北京师范大学出版社2008年版,第75页。

性和主体意识，使青年在自我实践中、在作为客体对象的青年工作中实现主体发展。青年的主体性本质影响着青年工作的倾向，青年主体的能动性影响着青年对客体及环境的选择，青年主体的自主性决定着青年实践的具体方向。那么归根到底青年的成长与发展就是要推动青年主体性的发展，青年教育与培养就是要通过各种具体环境的创设和具体教育工作与活动的开展为青年主体性实践提供保障，而青年工作就是要为青年主体性发展提供制度、政策、机制等系统环境。可以说青年主体性发展是促进青年全面发展的本质规定，从根本上决定着青年工作效果评价，也是青年工作最根本的价值追求。

## 四、青年研究的理论视域

通过上述对青年概念的不同学科梳理可以看出，不同学科都对青年及青年工作有所关注，但关注的侧重点有所不同。社会学集中关注社会变迁背景下青年在社会互动和社会参与过程中成长与发展存在的问题，是对青年成长与发展的要素、条件、过程等的客观描述。因此，社会学尤其关注社会结构因素对青年的教育和就业产生的影响，从外部条件解读青年的成长与发展。社会学对青年的研究成为其他学科关注青年的理论基础。青年学集中关注青年工作与青年引导，以培养青年成为合格的社会角色与社会力量为目标，从主观上分析青年的思想方式、行为特点及成长规律。政治学虽然不以青年为重点关注对象，但无论从权力的平衡和阶级力量积蓄，还是从青年的社会作用，政治学都关注青年这个群体，"生力军"和"接班人"都是政治学对青年的定位。社会学家会从研究青年政治认识的主动性和自觉性出发，培养青年马克思主义者。心理学重点关注青年的心理发展与社会性之间的关系，从心理机制和规律层面研究青年的社会交往行为。教育学以青年为重点对象，研究青年训练和青年教育规律。青年成长与发展是个体性与社会性自由而全面的发展,是德智体美劳全方位的发展,离不开与社会其他群体的互动,离不开社会、家庭、学校等多方面的教育与培养,因此以上各个学科从单一向度对青年发展的深入研究都不足以解释青年的全部问题,不足以促进青年的全面发展。这些不同侧面的研究共同构成了青年工作理论的全部图景。

要准确把握青年本质与发展规律,建构科学有效的青年工作理论,必须吸收不同学科视野下的青年理论,以科学的方法论为指导,丰富青年工作理论的多学科支撑,以多学科协同的理念构建青年工作的理论范畴、基本规律和思维逻辑。这些相关学科的理论会拓宽青年工作研究的视野,在青年自身、青年与社会、青年与其他社群之间建构有效的解释框架和理论范式,建立符合全球视野和中国语境的青年工作理论,当然也有助于全面把握新时代中国共产党青年工作思想的内容体系与理论全貌,并在基础理论的视域下理解该思想的理论品格和时代价值。对青年的理解可以从生理学、心理学、社会学、文化人类学等不同角度展开,从生理规定性的角度解读青年的自然属性,从心理规定性和社会规定性的角度解读青年的社会属性。青年是自然属性与社会属性的统一,但自然属性是随着社会属性的发展而发展的。因此,社会属性的解读是青年工作理论的必要前提。从社会属性解读青年离不开马克思主义理论的根本指导,离不开心理学和社会学等相关学科理论的借鉴,离不开青年社会学、青年心理学和青年文化学的整合。

(一) 坚持马克思主义理论的指导地位

马克思主义理论作为人类历史发展的伟大创新,是马克思对人类社会发展规律的深刻把握。"马克思主义始终是我们党和国家的指导思想,是我们认识世界、把握规律、追求真理、改造世界的强大思想武器。"①马克思主义理论博大精深，内容丰富，其中马克思主义青年观是马克思主义理论思想宝库的重要组成部分。马克思把人的普遍性与青年的特殊性结合，从对人的本质规律的把握中理解青年、认识青年、动员青年、引领青年。因此我们认为马克思的人学理论为全面认识青年作为人的普遍性和作为青年的特殊性提供了十分重要的理论支撑，应该作为青年工作理论的根本指导发挥其价值引领的作用。

1.人的本质理论为青年工作提供认识基础

青年本质是青年具有的最一般、最普遍和最稳定的共同属性，是认识和把握青年及青年工作的根本前提。马克思主义人的本质理论为全面理解青年本质提供了理论指导和思维方法。

马克思关于人的本质的思想主要包括"劳动或实践是人的本质""人的本质是一切社会关系的总和""人的需要即人的本质"三个命题。首先，人的本质是人类本质和社会本质的统一。劳动是区别人和动物的本质特征，生产实践是区别人和人的社会关系的本质特征。"人"是青年的上位概念，人的本质与青年的本质是一般与特殊、共性与个性的关系。②所以"劳动或实践"也是青年本质的一种总体性概括，当然也成为青年兼具"自然属性"与"社会属性"的根源所在。其次，既然是社会存在，生活在不同的社会关系中的青年，其社会本质也不尽相同。社会关系成为青年最基本的规定性。再次，马克思用人的需要说明人的全部社会关系，并多次阐述人的需要满足的过程实际上是人认识和实现自我的社会本质的过程。因此，青年在实现自我需要的过程中与他人、

---

① 习近平：《在纪念马克思诞辰200周年大会上的讲话》，人民出版社2018年版，第15页。

② 伍复康：《论青年本质：从马克思主义人的本质理论出发》，载《中国青年社会科学》2017年第4期，第10—11页。

与社会产生各种关系，在社会互动中确证自己的社会本质。

因此，马克思人的本质理论是青年本质的理论基础。在此基础上我们可以总结青年本质：青年是具有社会性的，是一切社会关系的总和，青年是具体的实践的，也是综合的发展的。青年是一种社会存在，因此，我们要在青年与社会的互动中理解青年，在发展过程中认识青年。

2. 人的自由全面发展理论为青年工作提供价值基础

青年发展是青年工作的价值取向和根本目标。人的自由全面发展是马克思的崇高理想和价值追求，青年的成长与发展是实现人的自由全面发展理论的具体的历史的实践。从理论与现实的双重角度规定了青年工作的价值追求。

马克思人的自由全面发展理论的观察视角是人与物以及人与人、人与国家社会的关系。其核心思想是人作为主体可以最大限度地自由发展。在马克思看来，人的全面发展和人的自由发展是同一个问题的两个方面，互相联系，有机推进。首先，他反对人受物与客体的支配，提倡人的行动自愿自觉自主从而自由。"每个人的自由发展是一切人的自由发展的条件"[①]，这既是青年的主体性价值的彰显，也为青年与环境的关系做了理论注脚。其次，提倡人的全面发展。每一个人都能发展成为"有个性的个人"，都能得到平等、自由、诚信、正直与和谐的发展，即全面的发展。青年个性的发展、独立人格的养成、社会责任的培养都是全面发展的内涵要求。再次，人的创造性能力的发挥是全面发展的关键。青年的创新对于国家民族振兴发展具有重大意义，青年创新能力的培养既是个人实现全面发展的应有之义，也是推动国家发展民族进步的重要引擎。

---

① 中共中央马克思恩格斯列宁斯大林著作编译局编译：《马克思恩格斯文集》第 2 卷，人民出版社 2009 年版，第 53 页。

马克思主义人的自由全面发展理论是青年工作理论根本的价值追求。马克思在论及人的自由全面发展的实现条件时，强调"工作日的缩短是根本条件"①，强调在以共产主义为基础的"真实的共同体"中实现发展，强调教育"不仅是提高社会生产的一种方法，而且是造就全面发展的人的唯一方法"②。充分的自由时间、良好的社会关系和优质的青年教育是青年全面发展的重要条件。人的自由全面发展理论为青年工作规定了主要内容，为青年发展明确了尊重主体性的价值追求，为青年全面发展提供了内涵参照，为青年持续发展指明了创新动力机制。

3. 人的主体性理论为青年工作提供方法论基础

尊重青年主体性已经成为青年工作理论的核心要旨。人的主体性理论主张人在社会实践过程中实现其价值追求，在价值追求满足的过程中实现主体性的升华。这一理论为青年工作发展青年主体性提供了可为空间和现实路径。

马克思主义人的主体性理论强调人的主体性就是人的社会实践性，人在社会实践中具有对客体的支配、控制、协调等能动作用。它承认主体性在人类历史中生成，在社会交往中发展，在人类自我价值追求中升华。实际上人的主体性理论为青年的主体性发展提供了具体的方法论。承认人的历史主体地位，就要发挥青年群体的主体性作用，尊重青年的价值追求和主体需要；同时要立足于青年主体的社会交往实践，为青年的社会化和主体性发展创设环境，使青年在社会价值和自我价值满足的过程中实现主体性的升华。主体性是人作为主体所需要的条件和所具有的性质。自主性、自由性、自觉性、能动性、超越性构成了主体性的内

---

① 中共中央马克思恩格斯列宁斯大林著作编译局编译：《马克思恩格斯文集》第7卷，人民出版社2009年版，第929页。
② 中共中央马克思恩格斯列宁斯大林著作编译局编译：《马克思恩格斯文集》第5卷，人民出版社2009年版，第557页。

涵。因此青年主体性的发展就要确保青年的自主、自律与自我负责，要发展青年的能动性和创造性，要推动青年在自由基础上实现价值超越，最终实现青年自由而全面的发展。

青年主体性的发展，与作为主体的青年对自身的改造、对其外部环境的改造是同时进行的。这个过程主要依靠青年教育和青年工作来完成。青年工作要在激发青年的主体性、确保青年主体性发展的方向和青年个体与集体的关系处理上发挥作用。在现实操作中，如何在追求个体的人本价值和人格独立与符合社会秩序和道德规范之间寻得理论上的平衡和现实的发展，如何在社会适应与个体培养之间保持适度的价值张力成了问题的关键。青年工作必须在为国家社会大局服务的"工具理性"和塑造自由而全面发展的"价值理性"中间有所平衡，这两者之间不是非此即彼的关系，而是在协同中有所侧重。这种价值追求从根本上决定了青年工作的走向、方法和效果。因此，青年工作在人的主体性培育与发展上的价值空间就在于，以促进青年的主体性发展为目标，在增强青年的主体意识、培养青年的主体精神、塑造青年的主体人格、提高青年的主体能力上下功夫。

4.需要"三级阶梯"理论为青年工作提供发展动力理论基础

马克思需要理论是人的需要对于人的发展动力意义的理论探寻。青年发展的动力机制源于内部主体需要与外部社会需要。因此需要理论成为青年发展动力理论的基础，为青年工作理论提供了动力机制。

马克思的需要理论首先是在个人和社会不可分割的整体观基础上分析了人的需要是个体意志和社会意义的统一。青年发展的需要是自我发展和社会发展的需要，同时青年的个体需要必须考虑社会的意义规范。其次，以需要的社会历史性质为出发点，将人的需要作为"体系"分为了生存或生理需要、谋生或占有需要、自我实现和全面发展的需要的"三级阶梯"。这种在历史发展的动态过程中考察人类需要的方法论承认了人的需要层次、人的需要的变动性和向上发展性。青年的需要作为体系也有其层级序列，当下青年的需求体系又呈现了多元复杂的特征，在线性与非线性、虚拟与现实等交叉并存的环境中，青年需要的性质和内容都随之发生了变化。

马克思需要理论作为观照现实、观照人的基础性理论，既能解释青年的本质需要，又能为青年与社会发展提供现实考量，为解决青年问题、做好青年工作提供科学的方法与指导：从人的需要与利益、动机的关系出发，寻找青年工作的切入点和目标导向；从人的需要的特征出发，寻求青年教育的科学方法；从人的需要类型出发，寻求青年工作的具体内容。青年的需要满足程度也成了青年工作评价的重要标准。

以上四个理论在马克思那里并不是孤立割裂的，需要从整体上把握其逻辑关联。马克思将上述理论联系起来进行思考论证，认为人的本质和需要决定了全面发展的内容和层次，全面发展内含着人的主体性发展。首先，马克思对人的全面发展的探讨和对人本质的探讨是同步联系的。在马克思看来，人的全面发展是人的某种内在的发展，因此人要在哪些方面得到全面发展完全取决于人的内在本质。当马克思把人的本质归结为自由自觉的劳动时，实际上将劳动视为个体发展的手段，一方面在劳动的过程中发展了自己的物质生产能力、精神生产能力和人自身生产能力，另一方面发展了人自我调控的能力、人与社会互动的能力以及人与自然相处的能力；当马克思从社会性来规定人的本质时，人的发展就必须是社会关系的不断发展，因为"个人的全面性不是想象的或设想的全面性，而是他的现实联系和观念联系的全面性"[1]；当马克思强调人的本质是人的自然属性、社会属性和精神属性的统一时，人的全面发

---

[1] 中共中央马克思恩格斯列宁斯大林著作编译局编译：《马克思恩格斯文集》第8卷，人民出版社2009年版，第172页。

展就是体力和智力、德行和审美的自由而充分的发展。其次，马克思把人的本质与人的需求联系在一起考察。在马克思看来，需要是人本质的规定性，"他们的需要即他们的本性"①，所以要实现人的本质，就必须在广度和深度上满足人的生存、发展和享乐的需求。人的全面发展也就是人的所有需要的全面满足。再次，马克思论证人的自由而全面的发展，这里的自由一方面是指人们可以不受社会分工所限，根据自己的兴趣和特长爱好去自主地选择参加活动的领域和类型，另一方面是指人的个性的自由发展。每个人作为一种差异性的独特存在参与社会生活，发展自己的能动性、创造性和自主性。这里的全面发展实际上包含了人的主体性发展。

从马克思的分析过程可以看出，马克思不再把需要看作人的本质，他强调人的本质在于其社会性、历史性和实践性，但他把人的需要称为"人的本性"，并将其视为构成人类活动的原动力和原目的。这种本性与动力说成为理解青年的逻辑起点。动力的满足离不开实践的过程，离不开人对客体的控制与能动性作用，人的本质属性——主体性在实践中就得到了发展。② 主体性得到全面发展，人的全面发展就基本实现。③ 以上四个理论为青年工作理论提供了丰富的思想内涵和逻辑方法。理解他们彼此的关系更能为青年工作理论确立基本的价值取向：青年的需要是动力基础，青年的主体性发展是核心，青年的本质是根本，青年的全面自由发展是目标和价值追求。必须从青年的需求与本质出发，才能实现青年全面发展。坚持马克思主义理论作为青年工作理论指导的根本地位，就是要以马克思主义四大理论为基础，综合理解青年发展的内部需

---

① 马克思、恩格斯：《德意志意识形态》（节选本），中共中央马克思恩格斯列宁斯大林著作编译局编译，人民出版社2018年版，第120页。
② 袁贵仁：《马克思的人学思想》，北京师范大学出版社1996年版，第109页。
③ 和学新：《马克思主义关于人的主体性理论与主体性教育》，载《天津市教科院学报》2000年第2期，第17—18页。

要与外部需要，这既是尊重青年主体性的前提，也是发展青年主体性所必需的。只有这样才能从根本上把握青年的本质属性，最终实现青年的全面发展、自由发展、充分发展、和谐发展。

（二）借鉴社会学和心理学的相关理论

1.借鉴社会学相关理论

社会学理论最大的借鉴意义在于它把青年作为社会结构关系中的一个群体进行研究，研究个体与社会、代际之间、青年在社会中的结构与功能。该理论的出发点不仅要研究社会如何教育与塑造青年，还研究青年如何推动社会创新与发展。这种青年与社会相互作用的规律本就是解释与探究青年工作主客体关系的本质要求，因此社会学理论的吸收与借鉴就变得尤为重要。

（1）孔德的"青年是社会变迁的基因"理论。社会学创始人孔德在《实证哲学教程》中高度评价青年具有"变革的天性"，并且在这种特质与社会进步之间建立起关联。他在1869年就开始对青年进行田野调查，认为"青年一代在整个社会的历史发展和文化变革进程中具有重要意义"。他提出的"青年是社会变迁的一种基因"论断成为社会学对青年本质及作用的最早观照，也成了对青年的社会建构意义的初始论证。这个论断虽然是对青年社会意义的初步认识，但他的贡献却是具有开创性和启蒙意义的。因为自此，青年不仅仅作为成人社会化影响的被动客体存在，也不仅仅只是社会同一性的形成阶段、社会过渡阶段出现的群体，而是具有实践性和推动力、能动性和主体性的重要力量在推动着国家进步与社会发展。这也是孔德成为"社会学之父"的最好证明。

（2）"个人与社会"的关系理论。在社会学研究上一直存在着以涂尔干为代表的用社会结构解释个体行动的社会唯实论和以韦伯为代表强调个体行动的社会意义的社会唯名论，二者从根本上体现为社会本位和个体本位的价值取向。这两种价值取向也成为观察青年问题的理论视角。从社会本位看待青年问题与从青年本位看待青年问题，结果会大不相同，直接影响着人们对青年问题形成的原因、影响的机制、解决的策略以及青年价值观塑造等问题的判断。当然个体与社会整体并非非此即彼的关系，这两种观察视角在不同问题的处理上倚重不同。"个人与社会"关系理论有助于更好地理解青年的现代性和主体性。

（3）吉登斯的"结构化理论"。吉登斯的"结构化理论"认为行动与结构之间并不是截然对立的，能动与结构、个人与社会、宏观与微观之间并非一种各自分立的关系，而是一种相互依存、相互包含的关系。[1] 一方面社会结构为主体行动提供条件，同时主体在社会互动中对结构进行着再生产。在社会结构与个体行动之间连接的是实践，在实践活动中实现结构与行动的统一。这种结构化理论是对社会结构与个体行动辩证关系的合理注解，也是青年与社会互动关系的基础理论。一方面社会发展为青年发展提供各种资源和条件，为青年需要的满足提供保障，另一方面青年作为最富有创新性的社会群体，在社会实践中产生新的期待与需要，在努力实现自我的过程中以各种方式进行着能动性的反作用，从而推动社会进步和发展。

（4）米泰夫"青年的社会化和社会的青年化"理论。如果说吉登斯"结构化理论"深刻辨析了个体行动与社会结构的辩证关系，为我们认识青年的社会建构意义提供了理论基础，那么米泰夫"青年的社会化和社会的青年化"理论则为我们认识青年的能动作用提供了多维度的方法。他认为不能仅从青年的社会化这个单一向度看待青年的社会继承作用，还应该关注社会的青年化中青年的社会更新作用。他认为"青年是一个年龄群体，它处在社会化转化为社会化的青年化，而青年化转化

---

[1] ［英］安东尼·吉登斯：《社会的构成：结构化理论大纲》，李康、李猛译，生活·读书·新知三联书店1998年版，第65—76页。

为青年化的社会化时期,直至社会化和青年化不再成为两个相对独立过程之时,这个阶段包括青年一代完成准备和进入自立的社会生活所需要的社会必要时间"①。这种分析明确地将青年与社会的作用分为了前期的"青年社会化"和后期的"反向社会化"两个阶段,为我们正视青年的社会作用提供了社会学的学术立场。

如果以社会本位来看待青年,要把青年培养和塑造成为社会发展的合格力量,社会需求成为青年教育与培养的标准,这是青年的社会化;如果以青年本位来看待青年,要把青年培养成具有独立人格和自主创新精神的社会力量,青年主体性的发展成为青年工作的追求,这是社会的青年化。两种不同的现象,实际表征着青年工作的价值空间的不同。在青年社会化过程中,青年需要接受外部的教化与自我的内化,学习和接受社会化的规训,掌握社会所需要的技能,形成适应社会的人格,这种情况下青年工作的价值在于教化;在社会青年化的过程中,青年以"反向社会化"的形式进行社会参与和互动,充分发挥现代社会赋予他们的在文化上的角色和地位特征,去发展他们的主体性、建构他们理想中的社会,在这种情况下青年工作的价值在于引领。

(5)米德的"后喻文化"理论。美国人类学家玛格丽特·米德在《文化与承诺》一书中,将人类的文化传递划分为"前喻文化、并喻文化、后喻文化"。后喻文化是指长辈反过来向晚辈学习,即反向社会化。"后喻文化"理论是对青年与社会关系的解构与重构,把青年地位从以往的"边际人"拉回了现世的主体性张扬,对当下青年群体对文化的自主选择有着清晰的分析,还对影响青年社会化的机制结构在现今的影响序列进行了精到的分析,注意到了同辈社群和网络空间对青年社会化

---

① [罗] F. 马赫列尔:《青年问题和青年学》,陆象淦译,社会科学文献出版社1986年版,第92—93页。

的影响。同时,"后喻文化"理论也成了解读当前青年价值迷失、精神焦虑、意义空间不稳等社会问题的经典。"后喻文化"理论在提供理解青年理论视角的同时,更重要的是具有方法论价值。它要求的是青年工作从理论到观念、从行为到机制的全方位更新与转向,包括教育理念、传播观念、主客体关系、思想政治教育策略等多方面的重构。

社会学这五大理论之间有着逻辑上的继承与推进关系。孔德的"青年是社会变迁的基因"理论含蓄地告诉我们要重视青年对社会变迁的作用,"个人与社会"的关系视角则进一步明确强调突出青年本位,从青年群体出发透视社会发展;吉登斯"结构化理论"进一步深刻辨析了个体行动与社会结构的辩证关系,在此基础上米泰夫"青年的社会化和社会的青年化"理论将青年的社会化建构意义进行了全面完整的定位。米德的"后喻文化"理论为青年与社会的关系进行了解构与重构,对青年工作的系统更新提供了方法论。从总体看,这一系列理论又是一脉相承的,构成了理解青年与社会关系的完整图谱。它们都是对青年个体与社会整体关系的理论分析,其中前两个理论是理解青年与社会关系的前提,吉登斯结构与能动关系是理解青年与社会关系的关键,米泰夫社会的传承与更新是青年与社会关系的落脚点,米德的"后喻文化"是理解青年与社会关系的后现代性视角。

整个社会学主导的经典理论主要是功能论、冲突论和互动论。功能论认为社会现象彼此之间相互关联、相互作用,都是整体中不可分割的一部分,共同推动社会稳定与发展。功能主义代表人物涂尔干在《社会分工论》一书中就指出组织之间的功能互补成为社会稳定生存的重要条件。结构冲突论强调社会冲突对社会巩固和发展的积极作用。符号互动论强调符号和意义在人类互动中的重要性。所以无论是以吉登斯为代表的结构功能论、以米德为代表的符号互动论还是冲突论,无疑都指向系统整体联系地把握和认识社会现象与事物的结构主义方法论。而这正是

035

社会学理论对青年工作来说可资借鉴之处。

2.借鉴心理学相关理论

心理学作为研究人的心理和行为的学科，一直以解释个体行为和心理机能以及心理机能在社会动力与社会行为中的角色为学科使命。其研究涉及的人的认知、思维、情绪都与青年的本质有着密切的关联，也为解释很多复杂的青年问题提供确凿的理论视角；其研究涉及的人的行为习惯、社会关系、人际关系领域都可以为青年成长与发展提供应然的理论范型；其研究还涉及很多青年的日常生活场域如家庭、社会、健康、教育等，这些场域都是青年教育与培养的环境与客体，是青年教育系统的重要组成部分。可以看出，心理学研究的对象和范畴与青年工作有着高度的相关性，因此，心理学相关理论应该可以也必须为青年工作提供学科借鉴。

（1）人本主义心理学中的需要理论。人本主义心理学一方面反对行为主义只研究人的行为而不理解人的本性，主张必须从人的本性出发，强调人的尊严、价值、创造力和自我实现；另一方面反对精神分析学派只关注人的病态行为，主张对行动的正面意义和人的成长与发展展开研究。也就是说，人本主义心理学关注青年的本性及正面价值，强调心理研究的本性回归和积极心理学的价值取向，是我们今天观照青年作为主体的价值理论基础。人本主义心理学中的需要理论与马克思需要理论在理论基础、研究角度、研究方法、需要满足的根本途径等方面存在着本质性的差异，也构成了人的需要在不同学科视域下的不同视角。

①马斯洛的"需求层次论"和"自我实现理论"

马斯洛在他的《动机与人格》一书中，试图通过深入探索人性的"高级"层次，来扩展我们对于人格的理解。首先，他强调人的需要是一种自然的客观存在。当然他的人本主义具有一定的局限性。人的需要是历史的发展的过程，我们应该坚持在人的本性需要与社会需要结合的维度上去理解青年需要。其次，他对人的基本需要的性质、层次、结构及其发展、上升的规律做了较为全面的论述，提出了需求五大层次论，强调自我实现需要是人的高级需要。这五大层次成为理解人的需求的重要理论，有助于我们理解青年的不同需求层次、教育原则与方法、青年与人类国家民族命运相连的最高需要层次等重大现实问题。

②奥尔德弗ERG需要理论

马斯洛的需要层次论是一种刚性的阶梯上升结构，只有较低层次的需要得到满足后才可能产生更高层次的需要，这种阶梯上升具有相对稳定性和不可逆性。而奥尔德弗认为，人们共存在三种核心的需要，即生存（Existence）的需要、相互关系（Relatedness）的需要和成长发展（Growth）的需要，因而这一理论被称为"ERG"理论。他认为这三种需要不是递进关系，甚至可以同时存在并发生作用。此外，"ERG"理论还提出了一种"受挫—回归"的思想，当高层次的需要没有得到满足，较低层次的需要会更加强烈。从需要的类型看，奥尔德弗并没有对马斯洛的需要理论有实质性的超越，但"相互关系的需要"层次正是青年群体的社会交往实践的现实。同时他更强调组织间的个体差异性，是我们构建青年群体间关系、促进青年社群发展的基础。

人本主义心理学中除了需要理论外，罗杰斯提出的个人中心治疗和同理心等理论都能为青年工作提供理论支撑，也是"以人为本""以青年为本"价值理念的根本溯源。

（2）发展心理学中的同一性理论。发展心理学研究个体心理的发展演变过程，心理发展是人的全面发展中的重要部分。发展心理学中的同一性理论解读青年自我意识与同一性发展，成为我们理解青年发展，做好青年工作的又一理论基础。

同一性是在埃里克森提出的个体心理社会性发展第五阶段中危机得到解决后形成的。所谓的同一性就是个体自我与社会期待的同一性、个体过往经验与将来发展的同一性。同一性的形成标志着童年期的结束和成年期的开始。因此同一性就成了青年阶段面临的最重要的问题。当然个人在形成同一性人格的过程中无论是从自己的过去、现在、未来的时间纵向考虑,还是对自身横向需求的比照,都与周边社会环境不可分割,这就构成了青年发展的社会环境论。同一性在结构上分为内容和评价,内容主要是对价值观、信仰等的认识,评价是对同一性的内容方面的评价、对角色的认可、对某些方面的看重等,更多的仍是价值观的评价。同一性是青年对自我的确认和对有关自我发展的一些问题如价值观、人生观等的思考和选择,会影响青年的职业选择、幸福感、人际关系等。因而青年自我同一性和社会同一性的确立是青年发展最重要的课题,是青年工作的努力方向之一,也成为青年世界观、人生观、价值观教育评价的重要指标。自然"同一性危机"也就成了青年犯罪等的解释视角。

(3) 社会心理学中的社会认同理论。同一性理论更多地强调个体的自我同一性,而社会认同理论则是在社会相互作用中定义和看待人们的方式。它认为个体通过社会分类,对自己所属的群体产生认同,并产生群体内偏好和群体外偏见。个体在群体内的认同取决于个体自尊的满足,他们会通过社会流动、社会竞争、社会创造等策略维持群体认同。社会认同理论可以观照青年社群及集体行为、青年组织的作用发挥、青年的社会参与及自媒体环境下青年一代的价值观引领等诸多方面。网络空间和现实空间中的青年的社会认同呈现不同的价值取向和特征。所以青年工作需要在建构青年群体的文化认同、政治认同等层面发力,实现青年对中国共产党青年工作思想及中国特色社会主义思想的理论认同、情感认同、价值认同和行为认同。这些建构措施的探讨自然成为青年工作理论的重要内容。社会认同理论一方面为青年工作提出了多维度的要求,同时也为青年工作提供了具体的方法论指导,成为青年工作需要借鉴的重要心理学理论。

心理学理论的借鉴需要在把握其内部逻辑关联的基础上整体借鉴其思想核心。"同一性的核心要素是个体'坚固的自我意识'（solid sense of self），表现为个体内在的掌控感和归属感。"[1] 社会认同的核心要素是建立个体与他者、与社会的交往和理解关系，表现为个体的组织化和社会化。但因为"人们需要承认自我、承认他者以及相互承认才能顺利地建构自我、实现自我"[2]，人们在社会化的过程中获得自我同一性和社会同一性，在个体价值和社会价值双重满足的条件下才能完成自我实现。青年的自我实现有赖于先进的青年发展制度和社会条件。同时，青年只有在改造社会的同时才能最大限度地实现自我。所以实现青年的自我认同和社会认同，使得青年能够在自身、自我与他人的良好人际关系、自我与社会的高效适应与协调发展中获得自我同一性，是青年自我实现的根本，也是青年工作的努力方向。当然，青年的自我同一性发展离不开心理需要的满足。同一性状态不同，心理需求会有差异；心理需求满足程度不同，同一性的发展水平也会有差异。因此，青年工作要进行思维转向，变以往的风险应对性教育为发展成长性教育，由危机干预向成长发展转变，根据青年所处的自我同一性发展的不同阶段的不同需求，进行发展成长性教育和心理需求的引导。综上，这几大理论是一脉相承的。青年心理需求的发展成长性满足，有助于青年自我同一性和社会同一性的获得，最终完成自我实现。

---

[1] 周廷勇：《齐克瑞的大学生自我同一性发展理论研究》，载《复旦教育论坛》2015年第6期，第35页。

[2] 任彩红：《从独白到承认：青年自我实现的困境及出路》，载《当代青年研究》2014年第2期，第89页。

## （三）整合青年社会学、青年心理学和青年文化学

### 1. 青年文化学的内部整合

青年文化是青年从成人文化中分离出来进行自我构建的一种符号表达，是青年群体的行为习惯、生活方式、价值取向和社会态度的综合表现。自芝加哥学派开始青年文化研究后，伯明翰学派对青年亚文化展开了深度研究。关注青年文化本就是青年学研究的重要分支，"青年人的问题之所以显得很重要，很大程度是因为它们体现了整个社会的症候"，所以既要深入观察研究青年群体本身的日常生活方式，又要在社会政治文化结构中透视青年的文化表达与集体创造。青年文化理论的平移与发展是青年工作的应有之义。青年文化理论实际上从文化的角度标定了青年工作的价值空间。首先，青年群体的文化表达，必然包含着某种创新和反抗的特征，他们是通过文化实践与文化行为来表达他们的精神追求的。这种精神追求可能是主流意识形态更接地气的亚文化表达，也可能是与主流意识形态相反相悖的表达。如何加强青年教育与引导，既保障他们的亚文化表达，促进文化的多样性发展，也能引导亚文化与主流文化合流成了青年工作的重心。其次，青年文化是一种世界性文化，尤其是互联网时代，青年文化在连接世界和全球交往中得以发展。如何使青年文化既与国际接轨，与世界对话，又能保持民族特色，体现中国风格和中国气派，成为青年工作的难点。再次，青年工作要把握青年文化的发展规律，就要在青年文化建设上集中发力，要在青年文化引领上积极作为。不能一味追求活动组织和工作部署，要强调活动背后的引领价值，要在构建系统化的机制基础上从内在价值上引领青年的精神世界。总之，青年工作要满足青年的文化需要，提高青年的人文素养，弘扬青

年的主流文化，复兴伟大的华夏文明。①

（1）法兰克福学派的文化工业理论。法兰克福学派文化工业理论认为通俗艺术是文化工作的主要表现形式，是资产阶级进行思想统治的文化手段，从本质上说是一种意识形态。回到历史语境中可以发现，法兰克福批判理论主要批判通俗艺术丧失了对社会现实的批判和建构功能，成为意识形态宣传的工具。青年文化经常表现为时尚流行文化，是日常生活的一种民间表达，青年文化不满足于在主流文化的边缘繁衍，而是希望以一种亚文化的存在方式嵌入社会的主体结构中去。我们在面对青年文化时应保持根本的价值理性，需要充分尊重青年文化所具有的创造性，不能一味地将其纳入主流文化和精英文化中去改造，这种对青年文化的意识形态的劝服会使青年文化丧失本质。所以在这个层面上，法兰克福学派的文化工业理论是对我们青年工作导向及价值追求的一种警醒：抗争性、反叛性、建构性、偏离性都是青年文化的本质特征和专有属性，不能用主流文化的性质去观察青年文化，解释青年文化。

（2）青年亚文化理论。青年亚文化理论是从美国芝加哥学派肇始，英国伯明翰学派发展，到后伯明翰时期的亚文化研究理论深耕至今，观察青年文化的一种主体理论。青年亚文化主要聚焦于亚文化和青年文化的本质、内涵、功能、特征、历史、结局、阶级阶层、社会结构等方面。② 在美国芝加哥学派看来，青年亚文化是偏离主流文化和社会整体结构的边缘文化，而伯明翰学派则将青年文化视为在各种社会关系中的一个差异性明显的文化"亚系统"，这种"亚系统"既有独立的专有属性，又与主流文化、成人文化处于同一时空，因此表现为抵抗与共享、

---

① 夏学銮：《青年文化建设的意义与目标探讨》，载《青年探索》2010 年第 1 期，第 19 页。
② 邓希泉：《青年文化发展规律研究》，载《中国青年社会科学》2015 年第 5 期，第 17 页。

创新与传承并存的文化形态。但无论怎样"亚文化"始终是一种非主导的边缘文化。上述学派是从主导文化和成人文化的立场看待青年亚文化的，而青年亚文化本身是在生产、传播、消费、发展等机制上不同于其他文化的一种文化形态，所以站在外部立场抛弃青年文化的本质看待青年亚文化，一定会对其进行某种程度上的破坏。马中红教授提倡改变研究视角，认为亚文化是需要宽容、需要引导、需要吸纳的小众文化和另类文化形态。① 那么，如何宽容对待青年文化的异质表现，如何吸纳青年文化中的优质基因，引导青年文化的正向发展，成了青年工作的努力方向。青年文化在表达与建构中凝聚着青年的价值认同，在网络与现实的双重空间中建构，在同辈群体的频繁互动中传播。因此，关注青年社群的互动表现，在主流文化与青年文化的契合点上进行深度引导，并嵌入青年的日常生活，应该成为青年工作引导亚文化的必要方式。

　　文化理论对青年工作的借鉴作用主要体现在青年文化主体性上。费孝通先生提出文化主体性是基于现代化进程中本土文化对现代化的自觉自主适应。而我们提出的青年文化主体性是基于青年发展过程中青年的文化认同与文化自觉。青年文化发展与青年发展存在一种互动关系，青年发展是在青年文化的熏陶与浸染中实现的，因此不能忽视青年文化的影响和能动作用；青年发展推动青年文化发展，因此要重视青年在文化的传播与实践中的行为引导。② 对于青年文化发展我们在认识和实践中有着双重偏误：一是青年文化始终被认为是一种亚文化，一直是相对于主导文化、精英文化处于边缘从属地位的次文化；二是我们以往过多地关注青年教育过程中的学生主体、教师主体，却忽视了文化主体在青年

---

① 马中红：《青年亚文化：文化关系网中的一条鱼》，载《青年探索》2016年第1期，第74—79页。

② 杨昕在《当代青年文化发展及其与青年发展的互动研究》一文中总结：当代青年文化发展对青年发展的能动作用主要表现为教化、塑造、宣泄和拓展作用。当代青年发展对青年文化发展的能动作用主要表现为创造、选择、接受和传播作用。

发展中的重要作用。让青年担当实现中国梦的历史重任，就需要青年从文化上根本认同，引导青年实现文化自觉。那么，青年文化与主导文化的关系以及青年文化主体性在青年发展中的重要作用成为当前的重要命题。基于此，青年文化主体性不能仅仅依靠青年群体的自我呼吁和集体抗争，更需要整个社会的重新认识和积极作为。一方面青年文化主体性是指青年文化在社会文化整体格局中的主体性地位。要将青年文化从边缘状态中解放出来，这也是当前青年文化已经发展成为一种无法忽视的重要力量的必然回应。我们长期习惯于定义"青年文化""青年流行文化""网络流行文化""青年时尚文化"，最终都指向青年亚文化。关于亚文化的形成机制，阿尔伯特·科恩的解释是遭遇"地位挫折"的工人阶级青年，以拒绝和反抗，包括越轨和犯罪的方式来"解决问题"，构建了越轨亚文化；"问题解决"的思路成为亚文化理论的一个里程碑。[1] 这种解释有其历史和理论逻辑的合理性。但随着青年文化的发展和青年影响的拓展，"青年不再是以往处于社会边缘的青年""青年文化不再是'叛逆''抵御''对抗'的文化"[2]。青年亚文化的形成机制日益复杂，"问题解决"仅能作为多元视角之一用以观察青年亚文化的生成动因和运行机理。青年文化与主流文化不是矛盾、冲突、解构和对峙关系，而是一种互补、反哺、共生关系。另一方面青年文化主体性是指青年群体对文化使用的主体意识和主体能力。具体表现在文化自信和自觉意识、文化选择和文化批判的意识与能力、文化创新和文化传播的意识与能力。因此，青年工作要着力于青年文化的引领，让青年树立文化价值观念：要在中华优秀传统文化传承中理解文化冲突，体验文化魅

---

[1] 陶东风、胡疆锋主编：《亚文化读本》，北京大学出版社2011年版，前言第5页。
[2] 黄洪基：《走向前台：当代青年文化发展的景象与趋势——读〈新媒介·新青年·新文化：中国青少年网络流行文化现象研究〉》，载《青年学报》2017年第3期，第21—22页。

力，领会文化内涵，建构文化自主性；要通过制定青年政策，为青年文化认同提供制度保证和政策导向；要充分利用多种媒体手段和现代化方式与青年文化同频共振；要在环境育人和服务育人中为青年文化发展提供条件。

2. 青年社会学、青年心理学与青年文化学的学科整合

学科整合的前提是弄清楚各学科的现实境遇和发展转向，从而找到学科整合的连接点和互补处。

青年社会学是社会学的一门分支学科，主要探讨青年本体的本质规定性及其外显的特征、青年与社会的互动及其关系、青年在历史进程中的地位及其作用等。[①] 大量社会学理论的吸收与借鉴成为构建青年社会学理论体系的主动选择，这些理论对于认识青年本体、青年与社会、青年与其他社群的关系不仅具有理论价值，而且具有方法论的价值，为青年研究提供了分析工具与观察视角，也为青年工作理论的全面性和整体性提供了理论保证。近些年来青年社会学研究也在发生着明显的转向，由关注宏观的社会结构影响转向了青年群体的人际互动等微观层面，从社会本位向个体本位转移。具体到青年问题的研究上，不再过分强调从社会变迁的角度看待青年发展，而是从青年个体的表现状态来透视青年群体的状态，从而透视整个社会的发展。这种观察视角的转变并不忽视社会变迁对青年意识、社会制度与环境对青年的价值塑造与行为养成的整体影响，而是充分考虑青年对社会的作用，从青年群体的社会化参与、社会化互动的角度考虑青年的主体性作用。因此，在系统整体的方法论指导下，将青年作为社会发展整体中的要素与力量看待，将青年问题与青年现象放到社会变迁的背景中去解读，将青年行为放到社会系统

---

① 沈杰：《青年社会学的基本理论视角》，载《北京青年研究》2014 年第 3 期，第 5 页。

中去思考，将青年工作放到系统整体的制度格局中去谋划，既可以考察社会结构在青年发展中的能动性作用和制约性因素，也能考察青年社会实践对社会发展的推动性作用和直接性影响，有助于深化对青年本质的认识，有助于合理把握青年成长与发展的系统力量，有助于科学剖析和解读青年行为，有助于妥善解决青年问题，最终推动青年与社会的和谐发展。

青年心理学涉及青年生理的、心理的和社会性的各个方面的发展、特征、水平、趋势和成因。具体包括青年的生理发展、社会化历程、价值观形成、认知发展、恋爱婚姻的过程、职业心理，青年与社会文化、学校、家庭、同伴的关系等。[1] 汲取与应用心理学理论，对构建青年工作理论、理解新时代的青年群体、对标青年成长与发展、提升青年工作实效具有重大的现实意义。比如：人本主义心理学强调从个体需要的本性出发，强调需要的发展层次，强调关注群体间的个体差异，为青年工作坚持"以青年为本"的价值取向做出了理论上的证明；同一性理论和社会认同理论为青年工作提出了目标要求，也为青年工作提供了具体的方法论指导。比如：在自我同一性的建立方面，可以从青年教育方法和路径进行探索创新，在青年发展的社会合力上去构建动力机制；在青年社会认同构建方面，可以从青年的公益实践、青年社会组织的运营方式创新等角度发力，在青年与媒体、与公众、与社会的互动式参与中构筑文化和政治的公共空间，在青年的情感体验中挖掘社会认同的合理要素。近些年来心理学在青年同一性研究上做了很多努力，集中在青年的自我同一性与情绪适应、社会适应、人格养成、职业决策、自我效能感、自控能力、行为偏好和网络成瘾行为的关系及影响方面。这些研究都可以为青年现象的解释与青年发展的动力研究提供有效借鉴。

---

[1] 张进辅主编：《青年心理概论》，高等教育出版社2004年版，第2页。

青年工作理论的研究之所以需要多学科整合，是因为一则研究对象青年是这几大学科共同关注的学科概念，二则青年问题和青年工作是几大学科共同研究的问题领域。最关键的是几大学科从不同视角对青年问题的关注必须形成具有一定内在逻辑的研究合力。马克思主义理论是青年工作有效开展的根本性理论，心理学、社会学、文化理论都在不同层面解读了青年，形成了青年学研究的不同分支。青年心理学、青年社会学、青年文化学在各自的学科领域里还都相对薄弱，但它们在青年学的学科体系中却有着相当重要的理论价值。首先，从研究的主要内容看，青年心理学重在剖析青年问题产生的内部机制，青年社会学重在分析青年问题产生的社会机制，二者共同构成了青年问题的理论图景。青年文化学主要解读青年现象。三者都从各自的角度为青年工作提供了方法论的指导。从青年工作需要看，青年心理、青年社会化、青年文化都与青年工作紧密相关。青年工作就要研究青年的心理需要，研究青年的社会交往和社会互动，研究青年文化的生成与传播，从而在青年社会化过程中推动青年的全面发展，实现青年与社会的良性互动，让青年作为国家发展的生力军和中坚力量充分发挥作用。其次，从理论借鉴的根本指向看，马克思主义理论对青年工作的核心指导意义在于以青年的主体性发展为目标；心理学理论对青年工作的借鉴意义在于以青年的自我同一性发展为目标；文化理论对青年工作的借鉴意义在于以青年的文化主体性发展为目标；社会学对青年工作的借鉴意义在于在青年与社会有效互动和相依共存的框架下形成系统整体的方法论。实际上，同一性和主体性的逻辑前提和价值归宿在根本上是一致的。二者都是基于以往教育单向追求和首要追求的"社会化"倾向，让个体在教育中学到符合社会需要的态度、行为和必要的技能。二者都追求自我实现的个体性和社会性的统一，都有助于推动青年个体的全面发展和社会化。因为两个理论都有着共同的价值取向："为了培养个体潜在的所有天赋，我们需要有能力全面地看待个体并相信他们自身的核心价值。"而文化主体性的发展是青年主体性发展的一个重要突破口和理性选择。所以，我们既可以从以上理论中寻找依傍和思想指导，又可以在方法论借鉴的基础上形成科学有效的青年工作理论，并从思想内涵和应有价值双重维度检视当前青年工作思想的理论不足和发展方向。因此，应该以马克思主义理论为根本指导，整合社会学、心理学、文化学相关理论，建构系统科学的青年工作理论。

# 第二章　新时代青年工作理论的出场逻辑

新时代呼唤新理论，新理论引领新时代。新时代的青年被赋予了新的时代责任与光荣使命，要在实现国家富强、民族振兴、人民幸福的中国梦的历史征程中实现青春梦想；新时代的青年运动要在实现"两个一百年"奋斗目标与中华民族伟大复兴中国梦的进程中阔步前行，在中国共产党的领导下与人民一起开拓创新；新时代的青年工作要尊重青年成长规律，解决青年发展的现实困境，满足青年成长的多元诉求。这些都成为新时代青年工作理论出场的现实逻辑与实践逻辑。同时，中国青年运动百年实践需要进行梳理，从历史中总结成功经验助力新时代的青年运动发展；中国特色青年工作理论体系需要在稳步发展中实现系统化和科学化，为新时代青年工作提供理论指南和行动纲领，成为新时代青年工作理论出场的历史逻辑与理论逻辑。新时代青年工作理论正是在准确研判上述问题的基础上做出的理论回应，也为指导当前及未来一段时间青年工作提供了前瞻性的战略思考。

## 一、青年地位不断上升呼唤青年工作的理论回应

青年的地位始终是党对青年认识的基本问题。马克思将青年视为生产预备队和革命接班人，强调青年是革命事业和人类未来的希望，充分肯定了青年群体所具有的积极性、理想性和开创性，也从历史与社会、

个人与群体的结合视角解释了他们的过渡性和成长性，确立了认清主流和优点、帮助其成长的基本工作原则。毛泽东系统论述了青年在革命中的先锋性和桥梁作用、在社会主义建设中的创新性和突击队作用。邓小平将青年视为"社会主义建设事业的急先锋"和"开创21世纪大业的生力军"。江泽民则提出"青年兴则国兴，青年强则国强"，青年已经成为建设社会主义现代化国家的主力军。胡锦涛将青年视为"民族的希望、祖国的未来"，"改革开放和社会主义现代化建设的生力军"。可见，无论是革命、建设还是改革的历史时期，党始终高度重视青年在国家发展和民族振兴中的地位与作用，青年在国家发展中的主体地位不断上升，青年在国家发展中的贡献也逐渐增强。

青年的发展直接反映时代和社会的变化与要求，青年的强弱决定了国家的兴衰荣辱。因此，无论是青年地位的现实影响，还是党对青年地位的认识发展，都充分说明了青年与国家、社会的联系更加紧密。党的十八大宣告我国进入了中国特色社会主义新时代。国家发展进入了新的历史方位，形成了新的社会矛盾，摆在中华民族面前的任务相当艰巨。青年在国家和社会发展、党和人民事业发展中的重要性日益彰显，在国际舞台上的影响力日益攀升，因此，需要新时代青年工作理论对青年的时代地位做出明确的判断，对青年的影响做出清晰的表述，对青年与国家、社会、党和人民的关系做出准确的界定，对青年的地位与作用进行理论回应。

（一）时代最灵敏的晴雨表

青年处在价值观形成和确立的时期，其行为表现、心理动机、文化表征都影响着社会发展的方方面面。同样，每一代青年都有自己的际遇和机缘，都有时代赋予的责任，都要在自己所处的时代条件和具体环境下谋划人生，创造历史。习近平总书记在北京大学师生座谈会上的讲话中指出，青年是标志时代的最灵敏的晴雨表。这意味着"青年兴则国家兴，青年强则国家强"，青年的发展既有时代发展的要求与印记，也以强大的社会影响推动着时代的进步。习近平总书记以极其形象生动的语言表达了党和国家对当代青年地位的准确认识，为把握青年的时代地位奠定了良好的认知基础。

（二）国家的希望、民族和世界的未来

作为"国家的希望、民族的未来"，青年要主动担当时代使命，发挥"国家和社会发展的生力军""党和人民事业的生力军"的重要作用。当代中国青年在国家发展和关系民族命运的重要关头已经成为奋力向前的青年先锋，在世界舞台上展现了良好形象。他们已经成为国家经济社会发展中的中坚力量，在创新创业、乡村振兴、文化传承等关涉国家发展的重要事业中，中国青年都以一种不可阻挡的力量彰显着新时代新青年的新作为。尤其是在疫情防控的过程中，当代青年已经成为抗疫前线的中坚力量，在医疗救助、物资救援、社会帮扶等方面为疫情防控取得重大战略性成果提供了重要的保障。习近平总书记高度重视青年在全球治理中的基础性地位和战略性作用，他在于俄罗斯莫斯科国际关系学院的演讲中指出，青年是国家的未来，是世界的未来，也是中俄友好事业的未来。中国青年是国际友谊的桥梁，是友好关系的建设者，是深化合作的推动者。作为国家的希望、民族和世界的未来，青年要继续发挥国际影响力，主动担当全球治理责任，为国家发展、民族振兴、世界和平、人类社会可持续发展做出贡献。

（三）中华民族伟大复兴的追梦者和圆梦人

当代青年生逢其时，既是决胜"第一个百年奋斗目标"的生力军，也是实现"第二个百年奋斗目标"的主力军，是中国特色社会主义进入新时代和中华民族伟大复兴的见证者、亲历者和实践者。当代青年的人生发展、职业生涯与国家发展、民族振兴、强国目标是同步的。他们既是代表时代精神的现实力量，也是创造未来的战略力量。习近平总书记 2018 年 5 月 2 日在北京大学师生座谈会上的讲话中指出："广大青年既是追梦者，也是圆梦人。追梦需要激情和理想，圆梦需要奋斗和奉献。广大青年应该在奋斗中释放青春激情、追逐青春理想，以青春之我、奋斗之我，为民族复兴铺路架桥，为祖国建设添砖加瓦。"这个身份定位是国家和时代赋予的，当代青年要以担当民族复兴的历史重任为发展目标，把个人理想融入社会理想之中，坚持主体与客体的统一。这个身份定位同样需要党和国家对青年工作进行全面谋划，明确青年工作的战略地位，始终将培养中国特色社会主义建设者和接班人作为党的青年工作的根本任务。

## 二、青年发展的客观现实需要划时代的理论创新

新时代我国社会主要矛盾发生变化，尤其是经济全球化、互联网技术和多元文化交往的日益深化，使青年群体的类型日益多样，异质性显著，青年自身发展的诉求多元化，呈现出类型化的复杂样态，也面临着多样化的现实发展困境。当代青年总体看来属于"网络原住民"，他们的信息接受渠道多元而畅通，信息表达追求平等自信，价值观和思维方式开放包容，但群体高度分化，各类群体特征又独特而明显。同时，他们成长在全世界日益同步的全球化背景下，成长在经济富足、国家繁荣的新时代。无论是社会外部环境，还是自我成长的内部环境，都发生了重大变革。他们不再仅仅被家族传统、地域习俗所影响，现代网络营造的关系格局构成了他们成长的软环境，工业生产营造的产业格局构成了他们成长的硬环境，这成为理解青年发展的现实场景，也决定了新时代青年发展具有多元化的主体诉求，当然也伴随着多样化的现实困境。青年发展的客观现实需要划时代的理论创新，我们需要搞清楚青年工作如何对标青年问题、满足青年需求、符合青年心理，保证青年发展的正确

方向，推动青年全面发展、高质量发展。

（一）多元化的主体诉求

新时代的青年有着时代化特征明显的多元诉求。他们并不排斥与国家梦、民族梦同向同行，也期盼为追求美好生活不懈奋斗。在追求物质满足的基础上寻求更高层次的精神支撑、从精神上解决"时代问题"的强烈期盼，已经从"个人信仰""个人情感"过渡到"国家信仰""国家情感"。尽管他们的理想与价值追求更具有时代特征和个性化色彩，但他们希望实现自身的理想、愿望、价值，并获得社会的尊重。他们具有强烈的个性色彩与表达欲望，勇于发声表达自我，同时具有鲜明的追求权利平等的意识，关注社会参与，期待在社会中发挥作用。他们有着强烈的求知需要，渴望学习，探索新知，能够很快地接受新文化。他们不再囿于血缘关系的社交需要，而是转到了以学缘、业缘、地缘、网缘为重的新型社交关系网络。总之，他们在新时代具有了新的认同方式和归属感。青年工作理论需要在细分多元化诉求，精准引领青年和服务青年上做出理论创新。

（二）多样化的现实困境

新时代的青年发展有多重现实困境。这些困境既是社会发展过程中各种矛盾在青年群体中的集中体现，也是国家发展过程中必然遇到的现实问题，集中表现为青年群体的精神困境与行为选择困境。一方面，青年的行为与生活经常处于新媒体所形成的虚拟环境与社会现实环境的相互渗透、相互交织之中，影响了他们的自我认知与身份认同；当前社会环境中的不良因素也会在第一时间投射甚至影响到青年群体，在面对多元价值观尤其西方价值观念的强势渗透时，青年会出现道德评判困惑和价值选择迷茫，一旦缺乏主流核心价值观的引导就会出现盲从甚至不知所措的现象。另一方面，青年通过虚拟人际交往填补现实社会中被挤压的私人空间，他们会沉溺于符号化的交往方式和虚拟化的交往场景中难辨真假，在信息链接塑造的全新人际交往方式中产生困惑和不适应，这无形中增加了他们与现实社会隔离的危险，加大了他们与现实社会的区隔。同时面对网络空间不同于现实社会的全新秩序与道德伦理要求，他们经常会产生情绪化行为和失范行为。行为选择和精神状态的双重困惑与价值迷茫成为当前青年发展的困境。

同时，青年发展的主体性诉求与满足之间也呈现出矛盾关系。青年希望寻求更高层次的精神支撑、对多元文化和多元身份的认同、对社会归属感的需要，但青年工作能够给予的是有限的，这就成为一对现实矛盾。具体表现为，在新环境发生变化时，青年易因自由与规制之间的冲突产生情绪化行为和失范行为，尤其在网络空间中表现更为突出，容易被不法分子制造的舆论裹挟产生极端化认知；新媒体交往带来了青年虚拟自我与现实自我的边界模糊，青年被虚拟世界异化导致对自我身份认同的困惑；在面对社会多元价值观时，青年会有选择性困难、盲从和功利化取向；在人际交往中习惯了符号化和虚拟化的交往方式，它虽然填补了现实社会中的私人空间，但也产生了交往困惑和交往不适；在政治态度上，当代青年一方面关注政治，对基本的政治制度表示赞同，但同时有一种抽离化的姿态，会对政治现象和政治行为产生某些怀疑和动摇情绪。这就需要在理论上研究如何破解青年发展的种种困境，让青年能够尽展其才。

（三）类型化的复杂样态

青年群体类型化的复杂样态主要表现在两个层面：一是不同类型的青年群体，如中职学生、大学生、企业青年、进城务工青年、农村青年等，他们的思想状况会呈现出个性化差异化特点；二是在新经济组织、新社会组织、新发展业态、新媒体从业人员和自由职业者中不断涌现的各类新兴青年群体。他们在经济建设、科技创新和文化艺术等领域成为建设中国特色社会主义事业的重要力量。这些类型化的复杂样态一方面带来诉求的多元多样，另一方面需要青年工作更加尊重多元基础上的个性差异。新兴青年群体往往都是极具个性的青年，他们或者因为与主流的价值观相左、与所在的环境相隔、与普遍的社会规则疏离，而选择新的发展业态或者从事自由职业，或者因为新媒体行业本身就需要个性化的职业潜质。这些日益突出的个性表达，需要青年工作尊重青年个性，发展青年个性。习近平总书记明确指出："随着社会发展，这类青年人群将会越来越多，团组织必须适应这个发展趋势，努力去做他们的工作，深入他们、帮助他们、引导他们。"因此，如何有针对性地开展青年思想教育；如何深化共青团改革、进一步提升共青团的引领凝聚、组织动员、联系服务等能力；如何根据不同青年群体特征，在新兴青年群体中扩大团建覆盖面，做好新时代新兴青年群体工作；……一系列客观现实问题，呼唤新时代青年工作对青年的成长与发展进行全方位的理论谋划。

## 三、青年工作的实际困局需要科学理论有力破解

当前青年工作面临着全新的时代背景。它是在全面建成小康社会的决胜时期，在建成社会主义现代化强国的伟大目标下，在国家进行全面深化改革、进一步完善和发展中国特色社会主义制度、推进国家治理体系和治理能力现代化的进程中，"确保党的事业薪火相传，确保中华民族永续发展"[1]的重要工作。同时青年工作也面临着艰巨的考验。一方面在制度建设上要进一步理清矛盾理顺关系，另一方面在引领青年、凝聚青年、关心青年上形成举措，做到关注青年愿望，关心青年需求，帮

---

[1] 习近平：《在纪念五四运动100周年大会上的讲话》，人民出版社2019年版，第12页。

助青年成长。当前青年工作的实际问题主要表现在以下方面。

(一) 青年政策的指导性需要强化

青年发展不仅需要青年自身的努力,更依赖于党和国家青年政策体系的有力支持。青年政策是推动一国青年发展的顶层设计和重要保障。我国青年政策虽然产生历史较早、涉及范围广泛,但长期以来散落、依托甚至内隐于其他公共政策文本中,呈现出碎片化的状态,导致青年政策的独立性与规范性相对较弱,系统性和整体性不强,难以产生较强的协同效应,严重制约了青年群体的全面发展。一方面,散落在各处的公共政策一般都是针对某个领域的所有人,对于青年的结构性需求把握不够,同时,这些政策没有整合,就缺乏联动和衔接,导致政策的针对性不强;另一方面,我国的青年政策因缺乏独立性而导致没有将青年问题列为公共政策关注的独有领域,因内容缺乏完整性而导致没能兼顾思想教育与服务青年两大功用,以往的青年政策也更多地停留在发展目标和发展理念层面,忽视了青年政策在指导青年工作时需要的组织保障、评估反馈等,导致政策的可操作性不强。总之,专门的青年政策长期缺失导致青年工作的指导性和保障性功效难以有效发挥,青年工作成效受损。

(二) 青年工作的实效性亟待提升

青年工作实效性不强,主要体现在青年工作在推动青年可持续发展上面临的挑战是客观存在的,其组织、引导、服务、维权四项职能的发挥仍有较大空间。当然这也与我国青年事务管理的机制有关。"我国政府序列没有设立专门的青年工作部门,所有的青年发展事务分散在众多政府部门之中……单个政府部门对于各类青年发展问题的关注都有自己的视角，不可能非常完整地对于青年发展问题进行全面考量。"① 当然这并不是影响青年工作实效性的关键因素。首先，青年工作在诸多青年群体中呈现出组织缺位和功能弱化状态。由于非公有制经济以及青年流动性的增加，青年在"体制外"的现象增多，青年组织无法覆盖到青年所在的所有地方，组织青年能力弱化，出现部分青年游离于组织之外甚至与组织隔绝的现象，青年工作基层组织没有覆盖这些新兴青年群体，更谈不上对新兴青年群体的组织。其次，多元价值引领能力不够。虽然近些年来青年工作的品牌活动受到青年追捧，但是在触及青年普遍关心的敏感问题和热点问题时以及将社会主义核心价值观融入青年思想时还存在许多急需破解的问题。青年工作加强思想引领仍任重道远。第三，服务青年成长需求的能力不够。一方面青年成长与发展呈现了多样化、时代化的新需求，另一方面青年工作在经费、阵地、资源、队伍等方面呈现了服务青年能力不足的问题。第四，维护青年权益的制度性保障力度不够。一方面青年维权意识逐渐增强，另一方面保护青年合法权益的法规体系不够完善，缺乏刚性的保障措施，无法从制度层面解决青年权益保护的问题。青年工作的现实问题需要从顶层设计到实施方案进行全方位再造。

（三）群团组织的先进性急需增强

与新形势新任务的要求相比，群团工作和青年组织的自身建设仍存在许多不适应的问题。群团组织是青年工作的重要力量，工会、共青团、妇联等群团组织联系广大青年，服务广大青年。当前群团组织存在"机关化、行政化、贵族化、娱乐化"的问题，工作有效覆盖面不够大，吸引力凝聚力不够，对群团工作的特点和规律把握不足。新形势下

---

① 张良驯：《青年发展规划实施中的协同治理研究》，载《中国青年社会科学》2018年第1期，第104页。

党的群团工作必须切实解决存在的问题,全面提高水平。作为党领导的先进青年组织,共青团是青年工作的主要力量。在体制机制、组织覆盖、工作方式、工作作风等很多方面,共青团仍然存在诸多与时代、与青年"脱节"的地方。团的吸引力、凝聚力不够,工作有效覆盖面不够大,团的基层力量较为薄弱,部分团员光荣感不强,成为影响当下共青团引领青年、服务青年实效的主要因素。团组织没能做到有青年在的地方就有团组织,没能在非公有制经济、民间社团、青年自组织中发挥引领作用,没能激活国有企业团组织的活力,没有对务工青年和流动青年进行有效组织。如何做到让青年想得起、信得过、找得到成了团组织增强对青年的吸引力和凝聚力的关键。团组织教育引导青年的方式路径、渠道与载体创新不足,团组织整合社会资源提高服务能力有待加强。团组织的队伍建设和学生社团管理出现问题,自我服务、自我管理的学生组织异化。这就需要完善青年政策,在理论上破解当前群团组织存在的问题,从组织管理、运行机制等维度推动共青团改革。新时代青年工作理论需要对青年政策制定、群团组织改革、共青团改革做出重要的理论探索,为青年工作进行制度创新和理论创新,提高青年发展和青年工作的科学化水平。

## 四、中国特色青年工作理论体系发展的必然要求

中国特色青年工作理论体系应当充分体现马克思主义青年观、党管青年原则和中国青年工作具体实际,应当回应青年成长成才和全面发展的现实需求,应当符合中国特色社会主义事业的发展要求,应当顺应世界青年发展和青年工作的潮流,用中国理论回答中国问题,用中国话语解读中国现象。因此,需要对中国青年运动的百年历史进行回顾梳理,对中国共产党领导青年工作的实践经验进行总结,对中国共产党青年工作思想的发展脉络进行系统梳理。

(一) 中国青年运动百年历史的回顾与推进

青年运动是青年群体基于某种社会需求和自身的利益需要，为追求社会价值和自我价值实现，由青年广泛参与的具有一定规模的社会群体运动。自1919年五四运动开始，中国青年第一次以群体的方式登上了政治舞台，从此揭开了中国青年运动百年实践的历史序幕。纵观青年运动百年发展历程，中国共产党自成立之日起，就把青年作为党和民族事业发展的生力军，始终注重发挥青年在革命、建设和改革各个历史时期的作用，高度重视青年工作，支持青年在振兴中华民族的奋斗中实现个人的人生理想。中国青年运动也始终在党的领导下，主动参与到国家的发展任务与发展过程中，自觉担当起了民族复兴的历史重任。

"五四运动以来的100年，是中国青年一代又一代接续奋斗、凯歌前行的100年，是中国青年用青春之我创造青春之中国、青春之民族的100年。"[1] 从1919年到1949年，是中国青年参与爱国民主运动的阶段。在这一阶段，中国共产党组织和带领青年先进分子积极投身于北伐战争和各地的工农运动中，积极参加农村革命根据地建设、工农民主政权建设，投身全民族抗战，为争取民族解放和民族独立而奋斗。"五四青年""抗日青年"主动参与到救亡图存、争取人民解放的革命运动中。也是在这一阶段，社会主义青年团成立，青年运动有了正规组织。从1949年到1979年，是中国青年为建设社会主义现代化而奋斗的阶段。青年响应党和国家号召，主动投身"建设祖国"和"保卫祖国"的历史洪流中，积极捍卫新生人民政权，主动投入恢复国民经济的大潮中，在社会主义改造、社会主义建设中发挥着重要生力军作用，为改变我国"一穷二白"的落后面貌做出了巨大贡献。在共青团的组织下，

---

[1] 习近平：《在纪念五四运动100周年大会上的讲话》，人民出版社2019年版，第5页。

青年生产突击队、青年科技攻关小组等一批青年组织为社会主义建设贡献了巨大的力量。从1979年到2011年，是中国青年参与改革开放伟大实践的阶段。青年积极配合全党和全社会的工作重心的转移，投身改革大潮，以自身的意识和文化水准服务于社会发展。青年运动开始从农村到城市，从政治领域转向经济领域。广大青年解放思想，多学知识，建功立业，立志成才，展现了新一代青年的良好精神风貌。2012年党的十八大以来，是中国青年筑梦新时代的新阶段。青年运动内容多样，机制灵活，参与广泛，自主性强，广大青年在国家梦、民族梦与青年梦的共同感召下奋力前行。

梳理中国青年运动的百年实践可以看到，中国青年运动一直坚持党的领导，确保政治方向和先进性。党的领导为中国青年运动提供了组织保证，保证了青年切身利益的实现。中国青年运动总是与时代和国家发展的主题同向同行。只有同人民紧密结合，为实现党在各个历史时期的中心任务而奋斗，广大青年才能找到建功立业的广阔天地，青年运动才能不断取得丰硕成果；只有广大青年努力奋斗，扎实实践，才能推动青年运动长足发展。因此，坚持党对团的领导，以马克思主义作为指导青年运动实践的思想理论基础，坚持引导青年走与工农相结合的道路，确立并巩固共青团作为青年运动的核心组织的地位，运用统一战线这一法宝扩大青年运动的社会范围和影响，是党领导中国青年运动所取得的最基本的也是最成功的经验。其中，坚持党对团的正确领导始终是不可动摇的基本原则。总结中国青年运动百年实践的历史，既为新时代青年工作理论提供了经验借鉴，又为其提供了重要的现实意义。中国特色青年工作理论的系统化建构必须总结好中国青年运动百年经验，继而实现理论推进。

(二) 中国共产党领导青年工作经验的总结与升华

中国共产党自成立之日起，就以其先进性和为青年全面发展的目标，成为广大青年依靠和信赖的组织。中国特色青年工作理论体系的系统化建构必须总结中国共产党领导青年工作近百年的历史经验，同时新时代青年工作理论也必须牢牢坚持党领导青年工作的历史经验。

第一，青年工作必须坚持中国共产党的领导，同时保持青年组织的独立性。青年一直是各种社会力量争夺的对象。中国共产党领导青年工作的历史表明，中国共产党不仅是实现中华民族伟大复兴的顶梁柱，更是谋求实现青年全面发展的根本保障。同时，在坚持党的领导的前提下，青年组织拥有自己的独立系统，已经形成了一个相对独立的科学的管理体系，能够自主地开展各项青年工作，从而保证了中国特色的青年工作的有效开展。

第二，青年工作必须围绕党的中心工作和青年特点开展。青年工作要服务于党的中心工作的大局，有针对性地开展工作。民主革命时期，为了动员和组织青年投身革命运动，对青年的教育侧重"把坚定正确的政治方向放在第一位"，强调知识青年和工农相结合，在实践中学习马克思主义；改革开放以来，党的工作重点转移到经济建设上来，对青年进行全面教育引起更广泛的重视，要求教育青年面向现代化、面向世界、面向未来，把青年培养成为有理想、有道德、有文化、有纪律的社会主义新人。新时代，党的中心工作是中华民族伟大复兴，青年工作强调引领和服务，把青年培养成能担民族复兴大任的时代新人，培养成德智体美劳全面发展的社会主义建设者和接班人。同时，中国共产党一直把青年人的整体利益和自身特殊利益结合起来，照顾青年的特殊要求，很好地实现了青年工作服务大局和培养青年的统一。

第三，青年工作要依靠青年组织，不断增强青年组织的先进性。青年组织是团结、教育广大青年的主要阵地，是党开展青年工作的有力助手，是党执政群众基础的重要组成部分。中国共产党在开展青年工作时，历来高度重视发挥青年组织的作用。在发挥共青团和学联作用的同时，注重发挥青联、青年志愿者协会、青年企业家协会、青年科技工作者协会等青年组织的作用，形成青年工作的组织矩阵，发挥了系统有效的合力，为我国改革开放和现代化建设做出了积极贡献。新时代，青年组织在凝聚青年大团结、促进青年大发展和增进青年国际友谊等方面发挥着重要的作用。

第四，青年工作必须专业化和科学化，注重理论与实践相结合。一方面，教育学、心理学、管理学和社会学多学科的关注和人才的加入，推动着青年工作理论与实践的专业化发展，社会工作专业方法的引入也丰富着青年工作方法的体系；另一方面，青年政策体系不断完善，青年工作已经从青年事务上升到社会事务，青年服务已经发展为公共服务，青年政策发展为社会政策，青年工作的专业化水平不断提升。专业化和科学化水平的提升还需要注重青年工作方法的理论与实践相结合。理论育人为青年成长提供强大的思想武器，实践育人提高青年的实践能力，使其更好地适应社会、发展自己。最终在理论育人与实践育人的结合中实现青年工作改造青年主观世界与客观世界的统一。

（三）中国共产党青年工作思想发展的接续与拓新

在毛泽东、邓小平、江泽民、胡锦涛等领导人对马克思主义青年观中国化和时代化的创新实践中，中国特色青年工作理论体系逐步形成并接续发展。毛泽东青年观是马克思主义青年观中国化的开端，为体系的构建引入了科学的马克思主义哲学基础。邓小平青年观为马克思主义青年观赋予了本土的时代化特征，为体系的构建积累了丰富的实践经验。同时青年人才培养工作积累的大量经验成为中国特色青年工作理论体系形成的重要思想资源。江泽民站在现代化建设、民族存亡的战略高度，着重从青年教育观、人生价值观等方面论述了重视和加强青年工作的重要性。至此，中国特色青年工作理论体系的逻辑框架初步显现。胡锦涛青年观丰富和完善了中国特色青年工作理论体系，为中国青年运动的发展指明了正确的方向。从以上论述可以看出，党在不同时期都高度关注青年、重视青年，聚焦时代青年问题，总结青年工作经验，指明青年发展方向，在不同时期丰富着中国特色青年工作理论体系的内涵，不断地开拓着马克思主义青年观的新境界，发展着马克思主义青年观。中国特色青年工作理论体系在经历了奠基、接续发展的过程后走向了系统化和科学化的高级阶段，需要在内部结构、思维逻辑、内容要素、体系结构等层次上形成一个完整的科学理论体系。以习近平同志为核心的新一代领导集体则在此基础上将中国特色青年工作理论体系不断具体化、系统化，构建起了科学完整的中国特色青年工作理论体系。之所以称其为科学的理论体系，是因为它具有严密而合理的理论基础，同时具备明确的时代主题，既是对马克思主义青年观的中国化继承与时代化创新，又全方位地回应了习近平新时代青年思想这一历史性课题；既运用辩证唯物主义和历史唯物主义的方法论系统回答了我国青年发展中的一系列重要问题，又以极强的内部逻辑架构起了集思想性、理论性和现实性于一体的知识体系，最终形成了涵盖哲学基础、理论支撑、核心要义、工作原则、工作动力、工作方法等的一套结构完备、体系完整、逻辑清楚、特征鲜明的理论体系。

马克思主义青年观中国化的历史演进过程实际上就是中国特色青年工作理论体系不断科学化和系统化的过程。在马克思主义青年观中国化的实践创新中，逐渐形成了以新时期青年问题为逻辑起点，以马克思主义青年观为理论支撑，以习近平新时代中国特色社会主义思想为思想统领，以推动青年主体性发展和全面发展为核心，以促进青年全面发展、把青年培养成社会主义事业合格建设者和可靠接班人为发展目标，以"实现中国梦"为实践方向，以"党管青年"为总体原则，以"青年首先发展"为基本原则，以人民为中心为价值追求，以青年为本为价值取向，以共青团改革为基本动力，全面系统地对青年价值、青年发展和青年工作等核心问题进行阐述和剖析,呈现出了中国特色青年工作理论体系严密科学的内部逻辑。

新时代青年工作理论在充分认识当代中国青年在国家社会事业、党和人民事业发展中的重要地位与作用的基础上,合理把握青年发展的多元诉求及现实中遇到的发展困境,调研青年工作具体实际,分析其背后存在的制度、机制、措施等问题,坚持中国青年运动百年实践的历史经验,系统总结中国共产党领导青年工作的先进经验,推动中国特色青年工作理论从出场走向成熟,不断地具体化、系统化、科学化,成为新时代指导青年发展、指导青年运动和青年工作的行动纲领。正确理解新时代青年工作理论所具有的问题意识,就能够科学把握其出场逻辑,有助于更加全面地理解新时代青年工作理论的精神实质和科学内涵,更好地指导青年工作和青年发展。

# 第三章　新时代青年工作理论的思想渊源

深度把握新时代青年工作理论的结构特征，就必须在理论上进行探源，从思想发展史和对马克思主义青年观的继承两个层面分析与比较，在对马克思主义青年观与中国化马克思主义青年观的继承与发展上强调整体逻辑，探究新时代青年工作理论的理论基础、中国渊源和文化资源，从而确定理论的逻辑起点、现实积累和文化底蕴，以展示中国共产党青年工作思想传承与创新的历史进路，呈现新时代青年工作理论的实践特征和文化渊源。只有这样，才能在变与不变中更好地把握中国共产党青年工作思想的灵魂，更好地把握新时代青年工作理论在马克思主义青年观中的总体地位和当代价值。

## 一、新时代青年工作理论的理论基础

马克思主义青年观是中国化马克思主义青年观的根本遵循，也是新时代青年工作理论的理论基础。它将人的普遍性本质与青年的特殊性本质结合，将青年成长与发展作为青年工作核心追求，从根本上奠定了青年工作的基本理论。从马克思主义青年观对青年工作理论框架的思考我们可以看出，新时代青年工作理论对其思想和方法论的接续传承，从根本上保证了新时代青年工作理论的方向性和科学性。

## （一）马克思、恩格斯的青年观

马克思、恩格斯青年观是马克思、恩格斯关于青年的总的看法和观点，是马克思、恩格斯思想体系的重要组成部分，也是中国共产党青年工作思想的重要基础和理论来源。虽然在他们的经典著作中，找不到专门、全面、详细的讨论青年及青年工作的系统理论，但并不妨碍其思想的丰富和深刻。马克思、恩格斯曾指出："一切划时代的体系的真正的内容都是产生这些体系的时代的需要。"[①] 了解马克思、恩格斯的青年观，就需要回溯那个工业化和城市化加速发展的时代。18世纪工业革命后，社会结构发生了深刻变化，青年社会群体特征开始明显，现代意义上的青年社会群体已经初步形成，青年群体已经对社会政治变革和无产阶级运动产生巨大影响。无产阶级革命的需要推动了马克思主义青年观产生。具体而言，马克思、恩格斯的青年观集中表现在以下几个方面。

**1. 青年的本质是社会实践性**

马克思对人的本质的揭示是青年本质认识的理论基础。他强调青年在自然成长过程中，其社会关系也不断发展，青年的"自然属性"和"社会属性"得以成长。青年是与社会关系相关联的现实存在，是"一切社会关系的总和"。因此，青年的社会属性从本质上规定了青年的性质，青年的本质在于社会实践性。"青年具有社会属性并处于一定的社会关系之中""只有那些能深入生活，把理想与现实、思想与行动紧密结合起来的职业，才是一个有为青年所向往的"等观点可以说是马克思主义青年观的最初萌芽。马克思在其中学时期的作品《青年在选择职业时的考虑》中，界定了青年作为人的社会属性，是处于并制约于一定的

---

[①] 马克思、恩格斯：《德意志意识形态》（节选本），中共中央马克思恩格斯列宁斯大林著作编译局编译，人民出版社2018年版，第91页。

社会关系之中的，因此青年在选择职业时应特别从自己的社会关系出发来选择。"既然人天生就是社会的，那他就只能在社会中发展自己的真正的天性，不应当根据单个个人的力量，而应当根据社会的力量来衡量人的天性的力量。"① 马克思界定了对青年的特点把握以及整体认识都应该从青年的本质出发、从青年与社会的关系中去认识的方法论。基于此，马克思对青年特点的把握就遵循了普遍性与特殊性统一的原则，将其放在社会发展的总体力量中考量，认为青年在寻求思想的自我解放过程中，思想在蜕变，社会属性在发展，但其缺点也是明显的，即政治思想不成熟，因意志力薄弱而摇摆不定，所以青年离不开无产阶级政党的正确领导，这样他们对社会发展的积极作用才会得到最大程度的发挥。

2.青年是推动社会历史发展的进步力量

马克思对青年的地位和作用的认识基于青年在当时所肩负的历史使命和表现出来的历史作用。他对青年是推动社会发展的重要力量的判断也是基于青年的时代性、革命性和阶级性特征。马克思、恩格斯对资本主义上升期的青年生存发展状况进行了深入持久的关注。恩格斯在《英国工人阶级状况》一书中，分析了工业革命资本主义发展带来的工人贫困化加剧，认为工人阶级应当利用无产阶级革命的手段为自己争取发展空间。这表明，恩格斯站在希望青年一代引起社会根本性变革的历史高度，认为青年是消灭阶级剥削、消灭私有制矛盾可以依靠的力量，已经将青年看作社会变革的巨大力量。同时从青年充满激情敢于斗争的本质特点出发，马克思和恩格斯认为青年具有革命的彻底性和可靠性，能够在摆脱民族压迫、寻求民族独立解放中发挥重要作用。就如恩格斯在《最近发生的莱比锡大屠杀——德国工人运动》中论述德国工人阶级运

---

① 中共中央马克思恩格斯列宁斯大林著作编译局编译：《马克思恩格斯文集》第1卷，人民出版社2009年版，第335页。

动时指出的,"实现这一变革的将是德国的青年"。可以看出,马克思、恩格斯的青年观充分体现了青年的时代性、阶级性和革命性。

3.青年要实现自由而全面的发展

青年成长的价值目标是马克思主义人的自由全面发展理论的青年观照。马克思认为过度劳动和恶劣的环境使得青年无法考虑自己的发展,资本主义社会剥削的本质严重限制了青年发展的空间,从而现实地构成了青年成长与发展的困境,使得他们丧失了生存、健康等一系列权利。他们不仅失去了受教育的机会,且因之片面化发展而压缩了其成长为青年无产者的生存与发展空间,也造成了社会性问题频发。马克思在《临时中央委员会就若干问题给代表的指示》中指出,青年被裹挟进具体的社会劳动中,成为资本主义大工业发展的劳动力。这种劳动从本质上来说是以牺牲身心全面发展为代价的。所以要实现青年自由而全面的发展,需要从社会根本性变革谈起,需要社会在青年的教育、培养、成长等诸多方面给予物质环境和精神环境的双重保障。当然从个人的角度来说,青年需要树立远大的理想,在实践中体脑结合全面发展自己。青年自由而全面的发展会影响整个无产阶级甚至全人类的未来。

4.青年教育要实现个体与国家的共同发展

教育的本质是实现人类自身的发展。青年自由而全面的发展离不开对青年的全面培养。马克思提倡消灭阶级利益的"国民教育",他认为:"国家的真正的'公共教育'就在于国家的合乎理性的公共的存在。国家本身教育自己成员的办法是:使他们成为国家的成员;把个人的目的变成普遍的目的,把粗野的本能变成合乎道德的意向,把天然的独立性变成精神的自由;使个人以整体的生活为乐事,整体则以个人的信念为乐事。"① 马克思构想的"国民教育"是人的自由全面发展与国家发展进步同步的理想，不过这一构想并没有太多的实践，那是因为在资产阶级社会并不具备"国民教育"施行的政治条件。但无疑这应该是青年教育的一种理想范式。在这种国民教育中，内含如下要求：智育、体育和技术教育相结合，这是培养青年全面发展的唯一方法；要牢记历史，加强革命传统教育；要加强舆论引导，重视青年的思想启蒙教育。

5. 了解信任青年，正确引导青年，广泛使用青年

在青年工作的具体层面，马克思主要是对青年工作进行了方向性的定位，并就具体行动层面进行了理论上的指导。马克思在《德意志意识形态》中强调，对青年的分析不能脱离客观的、具体的、历史的环境。具体的、历史的环境就是，资产阶级和无产阶级矛盾日益尖锐，以工农为基础的无产阶级终将取代资产阶级统治，人类将获得全面解放。因此，马克思主张对革命青年和进步青年要坚定地信任和鼓励，在青年的教育与培养中必须让青年与工农群众相结合。作为建立新社会的革命性力量，无产阶级青年必须与工农群众结合起来，才能成长成才，才能获得自由而全面的发展。对于青年的思想问题要用教育的方法耐心引导，帮助青年树立正确的世界观、人生观和价值观；要将进步青年吸纳到党的队伍中来，将其培养成合格的党的事业的接班人。

(二) 列宁、斯大林的青年观

如果说马克思主义青年观具有科学性和普适性，那么世界上第一个社会主义国家缔造者的列宁和其后继者斯大林，在带领苏联人民进行社会主义建设事业中发展了马克思主义青年观，其青年观对于中国共产党

---

① 中共中央马克思恩格斯列宁斯大林著作编译局编译：《马克思恩格斯全集》第 1 卷，人民出版社 1995 年版，第 217 页。

青年工作思想的借鉴作用则更具针对性。列宁在《青年团的任务》中明确了青年担负建立共产主义社会的历史重任，明确了学习与生活实践相结合的成长路径，也明确了青年团的性质、宗旨和发展目标。他十分强调党对青年工作的领导，强调在现实生活中理解青年成长，在历史进程中把握青年作用，其青年观有着鲜明的无产阶级特色。具体而言，列宁和斯大林的青年观有以下几方面内容：

列宁青年观是对马克思主义青年观的继承和发展。在青年的本质与地位认识上，列宁明确地提出了党与青年关系的本质。他在《革命青年的任务》中指出："在文明国家里，没有一个政党会不了解尽可能广泛地和尽可能牢固地建立起来的学生会和工会的巨大益处，但是任何一个政党都力求在这些团体中扩大自己的影响。"[1] 他提出"真正建立共产主义社会的任务正是要由青年来担负"[2]，将青年视为夺取苏维埃革命胜利、建设苏维埃社会主义伟大事业的重要力量。列宁强调，青年是社会主义和共产主义事业最重要的建设者和接班人。"社会主义建设者和接班人"也成为中国共产党关于青年地位及青年工作发展目标的核心思想。在青年本质上，斯大林提出了"青年战线"的概念，并强调"青年战线"因敌对势力的争夺而变得极为脆弱。这实际上与列宁的思想有异曲同工之妙，二者都认识到了青年的可塑性和创造性会引起各种政治力量的争夺。同样，何种力量掌握了青年，就会决定青年和整个社会的发展方向，因此无产阶级必须做好"青年战线"的工作，其实简单说就是党要掌握青年工作的领导权。

那么如何领导好青年工作，实际就涉及对青年的教育与培养。首

---

[1] 中共中央马克思恩格斯列宁斯大林著作编译局编译：《列宁全集》第7卷，人民出版社2013年版，第329页。

[2] 中共中央马克思恩格斯列宁斯大林著作编译局编译：《列宁选集》第4卷，人民出版社2012年版，第281页。

先，列宁强调谁来教育的问题。一方面，党组织要帮助青年，引导青年组织发展，引导青年发展，发挥举旗定向的作用；另一方面，青年组织和青年团体要发挥青年自身的作用。在列宁看来，共产主义青年团是一支能够"支援各种工作""处处主动表现""具有首创精神"的"突击队"。其次，列宁强调青年教育的内容问题。也就是全体青年要自觉树立革命的世界观和人生观。青年主要学习的内容是马克思主义知识，学习的方法是理论与实践相结合，最终将所学应用于革命和建设事业中。他还十分强调青年培养的针对性，要把青年根据教育背景、政治觉悟、社会交往的程度与状况进行层次分类，从而差异化培养。斯大林就认为，青年从精神状态上来看，有愉快活泼、朝气蓬勃的，也有垂头丧气、萎靡不振的；从革命意志上来看，有意志坚强的，也有疲惫懈怠的；从革命斗志上来看，有不达胜利不罢休的，也有悲观沉沦、消极失望的。① 差异化针对性的青年培养能够强化青年的先进性，转化其落后性，推动青年成为影响社会前进的主流力量。

列宁创建共青团是其青年观的具体实践。在《青年团的任务》一文中，列宁明确指出："我们需要详细论述的问题，就是我们应该教给青年什么；真正想无愧于共产主义青年称号的青年应当怎样学习；以及应当如何培养青年，使他们能够彻底完成我们已经开始的事业。"② 这实际上一方面明确了青年工作的中心环节是教育与培养青年，另一方面是将青年组织尤其是共青团的职责予以确立。首先，要教育青年主动学习马克思主义理论。"全体青年的任务，尤其是共产主义青年团及其他

---

① 中共中央马克思恩格斯列宁斯大林著作编译局编译：《斯大林全集》第12卷，人民出版社1955年版，第152—153页。
② 中共中央马克思恩格斯列宁斯大林著作编译局编译：《列宁选集》第4卷，人民出版社2012年版，第282页。

一切组织的任务，可以用一句话来表达：就是要学习。"① 其次，要组织青年引领青年，不断扩大和巩固无产阶级政党的群众基础。"要更大胆、更广泛和更迅速地把年轻的战士吸收到我们各种各样的组织中来。要刻不容缓地为此建立数以百计的新组织。"② 再次，要凝聚青年力量，让青年能够重视组织的存在价值，关键时刻能够想得起、找得到。"今后的实际任务就是使青年组织起来，转向我们的委员会。"③ 最终，增强共青团组织对青年的凝聚力、组织力和号召力，团结带领广大青年参与到社会主义建设的历史伟业中去。青年组织是青年工作的主要力量，明确青年组织的目标、任务、功能十分重要，但确定共青团这一青年组织的性质更为关键，它决定着青年工作的方向。列宁认为"共产主义青年团应当是一支能够支援各种工作、处处都表现出主动性和首创精神的突击队"④。列宁把共青团视为无产阶级政党的得力助手和后备军，是一个能冲锋在前、积极主动、敢作敢为的青年组织。我国将共青团的性质定为"中国共产党领导的先进青年的群团组织，广大青年在实践中学习中国特色社会主义和共产主义的学校，是中国共产党的助手和后备军"，与之一脉相承。新时代青年工作理论强调青年要有远大理想，要加强对青年的价值观和理想信念教育，强调群团组织发展和共青团改革的一系列思想坚持了马克思主义青年观的基本原理，尤其是坚持了社会主义性质的列宁青年观和斯大林青年观的精神实质。

---

① 中共中央马克思恩格斯列宁斯大林著作编译局编译：《列宁选集》第4卷，人民出版社2012年版，第281页。
② 中共中央马克思恩格斯列宁斯大林著作编译局编译：《列宁全集》第9卷，人民出版社2017年版，第286—287页。
③ 中共中央马克思恩格斯列宁斯大林著作编译局编译：《列宁全集》第6卷，人民出版社1959年版，第463页。
④ 中共中央马克思恩格斯列宁斯大林著作编译局编译：《列宁选集》第4卷，人民出版社2012年版，第295页。

## 二、新时代青年工作理论的中国渊源

中国化马克思主义青年观在青年工作理论框架下自身内部进行着进路明显的整体化推进,在工作理念与实际操作中始终信任青年、关心青年、严格要求青年、积极引导青年。中国化马克思主义青年观在党领导青年工作的具体实践中得到了不断的丰富和发展,成为新时代青年工作理论产生的中国渊源。

### (一)毛泽东的青年观

毛泽东青年观萌芽于毛泽东青年时期参与组织青年运动,形成与发展于抗战时期一系列的思想凝练。他于1939年前后相继发表了《五四运动》《青年运动的方向》《在模范青年给奖大会上的讲话》《在延安"一二九"纪念大会上的讲演词》等系列讲话和文章,新中国成立后又对青年的本质、青年的社会地位和新中国青年工作的发展走向等问题做了理论丰富,从而形成了逻辑缜密、体系完整的青年观。毛泽东青年观是马克思主义青年观与中国青年具体实际紧密结合的基础上的本土化创新,开启了马克思主义青年观的中国化进程。

#### 1.青年是革命的生力军和社会主义建设的接班人,具有先锋队和突击队的作用

对青年本质与地位的认识是毛泽东青年观的核心。在革命时期,毛泽东将青年,尤其是青年学生视为人民反封建队伍中的一支大军。他认为,青年是中国革命的先锋队,是推动中国革命重要的生力军。走在革命前头的青年,让人们看到了国家与民族未来发展的光明前景。在社会主义建设时期,"青年是整个社会力量中的一部分最积极最有生气的力

量"①，是无产阶级革命和建设事业的接班人。毛泽东认为青年具有肯学习、保守思想少、可塑性强、组织性和纪律性强的优点，这些优点决定了青年必定能够担负起国家发展、民族振兴的历史重任。

毛泽东在《青年运动的方向》中说："在二十年前的今天，由学生们参加的历史上叫做五四运动的大事件，在中国发生了，这是一个有重大意义的运动。'五四'以来，中国青年们起了什么作用呢？起了某种先锋队的作用，这是全国除开顽固分子以外，一切的人都承认的。什么叫做先锋队的作用？就是带头作用，就是站在革命队伍的前头。"② 先锋队的角色定位，明确了青年在革命中的主体地位。这个总结是五四青年运动的历史总结，也是对革命时期青年角色的现实观照。至此，中国化马克思主义青年观开启了从历史与现实的统一中认识青年的方法论。同时，毛泽东认为知识分子和青年学生在"中国革命中常常起着先锋的和桥梁的作用"，虽然属于小资产阶级范畴，但有着很大的革命性和政治感觉，是"必须争取和保护"的对象，是"革命的动力之一"。③ 可以看出，毛泽东历史辩证地看待不同性质的青年群体和青年群体中不同性质的问题，从而发挥青年的长处，推动革命事业的发展。

1957年11月17日毛泽东在莫斯科大学会见中国留学生时说："世界是你们的，也是我们的，但是归根结底是你们的。你们青年人朝气蓬勃，正在兴旺时期，好像早晨八九点钟的太阳。希望寄托在你们身上。""世界是属于你们的。中国的前途是属于你们的。"④ "八九点钟的太阳"成了我国长期以来青年群体的代名词，它昭示着青年群体蓬勃向上

---

① 中共中央文献研究室编：《毛泽东文集》第6卷，人民出版社1999年版，第466页。
② 毛泽东：《毛泽东选集》第2卷，人民出版社1991年版，第565页。
③ 毛泽东：《毛泽东选集》第2卷，人民出版社1991年版，第641—642页。
④ "中国青年"编辑部编：《毛泽东同志论青年和青年工作》，中国青年出版社1960年版，第11—12页。

的生命朝气，也彰显着青年群体对国家和社会的希望。"早晨八九点钟的太阳"不仅是中国共产党人对青年最初始最形象的定位表达，也是培养和造就无产阶级事业接班人的逻辑起点。正是因为青年是太阳，我们需要让其茁壮成长普照天下，正是因为八九点还不够那么炽热，刚刚萌动，我们需要做好青年工作，扫去阴霾成就辉煌。

2. 促进青年"德智体全面发展"，走与工农相结合的道路

青年成长与发展的目标是毛泽东青年教育观的核心。他指出："我们的教育方针，应该使受教育者在德育、智育、体育几方面都得到发展，成为有社会主义觉悟的有文化的劳动者。"他早年发表的第一篇文章《体育之研究》（1917年4月17日）就说："体者，为知识之载而为道德之寓也。其载知识也如车，其寓道德也如舍。"他要求青年做"身体好，学习好，工作好"的三好学生。"三育并重"的科学主张成了推动青年全面发展的基本方略。同时，主张青年发展必须与工农相结合，要继承"永久奋斗"的优良传统，实现知与行的统一。既要在思想上与工农相结合，又要在实际工作中与工农紧密连接在一起。1939年5月，毛泽东同志在延安庆贺模范青年大会上说："中国的青年运动有很好的革命传统，这个传统就是'永久奋斗'。我们共产党是继承这个传统的，现在传下来了，以后更要继续传下去。"① 青年与工农结合在革命战争年代推动了革命取得胜利，同样在和平建设时期依然能够推动中国走向一个又一个胜利。

3. 坚持正确的政治方向，用科学的态度教育培养青年

毛泽东从政治方向到科学态度再到具体内容和方法，形成了青年教育的系统思想。首先，教育青年把握正确的政治方向。1938年，他在

---

① 中共中央文献研究室编：《毛泽东文集》第2卷，人民出版社1993年版，第190页。

陕北公学第二期开学典礼大会上的讲话中说,要给学员赠送两件"礼物","第一件,是坚定不移的政治方向。第二件,是艰苦奋斗的工作作风"。其次,对青年的教育要采取科学的态度,即说服教育的方法。他说:"凡属于思想性质的问题,凡属于人民内部的争论问题,只能用民主的方法去解决,只能用讨论的方法、批评的方法、说服教育的方法去解决,而不能用强制的、压服的方法去解决。"① 再次,提出"好好学习,天天向上"的时代口号,教导青年学习科学文化知识,同时提出了具体途径,即向先进人物学习和向工农群众学习。青年教育的模范典型思想、群众思想及基层实践思想自此有了坚实的思想基础。

4. 青年工作既要加强党对青年工作的领导,又要照顾青年特点

毛泽东关心青年工作主要体现在推动青年健康成长的工作方法上。他坚持党对青年工作的领导这一优良传统。在《一二九运动的伟大意义》一文中,他说:"共产党和青年是'焦不离孟,孟不离焦'。"青年与党的事业的发展,是同命运、共呼吸的关系,没有青年的积极参与,就没有我们党日后的发展与壮大。但毛泽东也强调不要一味地遵从党的领导而忽视青年工作的特殊性及青年群体的需求。在他看来,"如果不注意青年的特点,也许就只有一百万拥护你们,八百万不拥护你们"②。"要照顾青年的特点",否则青年工作就会失去群众基础,当然也会失去其根本意义。所以在青年工作中,必须具体问题具体分析,才能更好地确保党领导青年工作取得实效。要"充分信任青年,大胆使用青年",让青年在尊重中发力,在参与中成长。

---

① 中共中央文献研究室编:《毛泽东文集》第7卷,人民出版社1999年版,第209页。

② 中共中央文献研究室编:《毛泽东文集》第6卷,人民出版社1999年版,第279页。

## （二）邓小平的青年观

邓小平面对"文革"期间青年工作的停止与被破坏带来的集体创伤，面对青年人才"青黄不接"的发展境遇，坚持用马克思主义发展观与时俱进地审视形势，对"十一届三中全会"后新的历史机遇与青年新的历史担当进行了全面的思考与总结，集中围绕青年在社会主义建设中"应该发挥什么样的作用、怎样发挥作用"这一核心主题进行大胆创新，着力解决了青年价值观和理想信念的问题，推动青年一代在改革开放和四个现代化建设中发挥重要作用。应该说，邓小平青年观对马克思主义青年观和毛泽东青年观进行了时代化的创新。

**1. 青年是"社会主义建设事业的急先锋"，是"开创21世纪大业的生力军"**

邓小平肯定青年是最肯学习、最不保守的一支力量，不怕吃苦，热爱劳动，遵守纪律，但也指出青年"自身的弱点"。他认为必须全面认识青年，正确评价青年。这种对马克思主义一分为二看问题的方法论的继承成为邓小平青年本质认识的基本前提。1957年5月15日，在中国新民主主义青年团第三次全国代表大会上，他热情地赞扬青年"是我国社会主义建设事业的急先锋，是人民幸福生活的创造者"[①]。他站在改革开放、社会主义建设、科技强国和事业发展的高度，认为青年是"一切事业的继承者"。面对21世纪，他认为"青年一代的成长，正是我们事业必定要兴旺发达的希望所在"[②]，能够将建设有中国特色社会主义事业推向前进。

**2. "三个面向"，"四有"新人，"四化"干部**

邓小平于1983年10月1日为景山学校题词："教育要面向现代化，

---

[①] 邓小平：《邓小平文选》第1卷，人民出版社1994年版，第276—277页。
[②] 邓小平：《邓小平文选》第2卷，人民出版社1994年版，第95页。

面向世界，面向未来。"① 这是邓小平对教育战线提出的战略方针，也是对青年教育发展方向的明确。具体而言就是要将教育发展纳入社会主义现代化建设中，教育要培养现代化的人才，同时教育要培养具有国际视野和前瞻意识的优秀青年，能够主动迎接世界发展给我们带来的机遇与挑战。他从我国社会主义初级阶段国情和中国特色社会主义建设实际出发，明确提出青年人应该做"有理想、有道德、有文化、有纪律"的"四有"新人标准。希望广大青年将自我理想与共产主义理想相结合，树立个人利益、集体利益、国家利益相融合的道德观，掌握先进的科学文化知识，遵守纪律，增强法治观念，做社会主义现代化的新一代。同时，"要教育人民成为'四有'人民，教育干部成为'四有'干部"。"四化"要求，即"革命化、年轻化、知识化、专业化"②，就是希望广大青年干部德才兼备，坚持社会主义道路和党的领导，坚持全心全意为人民服务。在此前提下，选拔年富力强、有真才实学的行家能手作为青年干部培养。邓小平将"德智体全面发展"列为人才培养的标准，并写入《中华人民共和国教育法》，即："教育必须为社会主义现代化服务，必须与生产劳动相结合，培养德、智、体等方面全面发展的社会主义事业的建设者和接班人。"将观念形态发展成政策法律形态，是邓小平对毛泽东青年观整体继承基础上的伟大推进。

**3. 积极培养青年，严格要求青年，大胆使用青年**

青年和青年干部的选拔与使用是邓小平青年观的核心。邓小平坚持一切从实际出发、具体问题具体分析，坚持"一分为二""实事求是""理论联系实际""发展变化"等马克思主义认识论和方法论，提出一切从实际出发的工作方法，既要正确面对青年的特点和问题，又要相信

---

① 邓小平：《邓小平文选》第3卷，人民出版社1993年版，第35页。
② 邓小平：《邓小平文选》第3卷，人民出版社1993年版，第179页。

青年的本质和主流是好的,既要积极培养青年,又要严格要求青年。

同时,他深谙在干部发展上"论资排辈"等旧观念的危害,提出"必须打破常规去发现、选拔和培养杰出的人才"①,"选拔培养中青年干部"②。他严格要求并大胆启用年轻人,强调党要从政治上对青年一代严格要求,强调老同志要支持年轻人的成长,自觉让位,把年轻人放在重要岗位上,协助年轻人做好相关工作。③ 邓小平说:"实现干部队伍的革命化、年轻化、知识化、专业化,是革命和建设的战略需要"④。邓小平青年观的具体政策落实进一步解放了思想,激发了青年的报国斗志。尤其是恢复高考制度,为党和国家事业发展培养了大批正当其时发挥重要作用的主力军,实现了社会主义事业从"百废待兴"到"兴旺发达"直至"后继有人"的目标。

**4. 全社会都要关心支持青年工作**

在邓小平看来,学校、家庭、社会都要关注青年发展,都要参与青年工作。"我们希望从事教育工作的同志,各个有关部门的同志,整个社会的家家户户,都来关心青少年思想政治的进步,把被'四人帮'破坏了的优良革命传统恢复和发扬起来。"⑤ 在这个问题上,邓小平与毛泽东的思想保持了高度一致。毛泽东曾说:"思想政治工作,各个部门都要负责任。共产党应该管,青年团应该管,政府主管部门应该管,学校的校长教师更应该管。"⑥

---

① 邓小平:《邓小平文选》第 2 卷,人民出版社 1994 年版,第 95 页。
② 邓小平:《邓小平文选》第 2 卷,人民出版社 1994 年版,第 384 页。
③ 邓小平:《邓小平文选》第 3 卷,人民出版社 1993 年版,第 381 页。
④ 邓小平:《邓小平文选》第 2 卷,人民出版社 1994 年版,第 396 页。
⑤ 邓小平:《邓小平文选》第 2 卷,人民出版社 1994 年版,第 105—106 页。
⑥ 中共中央文献研究室编:《毛泽东文集》第 7 卷,人民出版社 1999 年版,第 226 页。

(三) 江泽民的青年观

江泽民在全面建设小康社会和社会主义现代化建设新时期，立足于国际国内形势变化和当今时代特征，站在国家前途与命运的战略高度，系统阐释了青年发展的系列思想，集中围绕青年在党的建设中"应该发挥怎样的作用、怎样发挥作用"这一核心主题，对中国青年的历史地位、当代使命、成长成才环境做了深远谋划。在以马克思青年观为指导基础上，继承和发展毛泽东青年观、邓小平青年观，形成了内涵丰富的江泽民青年观。

1. 青年兴则国家兴，青年强则国家强

在肯定青年"生力军和突击队"的角色基础上，江泽民特别强调青年个人发展与国家命运的紧密联系，这是对梁启超"少年强则国强"的时代化阐释。他说："历史和现实都证明，只有把个人的抱负与祖国的建设紧密结合起来，把个人的成长与民族的振兴紧密结合起来，把个人的追求与人民群众的创造性历史活动紧密结合起来，才能大有作为。""从一定意义上讲，青年兴则国家兴，青年强则国家强，青年有希望，未来的发展就有希望。"[①] 他从"建设者和接班人"的角度论述青年的地位和作用，认为信任青年是发挥作用和激发潜能的重要前提，"人才资源是第一资源"，必须重视青年干部的地位和作用，特别是要在政治上和阶级上赢得青年。2002 年，他在纪念中国共产主义青年团成立八十周年大会上的讲话中指出："马克思主义政党只有赢得青年，才能赢得未来。"可见，江泽民赋予了青年的社会角色和国家担当极高的地位。

2. 将"四有新人"培养目标发展为社会主义精神文明建设的根本目标

江泽民坚持和发展了"四有新人"的思想，将"四有新人"培养

---

[①] 中共中央文献研究室编：《江泽民思想年编 (1989—2008)》，中央文献出版社 2010 年版，第 334 页。

目标作为社会主义精神文明建设的根本目标。他面向全国各界青年提出了"坚持四个统一"的号召：学习科学文化与加强思想修养的统一、学习书本知识与投身社会实践的统一、实现自身价值与服务祖国人民的统一、树立远大理想与进行艰苦奋斗的统一。① 同时，他并没有孤立地看待青年的教育和保护工作，而是将其看成一个全面的系统工程，倡导全社会都来关心和支持教育事业，引导青年德、智、体、美全面发展。江泽民强调用先进的舆论和文化引领青年成长，重点从理论武装、舆论引导、精神塑造、作品鼓舞等方面来培养"四有"新人，形成有利于青年身心健康成长的社会环境。

3. 思想教育要常抓不懈并注重实效

在加强科学文化知识教育之外，他强调要充分尊重青年的思想特点和成长规律，广泛、深入、持久地对青年进行思想道德教育。提出科教兴国战略、教育优先发展战略等，引导青年成为"各条战线的生力军"，始终"走在时代发展的前列"。他强调要"坚持不懈地向全国人民特别是青少年进行爱国主义、集体主义、社会主义和自力更生、艰苦奋斗的思想教育以及革命传统教育，对共产党员、共青团员和先进分子还要经常进行共产主义的思想教育"②。同时主张要正视网络发展对新青年教育的影响，"适应新形势要求，思想工作要在继承优良传统的基础上，充分运用大众传媒和文化设施，采取容易为群众所接受、所欢迎的方式方法进行"③，切实提高思想教育的实效性。

4. 坚持"四以"拓展青年教育方法

江泽民在青年理想教育中贯彻"四以"的方法论，强调以科学的

---

① 江泽民：《江泽民文选》第2卷，人民出版社2006年版，第124—125页。
② 共青团中央、中共中央文献研究室编：《毛泽东邓小平江泽民论青少年和青少年工作》（增订本），中国青年出版社2003年版，第229—230页。
③ 共青团中央、中共中央文献研究室编：《毛泽东邓小平江泽民论青少年和青少年工作》（增订本），中国青年出版社2003年版，第299页。

理论武装人，即以马列主义、毛泽东思想和邓小平理论来教育青年，使其具有科学的理想和信念；以正确的舆论引导人，即全社会要努力营造一种"讲理想、讲信念、讲宗旨、讲正气"的氛围，使得广大青年从根本上认同社会主义和共产主义理想；以高尚的精神塑造人，即挖掘先进人物的精神引导青年，感染青年，让青年以此为榜样塑造自我；以优秀的作品鼓舞人，即用优秀的文学和艺术作品来提升青年的精神境界，引导青年向真、向善、向美。

（四）胡锦涛的青年观

胡锦涛在新世纪初面对新的历史境遇，面对大发展大调整大变革的国际形势和改革开放的内外复杂环境，围绕青年在实现科学发展中"应该发挥怎样的作用、怎样发挥作用"这一核心主题做出了较为系统科学的理论阐发，围绕"新世纪培养什么样的青年以及如何培养青年"提出了一系列新理论、新观点。

1. 青年是民族的希望、祖国的未来

胡锦涛认为青年在改革开放的历史进程中发挥着重大的作用，是"改革开放和社会主义现代化建设的生力军"，是"推动历史进步的一支重要力量"。① 因此他主张通过共青团精神文明创建来引领社会风气之先，从而"提高全社会文明程度"，同时，要结合青年人敢为人先、朝气蓬勃的特点，进一步激发青年的创造热情、创造活力和创造能力，为理论创新、制度创新、科技创新、文化创新等贡献聪明才智。

2. 青年要胸怀祖国发展，心系民族命运，实现"德智体美全面发展"

胡锦涛在全国青联九届一次全委会和全国学联二十三大上的祝词中希望"每一位有志青年，无论身在何处，无论在什么岗位，都应当心系

---

① 本书编写组：《胡锦涛总书记在同团中央新一届领导班子成员和团十六大部分代表座谈时的重要讲话学习读本》，人民出版社2008年版，第1页。

祖国，心系民族，自觉把个人的抱负同全民族的共同理想统一起来，把个人的奋斗融汇到振兴中华的历史洪流中去，这样才能获得强大而持久的前进动力，才能在服务祖国和人民中实现自己最大的人生价值"。他主张以科学发展观统领我国教育事业发展全局，全面实施素质教育，实现青年的"德智体美"全面发展。

3. 以"育人为本、德育为先"为根本理念，用社会主义核心价值体系教育和引领青年，构筑"全员全过程全方位"的育人体系

胡锦涛在全国加强和改进大学生思想政治教育工作会议上强调指出："高校是培养人才的重要基地，必须把培养中国特色社会主义事业的建设者和接班人作为根本任务。""全国高校都要始终不渝地全面贯彻党的教育方针，坚持学校教育、育人为本，德智体美、德育为先，充分发挥大学生思想政治教育主阵地、主课堂、主渠道的作用，全方位推进大学生思想政治教育，多方面促进大学生全面发展，为培养造就一代新人作出贡献。"[①] 在教育内容上，他主张进行"以理想信念教育为核心，以爱国主义教育为重点，以思想道德建设为基础"的体系建设，最终形成以学校党政团干部、思想政治理论课和哲学社会科学教师、辅导员和班主任为主体，全体教职员工共同参与的"全员育人"工作队伍；形成政府、学校、家庭、社会联动的"全方位育人"工作机制；形成教书育人、管理育人、服务育人的"全过程育人"工作格局。

4. 坚持服务青年与教育青年相结合

胡锦涛强调要为青年营造良好的成长成才环境。"各级共青团组织要认真做好青年和青年学生工作，加强教育引导，主动提供服务，切实维护他们的合法权益。学校和教师要注重把教书和育人结合起来，帮助

---

① 中共中央文献研究室编：《十六大以来重要文献选编》（中），中央文献出版社2006年版，第640页。

青年学生德智体美全面发展。社会各界都要关心爱护青年和青年学生，为他们健康成长营造良好社会环境。"① 同时主张将服务青年与教育青年相结合，这是青年工作思维转换的关键一步。"要把教育青年和服务青年有机结合起来，既要以理服人，又要以情感人，切实帮助青年解决学习、工作和生活中的实际问题，尤其要为下岗青年、农村贫困青年、进城务工青年、经济上有困难的学生排忧解难，多办实事。"② 同时强调共青团要实现工作思路、工作方式、自身建设三个创新。要坚持"党有号召，团有行动"的优良传统，不断创新工作思路和方法，深入实际，广泛联系青年，使共青团工作符合党的要求和团的性质，确保青年运动的正确方向。

### 三、新时代青年工作理论的文化资源

习近平在庆祝中国共产党成立95周年大会的讲话中谈到文化自信时指出："在五千多年文明发展中孕育的中华优秀传统文化，在党和人民伟大斗争中孕育的革命文化和社会主义先进文化，积淀着中华民族最深层的精神追求，代表着中华民族独特的精神标识。"③ 他强调了中国文化的三种形态——中华优秀传统文化、革命文化和社会主义先进文化，这些文化形态既是文化自信的来源，对中华民族精神生活和中华文明的赓续发展起到重要作用，也是中国化马克思主义得以不断发展的深厚根基，是新时代青年工作理论的文化资源。中华优秀传统文化是文化自信的根基，革命文化是文化自信的支柱，社会主义先进文化是文化自

---

① 胡锦涛：《在同中国农业大学师生代表座谈时的讲话》，人民出版社2009年版，第8页。
② 转引自严鸿祝：《充分发挥广大团员青年在现代化建设中的生力军和突击队作用》，载《人民日报》1999年12月13日，第1版。
③ 中共中央党史和文献研究院编：《十八大以来重要文献选编》（下），中央文献出版社2018年版，第349页。

信的灵魂，三者共同支撑起了中华文明大厦。

（一）中华优秀传统文化

十八大以来，习近平总书记关于中华优秀传统文化发表了一系列重要的论述，这些论述既有从中华民族精神的命脉高度对优秀传统文化的功能定位，也有从实现"两个一百年"奋斗目标和中华民族伟大复兴中国梦的重要精神支撑的高度对传统文化的发展与创新、继承与弘扬提出的要求，还有从优秀传统文化的时代内涵出发提出中华优秀传统文化的创造性转化和创新性发展的战略工程。这些中华优秀传统文化的精神基因通过主动实践与表达成为其治国理政政治智慧的重要来源，也构成了新时代青年工作理论的精神内核。习近平对青年发展提出的要求以及关于青年教育的基本思路中都有着优秀传统文化基因。深刻把握其思想内涵和精神实质，有利于落实立德树人的青年教育目标，有利于青年价值观的塑造与养成。

习近平总书记关于传统文化的系列论述一方面为新时代青年工作理论提供精神滋养，另一方面也是新时代青年工作理论的重要组成部分。分析其中蕴含的传统文化基因，一方面呈现中华优秀传统文化对新时代青年工作理论的浸润，另一方面呈现新时代青年工作理论对优秀传统文化的创新性传承。新时代青年工作理论在对中华传统文化的思想传承、创造性转化和创新性发展的过程中不断形成与发展。其思想有着鲜明的时代意义，始终从涵养社会主义核心价值观的重要源泉、实现"两个一百年"奋斗目标和中华民族伟大复兴中国梦的重要精神支撑的高度认识和弘扬传统文化；其思想有着鲜明的时代召唤和时代担当，始终从青春梦与中国梦、世界梦的紧密关系中去定位青年的成长与发展，从传统文化中定位青年发展的时代意义与应有路径。对传统文化批判性继承、创造性发展和创新性转化也成为习近平对待传统文化的方法论。

**1. 中华优秀传统文化是新时代青年价值观教育的思想源泉**

新时代青年工作理论,强调了青年价值观教育要以社会主义核心价值观为根本。党的十八大报告从国家、社会、个人三大层面阐释了社会主义核心价值观的理论内涵:"倡导富强、民主、文明、和谐,倡导自由、平等、公正、法治,倡导爱国、敬业、诚信、友善,积极培育和践行社会主义核心价值观。"① 这是对中华优秀传统文化的深度挖掘与当代发展,既是中华传统文化"天人合一"思想的时代表达,也是实现中国梦的精神之源。习近平总书记在北京大学师生座谈会上的讲话中指出:"中华优秀传统文化已经成为中华民族的基因,植根在中国人内心,潜移默化影响着中国人的思想方式和行为方式。今天,我们提倡和弘扬社会主义核心价值观,必须从中汲取丰富营养,否则就不会有生命力和影响力。"② 因此,把握社会主义核心价值观的文化精髓和思想精华,挖掘背后蕴含的中国传统文化的历史意义和时代价值,才能更好地理解习近平青年价值观教育的思想实质,才能真正实现青年工作"立德树人、以文化人"的根本目标。

习近平总书记在中央党校2013年春季学期开学典礼上指出:"中国传统文化博大精深,学习和掌握其中的各种思想精华,对树立正确的世界观、人生观、价值观很有益处。"2014年2月,在主持政治局集体学习时,习近平总书记用"讲仁爱、重民本、守诚信、崇正义、尚和合、求大同"高度概括了中华优秀传统文化的思想精髓,并要求深入挖掘和阐发中华优秀传统文化的时代价值。社会主义核心价值观充分吸收了中华优秀传统文化的精神滋养。中国传统核心价值观构成了当代社会主义

---

① 中共中央文献研究室编:《十八大以来重要文献选编》(上),中央文献出版社2014年版,第25页。
② 中共中央文献研究室编:《十八大以来重要文献选编》(中),中央文献出版社2016年版,第5页。

核心价值观的根本精神。作为中华民族核心价值理念的"仁爱",既构筑了社会道德规范体系,也构筑了百姓道德世界的应有秩序,成为国家治理的必备法则。它既是社会主义核心价值观的总体思想基础,也是中外文明对话交流的共同思想基础,是青年价值观教育的根本价值所在。中国古代政治价值观的"民本"思想,一直有"民惟邦本,本固邦宁""民贵君轻"等一系列以人民为中心的价值理念,凸显了人民在国家治理体系中的重要地位。这是执政规律和执政目标的中国化表达,是社会主义核心价值观的政治基础,蕴含着浓厚的人文精神和家国情怀。作为中国伦理观念的"诚信",历来是为人之本、立国之本。它是中华民族精神的灵魂,是社会主义核心价值观倡导的公民价值准则,是对广大青年传承中华民族精神的时代要求。作为人类文明价值准则的"正义",既是社会对个人修养的要求,也是国家治理应遵守的社会伦理。国家追求正义,能在国际交往中赢得世界信任;社会追求正义,能为公民发展提供良好的社会氛围;个人追求正义,能够自觉履行义务承担责任,实现人生价值。作为中华民族首要价值的"和合",既是人与自身、人与自然、人际之间的和谐相处,也是不同文明冲突融合后的相伴相生,更是国际交往中的合作共赢与命运共同。"尚和合"已经成为融化在中华民族骨子里的思维方式和行为方式。作为自古至今社会理想的"大同",是中国梦的民族文化根基。[①] 大同是与自由、民主、公平、正义等现代价值保持一定张力与交融的古代价值,更能体现中华优秀传统文化的特质,与实现中华民族伟大复兴的中国梦形成了超越时空的古今对话。综上,中华优秀传统文化是社会主义核心价值观的思想源泉与价值基础。习近平主席在联合国教科文组织总部的演讲中指出:"没有文明的继承和发展,没有文化的弘扬和繁荣,就没有中国梦的实现。"习近

---

① 肖群忠:《求大同》,载《中国教育报》2014年6月20日,第6版。

平从中华优秀传统文化的继承与弘扬中加强青年价值观的教育,正是对中华优秀传统文化时代价值的重要开掘。

**2. 中华优秀传统文化是新时代青年发展路径的文化支撑**

习近平引经据典,从传统文化中汲取思想精髓,对青年发展提出新要求。他强调青年发展应以立德修身为要,以坚定的理想信念和学习目标持之以恒,追求创新,"志存高远、德才并重、情理兼修、勇于开拓"。[①]

(1)从中华优秀传统文化中找到青年立德修身的价值准则。青年要发展成为德智体美劳全面发展的人才,品德修养成为人才评价的首要标准。习近平引用教育家蔡元培先生的"若无德,则虽体魄智力发达,适足助其为恶",强调道德之于个人成长与发展的基础性意义。引用"从善如登,从恶如崩",来告诫青年要注重"立德修身",要"不以善小而不为,不以恶小而为之"。[②] 习近平找到了培养青年道德修养的重要抓手,那就是加强社会主义核心价值观教育。习近平将社会主义核心价值观界定为一种德,"核心价值观,其实就是一种德,既是个人的德,也是一种大德,就是国家的德、社会的德。国无德不兴,人无德不立"。[③] 也就是说,引导学生认同并践行社会主义核心价值观,就是在提高青年学生的道德修养。因此,作为青年教育的重要机构,大学在培养青年道德修养上责无旁贷。习近平引用《大学》中的名句"大学之道,在明明德,在亲民,在止于至善"来阐明高校坚持立德树人这个生命线的重要意义。同样,价值观养成离不开青年自身主观能动性的发

---

[①] 中共中央文献研究室编:《习近平关于青少年和共青团工作论述摘编》,中央文献出版社2017年版,第52页。

[②] 中共中央文献研究室编:《十八大以来重要文献选编》(上),中央文献出版社2014年版,第280页。

[③] 中共中央文献研究室编:《十八大以来重要文献选编》(中),中央文献出版社2016年版,第3页。

挥。习近平用扣好人生第一粒扣子来强调青年价值观养成对整个人生和社会的价值取向的重要性。他引用"凿井者，起于三寸之坎，以就万仞之深"来告诫广大青年从现在做起，从自我做起，从细微处做起，加强道德修养，注重道德实践，自觉践行社会主义核心价值观。至于道德修养的具体内容，习近平在讲话中提出了："国有四维，礼义廉耻。四维不张，国乃灭亡。"《管子·牧民·四维》称四维："一曰礼，二曰义，三曰廉，四曰耻。"每个时代都有其独特的时代精神，每个时代也有其独特的价值观念。"礼义廉耻"是中国古代的核心价值观，也是当代中国必须坚持的价值准则，当代青年要用社会主义核心价值观来要求自己，规范自己的行为。当代青年要树立榜样，学习先进人物的精神事迹，取他人之长，补自己之短，以此锤炼优秀的意志品质，追求高尚的精神境界。习近平从优秀传统文化中找到了道德修养对青年发展的重要意义，并从学校和青年自身两方面强调了核心价值观教育的深远影响，对青年提升道德修养的路径找到了传统文化的支撑，充分说明中华传统文化对新时代青年工作理论的浸润之深。

（2）从中华优秀传统文化中找到青年笃行实践的社会意义。青年的成长成才离不开努力学习和勤于实践，这是习近平对马克思主义青年观实践观点的根本性传承。习近平主张"空谈误国、实干兴邦"，告诫青年："道不可坐论，德不能空谈，于实处用力。"[1] 价值观要内化于心外化于行，要有知行合一的实践，中华民族伟大复兴中国梦的实现离不开青年的笃行。引用"功崇惟志，业广惟勤"来告诫青年，志向远大才能取得巨大成绩，勤奋努力方可成就大业。[2] 习近平希望广大青年树立

---

[1] 中共中央文献研究室编：《十八大以来重要文献选编》（中），中央文献出版社2016年版，第8页。
[2] 中共中央文献研究室编：《十八大以来重要文献选编》（上），中央文献出版社2014年版，第278页。

实现伟大复兴的中国梦的远大志向，并用实干精神为实现梦想而努力。他引用"合抱之木，生于毫末；九层之台，起于累土"来告诫青年"千里之行，始于足下"，要从小事和点滴做起，要有坚忍不拔、百折不挠的精神，一步一个脚印才能成就大事。①"一勤天下无难事"，唯有志向高远，青年才能有实现伟大复兴中国梦的精神动力；唯有笃行实践，青年才能成就中华民族复兴的大业。无志不足以行远，无勤则难以成事。习近平关于青年成长与发展需要笃行实践的思想在中华优秀传统文化中找到了思想渊源。

（3）从中华优秀传统文化中找到青年知行合一的发展路径。习近平高度重视青年的学习，这与他青年时期阅读大量古籍、学习传统文化的成长经历有直接关系。他告诫青年只有通过加强学习，提升自身本领和素质，才能成就人生梦想。首先，他引用"学如弓弩，才如箭镞"来激励青年通过学习打好人生厚实的根基，号召青年把学习当成首要任务，"树立梦想从学习开始、事业靠本领成就的观念，让勤奋学习成为青春远航的动力，让增长本领成为青春搏击的能量"。② 2016年4月26日，在知识分子、劳动模范、青年代表座谈会上，习近平总书记用"人才有高下，知物由学"告诫青年学习对于成长与发展的重要性，希望青年好好学习，锻炼本领，实现梦想。其次，习近平强调学习要有兴趣，引用"知之者不如好之者，好之者不如乐之者"，将学习的三重境界"知之""好之""乐之"的关系进行了阐释，勉励青年将"要我学"转变成"我要学"，最终发展为"我爱学"，把学习当作一种追求和爱

---

① 人民日报评论部编：《习近平用典》第1辑，人民日报出版社2018年版，第109页。
② 中共中央文献研究室编：《十八大以来重要文献选编》（上），中央文献出版社2014年版，第279页。

好，把学习当成一种健康的生活方式。① 其三，习近平强调思考在学习中的作用。用"学而不思则罔，思而不学则殆"告诫青年要学思结合，学思并重，才能获得真知。② 他希望广大青年通过思考把零碎的知识变成系统的知识，把书本知识与社会实践结合起来，在联系与发展中思考当下现实与未来。其四，他引用"昨夜西风凋碧树，独上高楼，望尽天涯路""衣带渐宽终不悔，为伊消得人憔悴""众里寻他千百度，蓦然回首，那人却在灯火阑珊处"这三种境界，告诫青年读书要有目标、有恒心、有效率。要有"望尽天涯路"的志存高远的追求，明确的目标和方向；要有"衣带渐宽终不悔"的忘我追求和不懈奋斗；要在学习和实践中"在灯火阑珊处"领悟人生真谛，走向成熟。③ 最后，他引用"博学之，审问之，慎思之，明辨之，笃行之"再次强调知行合一。学习过程的四个阶段"学问思辨"，再加上"身体力行"，共同构成了习近平对青年学习"知行合一、学以致用"的思想。习近平从传统文化中找到了青年学习的重要性，青年学习与兴趣、思考、实践的关系，青年学习的"三重境界"。这些传统文化的思想浸润，增强了新时代青年工作理论的文化积淀，拓宽了新时代青年工作理论的理论视野。

（4）从中华优秀传统文化中找到青年理想信念养成的精神动力。习近平强调理想信念对于青年成长与发展的重要意义，号召广大青年坚定理想信念，坚守精神追求，为实现伟大复兴中国梦贡献自己的力量。首先，他引用郑板桥的名句"千磨万击还坚劲，任尔东西南北风"，告诫青年在实现中华民族伟大复兴的道路上要自信，要坚守，要有坚定的理

---

① 人民日报评论部编：《习近平用典》第1辑，人民日报出版社2018年版，第133页。

② 人民日报评论部编：《习近平用典》第1辑，人民日报出版社2018年版，第131页。

③ 人民日报评论部编：《习近平用典》第1辑，人民日报出版社2018年版，第129页。

想和崇高的信念。不为利益所诱惑，不为困难所困扰，要像岩竹一样历经千万磨难，仍然坚忍不拔，积极乐观。① 其次，他经常用"岳母刺字"的故事激励青年要常怀一身正气，要有家国情怀。② 他认为，从小立志心怀天下，心怀苍生，心怀祖国，方可系好"人生的第一粒扣子"。他还将在插队落户时所见的滴水穿石景观进行了哲学层次传统文化的解读，将"滴水穿石"喻为一种前仆后继、勇于牺牲的完美人格，不求一时的成功，但求目标专一、持之以恒的信念将微小的力量集聚，最终取得更大的成功。这种精神的比喻对青年急于求成、急功近利的价值观是一种积极的引导与纠偏。

（5）从中华优秀传统文化中找到青年坚持创新的时代要求。习近平将青年视为民族的希望，把创新视为民族进步的灵魂、国家兴旺发达的不竭动力。他认为："青年是社会上最富活力、最具创造性的群体，理应走在创新创造前列。"③ 习近平在同各界优秀青年代表座谈时，强调"苟日新，日日新，又日新"。这既是对创新的要求，也是要将创新置于动态发展的不断革新中。青年一定要主动增强创新意识，提高创新能力，争做锐意进取、开拓创新的时代先锋。同时时刻警醒大家，"不日新者必日退"。习近平总书记要求宣传思想工作面对日益变化的新形势，要与时俱进、坚持创新，在引导中赢得主动权。④ 同样，青年在成长发展的过程中，如果故步自封，不追求时刻创新，那成长与发展必定受阻。所以习近平一再强调"惟改革者进，惟创新者强，惟改革创新者

---

① 人民日报评论部编：《习近平用典》第 1 辑，人民日报出版社 2018 年版，第 231 页。

②《习近平总书记的文学情缘》，载《人民日报》2016 年 10 月 14 日，第 24 版。

③ 中共中央文献研究室编：《十八大以来重要文献选编》（上），中央文献出版社 2014 年版，第 279 页。

④ 人民日报评论部编：《习近平用典》第 1 辑，人民日报出版社 2018 年版，第 251 页。

胜"。

（二）革命文化

革命文化起源于五四反帝反封建精神，在全国上下争取民族独立、人民解放的斗争中逐渐成熟定型。革命文化的内核是打破旧文明，创造新文明，建设现代化国家和现代社会，推动中华民族伟大复兴。新时代中国共产党强调五四精神的当代价值，提出以自我革命推动伟大社会革命，是对继承和发展革命文化的创新之举。中国共产党领导中国革命和现代化建设的历史实践不断丰富和发展着革命文化的内涵和话语体系，中国青年运动的百年实践展示了青年在推动革命文化发展、接受革命文化洗礼中的积极作为，习近平总书记关于五四运动及革命文化的相关论述为新时代青年工作理论指明了时代方向。因此，探究革命文化对于新时代青年工作理论的精神意义，就必须理解青年运动在推动中国政治变革中的作用，理解革命文化在中国共产党百年发展史和中华人民共和国发展史中的演进过程和内涵发展，最终引领青年继承和发扬革命文化和革命精神，将其作为参与民族复兴大业的强大精神动力。

革命文化是中国共产党在领导革命、建设和改革的过程中，对政治心理、政治理想、政治观念、政治伦理、政治策略、政治制度、政治道路等进行的一系列文化价值建构。① 革命文化发端于五四时期的反帝反封建运动，五四新文化成为革命意识形态即革命文化的直接源头。随着五四运动推动中国共产党的诞生，经历了大革命和土地革命斗争实践以及随后的农村革命根据地建设和红军长征，革命文化已具雏形。在这个阶段，中华民族自强不息、艰苦卓绝、百折不挠的精神丰富了革命文化的内涵。1927 年，张申府明确阐释了革命文化的特征："革命文化就是

---

① 胡献忠：《从五四到新时代：革命文化的历史性跨越——基于习近平总书记关于五四运动及革命文化相关论述的分析》，载《中国青年研究》2020 年第 7 期，第 39 页。

适于革命的文化,就是适于推翻旧政权,建设新鲜的文化。"这种文化"应有四种特性",它"应是动的,应是向前的","应是客观的","必是民众的","还是世界的"。① 革命文化在抗日战争和解放战争中得以继续发展,在血与火的淬炼中,融入了天下兴亡、匹夫有责的爱国情怀和不畏强暴、血战到底的民族气节,当然实事求是、艰苦创业、勤俭节约、毫不利己、专门利人的延安精神更是发展了革命文化。新中国成立以来,面对积贫积弱的社会现实,艰苦创业成为社会主义建设时期革命文化的主要内容。进入新时期,改革开放既是思想觉醒,又是中国人民和中华民族发展史上一次伟大革命,创新发展、革故鼎新成为新时期革命文化的重要内容。进入新时代,中国共产党坚持"赶考"的精神状态,不断进行自我革命,提出"两个伟大革命"的重要命题,赋予五四运动百年纪念新的时代价值。同时对"红船精神""苏区精神""长征精神""抗战精神""三山一坡精神"等红色革命精神进行了集中论述,给以理想信念、文化自信、实事求是、无私奉献为核心的革命文化赋予了鲜明的时代特色和精神内涵。

新时代青年工作理论高度重视并挖掘五四运动的历史意义和时代意义。习近平总书记在中共中央政治局第十四次集体学习时强调加强对五四运动和五四精神的研究,明确提出了"四个讲清楚""两个统一起来",尤其强调要"回答好为什么当代中国青年运动的主题是为实现中华民族伟大复兴的中国梦而奋斗,为什么当代青年必须把个人理想融入民族复兴伟大理想和新时代中国特色社会主义思想"。五四运动不仅是革命文化的发端,是中国青年走上历史舞台的发端,更是中华民族传统精神的标识。正如习近平总书记在纪念五四运动100周年大会上的讲话中所指出的,五四运动以全民族的力量高举爱国主义的伟大旗帜,以全

---

① 张申府:《张申府文集》第1卷,河北人民出版社2005年版,第96—98页。

民族的行动激发了追求真理、追求进步的伟大觉醒，以全民族的搏击培育了永久奋斗的伟大传统。因此，革命文化是新时代中国共产党领导青年工作的文化资源，也是青年工作必须坚持、传承和发展的优秀文化。新时代青年工作理论要培养能担当民族复兴大任的时代新人，就离不开以革命文化涵养时代新人的担当精神，为时代新人解答"为谁担当""为何担当"以及"如何担当"的成长困惑，最终在教育青年、引领青年中构筑以初心为指引、以使命为职责、以世界为视野的担当精神。

（三）社会主义先进文化

习近平在党的十九大报告中指出："中国特色社会主义文化，源自中华民族五千多年文明历史所孕育的中华优秀传统文化，熔铸于党领导人民在革命、建设、改革中创造的革命文化和社会主义先进文化，植根于中国特色社会主义伟大实践。"① 社会主义先进文化融汇了中华优秀传统文化和革命文化的精华，吸收了西方文化的先进理念并与其进行了差异性对接，在实践中不断丰富和发展，确保了其科学性和先进性。在当代中国，发展社会主义先进文化就是以马克思主义为指导，坚守中华文化立场，立足当代中国现实，发展面向现代化、面向世界、面向未来的，民族的科学的大众的社会主义文化。我国社会主义文化建设从新中国成立开始，经历了一段艰难而曲折的发展历程。如果从文化自信发展的角度看社会主义文化建设阶段的话，新中国成立后的文化建设经历了对引领先进文化建设的信心满怀，到怀疑争论，再到重建自信以及自信绽放四个阶段。② 中国共产党人始终坚持马克思主义的指导地位，立足中国发展的具体实际，推进社会主义先进文化的发展。

新时代中国共产党领导青年工作，必须以社会主义先进文化凝聚育

---

① 习近平：《习近平谈治国理政》第3卷，外文出版社2020年版，第32页。
② 徐国亮：《社会主义先进文化是中华民族文化自信的灵魂》，载《山东社会科学》2018年第2期，第6页。

人力量。马克思主义是社会主义先进文化的思想来源和理论基础；习近平新时代中国特色社会主义思想是社会主义先进文化的集中体现，也是发展社会主义先进文化的根本遵循；社会主义核心价值观"代表了中国先进文化的前进方向"，是增强社会主义先进文化凝聚力、吸引力和竞争力的精神支撑和价值灵魂。因此，必须以马克思主义领航，坚持马克思主义在意识形态领域指导地位不动摇，用马克思主义的立场、观点和方法教育青年，引导青年坚定理想信念，树立远大理想，不断增强对中国特色社会主义道路、理论、制度、文化的"四个自信"；以习近平新时代中国特色社会主义思想铸魂育人，教育引导青年树立正确的世界观、人生观、价值观，在坚定理想信念、厚植爱国主义情怀、加强品德修养、增长知识见识、培养奋斗精神、增强综合素质上下功夫，始终把实现个人价值同党和国家前途命运紧紧联系在一起，把青年培养成社会主义事业的建设者和接班人；把社会主义核心价值观贯穿育人的全过程，全社会要站在实现国家富强、民族复兴的高度，将社会主义核心价值观教育作为青年教育的核心内容，完善以社会主义核心价值观为引领的大中小一体化德育体系，切实加强和改进学校思想政治教育，推进青年工作的一体化格局。

新时代青年工作理论不仅要坚持和继承中华优秀传统文化、革命文化和社会主义先进文化的本质内核和精神滋养，还要在中国特色社会主义文化建设过程中主动推动传统文化的创造性转化和创新性发展，推动文化繁荣。实现传统文化的创造性转化、创新性发展，并不是传统文化的自我革新和自我完善，而是传统文化与革命文化、社会主义先进文化同步同向的文化再造，是对中国文化的整体性发展。新时代青年工作理论在对传统文化创造性转化和创新性发展上，坚持有选择、有针对性地发展与创新。新时代青年工作理论明确了青年是传统文化创造性转化和创新性发展的重要主体。青年是整个时代创新的主要力量，传统文化的创新任务也责无旁贷地落在了青年的肩上。青年在文化传播和文化实践中离不开传统文化的思想支撑，更离不开对传统文化的创新与发展，这内含在他们的实践中，也影响着他们的文化实践的效果。对传统文化的转化和发展要坚持两重标准：一是要对传统文化本身进行甄别，择取具有优良精神基因的文化进行转化和发展；二是要选取传统文化中与当今时代要求相符、与当下时代精神相契合、能为实现中国梦注入强大精神动力的那部分优秀文化进行创新与发展。"在内容上、在取向上都必须以马克思主义作为指导思想"①，这既是传统文化观的本质遵循，也是对当前各种思潮中诸如历史虚无主义等的有力回击。

新时代青年工作理论创新性地发展中华优秀传统文化，具体表现在以下几个方面。首先是从青年教育与青年发展的根本高度来创新性地发展中华优秀传统文化。习近平对传统文化的认识高度和角度直接决定了传统文化在青年工作中的影响力和地位。总体而言，习近平是站在建设社会主义文化强国和坚定文化自信的时代高度来定位当下传统文化的发展。中华五千年的文明奠定了社会主义文化强国的厚重基础，所以"抛弃传统就等于割断精神命脉"，除了坚持道路自信、制度自信、理论自信外，更需要强化文化自信。因为"中国有坚定的道路自信、理论自信、制度自信，其本质是建立在5000多年文明传承基础上的文化自信"。文化自信是最基础和最深厚的自信。当代青年要坚定文化自信，我们要通过"提升青少年的文化认知、文化自觉、文化实践和文化创新能力，使青少年既有本土文化情怀，又有国际文化视野，以适应新时代的文化自信要求"②。作为中华民族最深沉的精神追求和最根本的精神

---

① 李维武：《传统文化的创造性转化与创新性发展——对习近平文化观的思考》，载《武汉大学学报》（哲学社会科学版）2018年第3期，第9页。
② 马玉娜：《青少年是坚定文化自信的重要力量》，载《红旗文稿》2017年第24期，第34页。

基因，传统文化以其独特的精神标识和宝贵的精神品格铸就了中华民族精神的"根"与"魂"，也为以改革创新为核心的时代精神增添了深厚的传统元素。因此，习近平强调对青年要加强中国特色社会主义核心价值观和中华优秀传统文化教育，主张把经典嵌在学生脑子里，让其成为中华民族文化的基因。《中长期青年发展规划（2016—2025）》（以下简称《规划》）将青年文化的发展目标定位为更好引导青年传承中华优秀传统文化、弘扬社会主义先进文化，同时对传统文化、革命文化和社会主义文化三者的关系进行了准确的定位与分析。对青年进行传统文化的教育，自然需要包括以上三部分内容，同时在进行传统文化的创造性转化和创新性发展时，不应仅在自身内部进行调整与革命，还应该在三种文化形态的融合中实现时代的创新与发展。

其次，从中华民族最深厚的软实力和最基本的文化基因的高度来创新性发展传统文化。习近平总书记在中央政治局第十八次集体学习时强调，"中华优秀传统文化是我们最深厚的文化软实力"。一方面，"提高国家文化软实力，要努力展示中华文化独特魅力"[1]，广大青年要在青奥会等国际赛事中弘扬中华传统文化，在"一带一路"等国际交流中讲好中国故事，传播好中国声音，在构建人类命运共同体中贡献青春力量。另一方面，创新性发展不仅要加强传统文化的展示，更要加强文化成果的国际化传播，让中国传统文化影响世界。习近平提出"把继承传统优秀文化又弘扬时代精神、立足本国又面向世界的当代中国文化创新成果传播出去"[2]。这就指明了传统文化的发展路径：将民族精神与时代精神相融合，将本国语境与国际视野相结合。同时，在 2013 年 8 月

---

[1]《建设社会主义文化强国　着力提高国家文化软实力》，载《人民日报》2014 年 1 月 1 日，第 1 版。
[2]《建设社会主义文化强国　着力提高国家文化软实力》，载《人民日报》2014 年 1 月 1 日，第 1 版。

19日全国宣传思想工作会议上，习近平提出了"四个讲清楚"：讲清楚每个国家和民族的历史传统、文化积淀、基本国情不同，其发展道路必然有着自己的特色；讲清楚中华文化积淀着中华民族最深沉的精神追求，是中华民族生生不息、发展壮大的丰厚滋养；讲清楚中华优秀传统文化是中华民族的突出优势，是我们最深厚的文化软实力；讲清楚中国特色社会主义植根于中华文化沃土，反映中国人民意愿，适应中国和时代发展进步要求，有着深厚历史渊源和广泛现实基础。"四个讲清楚""不仅阐明了传统文化在文化共识和精神纽带方面的功能作用，而且指出了中华优秀传统文化在中国特色社会主义中'根脉'的定位。"① 中华传统文化作为中国精神的重要文化来源，最核心的内容已经成为中华民族最基本的文化基因。中国精神是对中华传统文化"天人合一""中道"等精髓的创造性发展，是广大青年弘扬和培育的精神力量和价值观念。

再次，习近平对中华传统文化的"去粗取精"，既为青年学习传统文化列出清单，同时以身示范地揭示了传统文化对于解决当代人类面临难题的价值，从工具与目的的双重价值创造性地发展传统文化。习近平亲临孔府，表明中央对传统文化的高度重视。在出席孔子诞辰纪念大会时，面对全球专家学者，他指出包括人学在内的中华传统文化中许多道德理念能够有效解决当前世界难题，比如"关于道法自然、天人合一的思想，关于天下为公、大同世界的思想，关于自强不息、厚德载物的思想，关于以民为本、安民富民乐民的思想，关于为政以德、政者正也的思想，关于苟日新日日新又日新、革故鼎新、与时俱进的思想，关于脚踏实地、实事求是的思想，关于经世致用、知行合一、躬行实践的思

---

① 刘必好、刘怀玉：《论习近平新时代中国特色社会主义思想的理论品格》，载《南京社会科学》2018年第6期，第10页。

想，关于集思广益、博施众利、群策群力的思想，关于仁者爱人、以德立人的思想，关于以诚待人、讲信修睦的思想，关于清廉从政、勤勉奉公的思想，关于俭约自守、力戒奢华的思想，关于中和、泰和、求同存异、和而不同、和谐相处的思想，关于安不忘危、存不忘亡、治不忘乱、居安思危的思想"[①]。他认为这些传统文化思想中蕴含着许多激励人向善的内容，并适合于调理社会及国际关系，结合当下时代条件创新性地发展，可以让中华优秀传统文化造福整个世界。习近平对中华传统文化的当代价值进行深度挖掘，也是将中华传统文化的独特魅力传播于世界的积极尝试。对于广大青年学习传统文化的思想精髓，解决成长发展过程中的困难，实现"中国梦"无疑有着极强的现实借鉴意义。

中华传统文化的创造性转化实际上是传统文化的现代转型。如何使中华传统文化依然保持对现实问题的理论解释力？如何用中华传统文化中蕴含的智慧解决当下的实际困难？当然中华传统文化的创造性转化不是简单的工具主义和实用主义，而是需要在与现代社会和现代文化的交融中实现内涵和本质层面的转型。在习近平看来，实现对中国传统文化的创造性转化必须"使中华民族最基本的文化基因与当代文化相适应、与现代社会相协调，以人们喜闻乐见、具有广泛参与性的方式推广开来"[②]。具体而言，首先，传统文化要与当代文化实现有效对接，这种对接是在文化传统、文化特质、文化伦理、思维模式、文化意义、文化指征、基本精神等维度的融合，也是在表现形式和传播方式层面的衔接。"当代的文化传承，不是把古代文本的意义视作固定的、单一的，而是使今人与历史文本进行创造性对话，对典籍文本作创造性诠释，对

---

[①] 习近平：《在纪念孔子诞辰2565周年国际学术研讨会暨国际儒学联合会第五届会员大会开幕会上的讲话》，人民出版社2014年版，第6页。
[②]《建设社会主义文化强国　着力提高国家文化软实力》，载《人民日报》2014年1月1日，第1版。

传统文本的普遍性内涵进行新的诠释和改造,以适应当代社会文化的需求。"① 只有对传统文化的本质性内涵进行适应当代需求的诠释,才能使传统文化服务于中国特色社会主义文化建设和文化强国建设,有效提升中国文化软实力。其次,传统文化要与现代社会中国精神协调共生。现代社会是风险社会、信息社会和全球一体化的社会,传统文化中"天人合一"的理想对于化解风险、追求和谐有着极强的现代价值。全球化强调合作共赢,"尚和合"的天下大同思想依然能够在国际交往和多方合作中产生价值认同。信息社会强调创新,更需要用人文文化来弥补科技高速发展中的文化缺失。因此,要实现传统文化与现代社会相协调,就需要开掘传统文化的时代内涵,让传统文化真正成为现代社会发展的强大精神动力。同样,优秀传统文化是中国精神的思想源泉,以爱国主义为核心的民族精神和以改革创新为核心的时代精神,都是传统文化中家国一体的集体主义思想和求新求变的创新思想的凝练总结。再次,传统文化还要与世界文化对接,走出国门面向世界。习近平指出:"儒学本是中国的学问,但也早已走向世界,成为人类文明的一部分。"② 中华传统文化要在与世界文化的交流对话中不断彰显其世界价值,要面向世界不断寻找生长点,对世界产生持续而深远的影响。最后,要以喜闻乐见的表现形式,让人们在广泛的参与中体验传统文化的精神魅力,增强文化自信、文化自觉,主动进行文化传播与文化实践。传统文化的普及与推广需要与当下的现实困惑产生观照,传统文化的传播需要内容本体和表达形式的创新。

新时代青年工作理论也秉承了中华传统文化创造性发展的基本思

---

① 陈来:《中华优秀文化的传承和发展》,载《光明日报》2017年3月20日,第15版。

② 习近平:《在纪念孔子诞辰2565周年国际学术研讨会暨国际儒学联合会第五届会员大会开幕会上的讲话》,人民出版社2014年版,第10页。

路。首先，青年作为最富有朝气、创造性和生命力的群体，应该在坚定文化自信的基础上，主动担当，做推动文化交流的国际使者。习近平在印度世界事务委员会上的演讲中谈到，希望中印两国的青年从中印古老文明中汲取智慧，在追求真理的道路上一路向前。[①] 习近平希望青年做文化交流的使者，学习吸收外国文化的精髓，传播中华文明的精神，在国际交流中让中华文化成为共创未来的智慧和力量。其次，习近平主张青年做国际交往的友谊使者。"'国之交在于民相亲'，而'民相亲'要从青年做起。希望两国青年做中越传统友谊的传承者，让中越友好在青年人中发扬光大。"[②] 青年之间的心心相印、亲和友善为国家互信交往提供了重要的保障基础。再次，习近平强调青年要在广泛合作中为构建人类命运共同体贡献力量。2015年10月26日，在联合国教科文组织第九届青年论坛开幕式的贺词中，习近平提到："世界的未来属于年轻一代。全球青年有理想、有担当，人类就有希望，推进人类和平与发展的崇高事业就有源源不断的强大力量。希望各国青年用欣赏、互鉴、共享的观点看待世界，推动不同文明交流互鉴、和谐共生，积极为构建人类命运共同体添砖献瓦。"在文化交流中树立世界眼光，增强合作意识，传播中华文明，是当代中国青年应有的新作为。最后，国家要为青年的文化参与提供制度保障，为青年的国际文化交流搭建平台。在《规划》中，有专门对青年文化发展的支持举措，以增进不同青年群体间的文化交流，增强文化认同，拓宽青年参与国际文化交流的平台与渠道。

## 四、新时代青年工作理论的实践来源

理论源于实践，指导实践并被实践检验，是马克思主义的重要观

---

[①] 习近平：《携手追寻民族复兴之梦——在印度世界事务委员会的演讲》，载《人民日报》2014年9月19日，第3版。
[②] 转引自赵明昊、庞兴奋：《习近平同越共中央总书记阮富仲举行会谈》，载《人民日报》2015年4月8日，第1版。

点。新时代青年工作理论之所以科学，正是因为来源于青年工作的具体实践，来源于以习近平同志为核心的党中央治理青年事务的具体实践，也来源于习近平总书记自身成长和执政实践的经验总结。新时代青年工作理论并不仅仅是十八大以来的青年工作实践所生发的理论创新，还得益于习近平总书记先前的执政实践和实践思考，这些实践和思考的沉淀与激发对于观察新时代青年工作理论具有重要意义。因此，要全面理解新时代青年工作理论的思想渊源，既不能忽略理论生成的实践来源，也不能割裂理论形成与发展的历史过程。如果说马克思主义青年观和中国化马克思主义青年观为新时代青年工作理论提供了价值引领和思想基础，中华优秀传统文化、革命文化和社会主义先进文化为其提供了文化支撑和思想给养，那么习近平总书记自身成长和执政实践则为其提供了现实背景和经验总结。

习近平青年时期面对人生困境，在梁家河的七年知青岁月里不断学习，与当地村民一同实践，在思考与锻炼中塑造了科学的世界观、人生观和价值观；之后在河北正定、福建宁德、浙江和上海等地方基层主政，调查研究地方发展困境及突破，为青年学生上"形势与政策"课，关心关注青年成长与发展，其青年工作理论经历了形成和发展阶段，已具备基本的雏形；自十八大以来，他高度重视青年发展，对青年工作从制度到举措，从战略宏观到微观，形成了一系列系统科学的青年工作理论。如果说在陕北插队的经历让习近平在青年时代就开始读懂"生活"这部大书，读懂"中国农村"这部大书，读懂"实际"这部大书，那么在正定与宁德，他开始读透这部大书，在福建与浙江开始研究这部大书，在中央开始书写这部大书。他认为这本无字之书，却比有字之书来得深刻，对青年的教育作用大得多。新时代青年工作理论本身就内含着基层实践、不断学习、榜样教育等青年工作方法论，他把学习当成一种精神和品质，把基层实践发展成注入血液里的信念，把榜样的精神力量贯穿始终。梳理习近平总书记的成长经历和执政实践，考察其每个阶段对青年工作的思考和作为，能够看出新时代青年工作理论的践行特征和生成脉络，能够看出其强烈的问题意识之来源，能够看出其对青年工作的把握和理解背后的深层动因。

（一）"从迷惘彷徨到坚定自信"的知青岁月

习近平在陕北的七年，是新时代青年工作理论的萌芽时期。在这一时期，青年工作要坚持群众路线和强化学习的思想初步形成。这一阶段的青年习近平，信念愈发坚定，一系列优良品质开始养成。这些经历和品质成为其日后青年工作理论的鲜活来源，也成了他理解青年、关注青年、重视青年的价值理念。习近平的成长经历和青年工作理论的启蒙，有着苦难的历史背景，其理论不是源于标语口号和高音喇叭的外界灌输，而是源于他自己从书本中获取的知识和与圣贤的神交，源于知青岁月那日复一日艰苦的生活和劳动，源于同农民兄弟朝夕相处的那2400多个日日夜夜对他产生的潜移默化的影响。在这个过程中，习近平系好了"人生的第一粒扣子"。

七年知青岁月里，习近平与当地群众一起生产劳动，主动帮群众修厕所，带领大家修沼气池，开办铁业社和供销社。与人民一起顽强拼搏的奋斗精神使其形成了基层思想，铸就了不变的"初心"。习近平始终坚持"以人民为中心"，坚持为老百姓办实事，他说："我们读了很多书，但书里有很多水分，只有和群众结合，才能把水分蒸发掉，得到真正的知识。"[①] 他在带领当地群众修沼气池的实践中养成的勤于干事、勇于担当的精神，也成为日后"干在实处、走在前列、勇立潮头"的最初来源。他认为，在那个环境中，"齐家、治国、平天下"都离他很

---

[①] 中央党校采访实录编辑室：《习近平的七年知青岁月》，中共中央党校出版社2017年版，第81页。

远，他能做的就是读书修身。在梁家河，他大量阅读马克思主义经典，曾多次阅读了《共产党宣言》《哥达纲领批判》《法兰西内战》《反杜林论》《资本论》《国家与革命》《毛泽东选集》《毛泽东军事文选》等著作。当马克思主义经典涉及历史时，青年习近平又主动从《史记选》《汉书选》《三国志》《中国古代思想史》中了解中国古代社会的发展。后来的他之所以对文学经典驾轻就熟，对传统文化信手拈来，得益于梁家河时期阅读的大量文学作品，同时他还阅读军事和国际政治著作，了解国际关系。不断学习的过程一方面使他丰富了自己的视野，增强了自信，坚定了理想信念，另一方面也成为其日后青年工作理论中强调青年要不断学习的重要依据。他主张广大青年要学经典、用经典，始终强调青年要加强对马克思主义理论的学习；他主张青年要牢记历史传统，要有国际视野；他主张青年要加强对中华优秀传统文化的学习，主动承担起中华优秀文化的传播与实践。从这一点可以看出，新时代青年工作理论的生成有着鲜明的时代印记和实践特征。

这个时期的青年工作理论有明显的朴素性、纯粹性和超越性。首先，它是习近平自身作为年轻人的自我体察与现实观照。习近平在梁家河的所见所闻成了他青年工作理论不可或缺的现实背景，他与农民群众的交往给了他从苦难中走出来的强大信心，他与农民群众一起创业的实践经历让他真正走进生活走进实际。这种来自一线的体验使得青年工作理论不是来自书本的宣教与灌输，朴素的经验来源奠定了其青年工作理论稳固的群众基础和人民方向。其次，从北京来到穷乡僻壤的陕北，顶着"黑帮子弟"的精神压力，习近平的青年时光经历着物质与精神双重压力，而在世界观、人生观、价值观形成的关键时刻，习近平克服"跳蚤关""饮食关""劳动关"和"思想关"，从"黑帮子弟"到"可以教育好的子女"，从"北京知青"到"黄土地的儿子"，他对自我身份的认同与转变来自强大的理想信念支撑。这种理想信念就是踏踏实实为群众干实事，永不放弃读书和思考。这种从苦难中生发、从实践中获得、从思考中升华的青年工作理论具有了纯粹性。再次，梁家河的苦难与磨炼一方面使习近平摆正了自己的位置，另一方面促成了习近平思想的超越，即从对自我的关注转向对群众利益的关切，"由从小我出发的'物喜己悲'转向对群众利益的一种深沉忧患"①。他不再沉溺于对自我命运及当下困难的悲切中，而是忧患农民的生产与生活，忧虑粮食翻番的问题，这种由小我到大我的集体关注成为习近平日后治国理政的必要前提。

七年的知青岁月，让习近平从迷惘走向坚定，由彷徨走向自信。这七年在新时代青年工作理论的发展史上有着重要的历史定位。习近平说："陕北七年，最大的一个收获，就是'我懂得了什么叫实际，什么叫实事求是，什么叫群众。这是让我获益终生的东西'。"② 这七年成为青年习近平"一切从实际出发""实事求是""群众路线""为人民服务"的世界观、人生观和价值观形成的重要阶段。七年知青岁月，习近平与群众在一起，在农村体验生活，了解农民生活疾苦，与农民一道克服困难，这成为新时代青年工作理论生成的历史起点。所以，习近平告诫青年多读无字之书，就是要多走出书斋，在书本的知识海洋之外，体验社会体验民情，在实践中检验所学，在实践中弥补所知；习近平勉励青年人到基层和人民中去建功立业，到西部支教，在实现中国梦的伟大实践中书写别样精彩的人生；习近平主张青年要将自我理想与国家发展相连接，将青年梦融入中国梦，强调"同人民一道拼搏、同祖国一道前

---

① 中央党校采访实录编辑室：《习近平的七年知青岁月》，中共中央党校出版社 2017 年版，第 57 页。
② 中央党校采访实录编辑室：《习近平的七年知青岁月》，中共中央党校出版社 2017 年版，第 445 页。

进，服务人民、奉献祖国，是当代中国青年的正确方向"①。向群众学习、在基层实践、在锻炼中成长的思想品质在陕北七年形成，也铸就了习近平的"黄土情结"和"知青精神"，二者有着共通的思想要义，那就是脚踏实地的工作作风和自强不息的精神品质。当时任中央军委秘书长耿飚挽留秘书习近平时，习近平主动做出了去基层河北正定的选择。基层锻炼的思想开始进入实践阶段，习近平的基层实践开始。

(二)"滴水穿石，弱鸟先飞"的基层历练

习近平在河北正定和福建宁德的基层实践，是新时代青年工作理论的成长期。在这一时期，青年工作要坚持调查研究和基层实践的思想初步形成。习近平在去正定之前，一直进行着对文革历史的反思和对自我人生意义的追寻，他始终在思考一个问题：我们这代人应该用怎样的方式补回失去的青春？七年知青岁月让他切身感受到农村发展的现实，在机关上班对全局性的东西关注得越多，他觉得和百姓离得越远，觉得越不接地气。所以带着走进基层改善百姓生活的质朴想法，习近平来到河北正定，之后到福建宁德开始了改变县域经济落后局面的基层实践。这段时间里，习近平面临的核心任务是发展落后经济，因此，习近平对青年工作的关注集中在如何培养青年干部，如何推动青年工作更好地教育引导青年，使之真正发挥农村经济发展的重要引擎作用。他虽然没有直接地指导青年工作，但是从他的人才观、团干部的选拔标准、对青年的讲话中都能够清晰地看到新时代青年工作理论在这一时期的发展脉络。

这一阶段习近平的青年工作理论包含以下基本内容。首先，在青年的本质与地位上，他以"时代的变革，常以青年为先锋；社会的前进，必以青年为主力"② 来定位青年在振兴正定大业过程中的"急先锋"和

---

① 《习近平给河北保定学院西部支教毕业生群体代表回信》，载《人民日报》2014年5月4日，第1版。

② 习近平：《知之深 爱之切》，河北人民出版社2015年版，第66页。

"主力军"作用。因此他发出了"振兴正定,青年当先"① 的时代号召。同时在客观分析正定青年优缺点的基础上,他面对当时正定发展过程中百姓精神动力不足的客观现实,要求青年"做建设社会主义精神文明的带头人"。也就是说,青年不仅要在经济发展中冲锋在前,更要做好家乡精神文明的传播使者,青年的地位和社会使命增加了更多元的战略意义。在这个层面上,习近平特别强调青年的主动精神。他要求青年自觉地投身社会主义改革和建设事业,以主人翁的态度,客观地认识改革中存在的矛盾和各方面利益的调整。其次,要为青年的成长和发展搭建平台,唱好"人才经"。习近平非常重视青年人才对于县域农村经济发展的重要作用。在正定时,他提出:"只要真正有一技之长,能为正定的经济起飞助一把力,县委、县政府都一律开门相迎、真诚以待,用其所长而不求全责备,扬长避短知人善任,为他们提供用武之地。"②他采用"内用、外招、上请、下挖、近补、远育"的人才六步经,多种渠道、不问出处、不问过往地吸引和培育人才,具有广博胸怀和战略眼光。可以说他从根本上找到了正定振兴的重要动力。在宁德,他的"人才经"可以用"知、举、用、待、育"五个字来概括。③ 他还首次对青年干部提出"不要立志当大官,要立志做大事"的期望,要求青年干部要有强烈的事业心和高度的责任感。青年干部作为党的事业的希望,要有四忌:急于求成、自以为是、朝令夕改、眼高手低。④ 这些青年成长的思想与实践成了日后青年工作理论的基础。再次,在青年教育与培养上强化基层锻炼的制度化、规范化和常态化。他注重制度建设,将基层实践的思想以制度确立下来。1989 年,习近平主持制定了大中

---

① 习近平:《知之深 爱之切》,河北人民出版社 2015 年版,第 70 页。
② 邱然、陈思、黄珊:《"近平同志在生活上'习以为苦',工作上'勤以为常'"——习近平在正定》,载《学习时报》2018 年 3 月 5 日,第 3 版。
③ 习近平:《摆脱贫困》,福建人民出版社 1992 版,第 31 页。
④ 习近平:《摆脱贫困》,福建人民出版社 1992 版,第 25—27 页。

专毕业生下基层挂职锻炼制度，地委出台了《关于青年干部下基层锻炼制度的通知》，推进大中专毕业生下基层锻炼，为青年干部成长成才营造环境。如果说七年知青岁月习近平用亲身实践体会到基层实践对自身成长的重要意义，那么在宁德，习近平希望在主政地方的过程中从制度层面推进青年基层锻炼常态化。后来这种青年干部基层锻炼的制度发展为交换轮岗、挂职锻炼等形态，成为干部培养的一种制度创新。最后，青年工作一方面强调共青团既要代表和维护青年利益，又要教育引导青年，另一方面强调共青团要加强自身建设，尤其是对基层团组织松散瘫痪的问题，要加强整顿与改革。这种共青团强化党的领导，强调围绕中心大局，强调分阶段、分步骤实施的改革思路与当前的共青团改革一脉相承。

这一阶段的青年工作理论有着强烈的现实性、战略性和实践性。首先，正定、宁德实践都源于对当地发展现实问题的清醒认识和准确把握，习近平认为青年人才的培养是解决正定发展困难的根本。习近平在《人才对发展经济的作用不可估量》一文中说："没有项目，没有新产品，没有技术，没有原料，没有市场，这些仅是表象，归根到底还是没有或缺乏人才。"[①] 他把有技术、德才兼备的青年人才视为振兴正定需要依靠的骨干力量。这种对青年地位与本质的认识为正定与宁德青年工作及青年人才培养奠定了基础，也是正定和宁德经济实现破局发展的根本原因。其次，习近平不问出处、不问过往的青年人才观具有一定的战略性。农村青年来信指责他工作不力，他的第一反应是发现人才的兴奋；记者要撰写反映他工作的报告文学，他希望以他的实践与体会回应当时年轻人对"人生越走越窄"的集体困惑。这种战略眼光和务实精神为正定青年的成长成才提供了良好的政策环境。再次，习近平提倡的

---

[①] 习近平：《知之深 爱之切》，河北人民出版社2015年版，第44页。

"滴水穿石"精神与"弱鸟先飞"意识具有鲜明的实践性。他的"滴水穿石"精神"推崇一种前仆后继,甘于为总体成功牺牲的完美人格;推崇一种胸有宏图、扎扎实实、持之以恒、至死不渝的精神"。① 他的"弱鸟先飞"意识意在强调青年要认清局面,在困境面前要提前着手,抢占先机,靠勤奋实践打开局面。这种青年发展的精神倡导在宁德实践中被提炼成以"不耻落后,意气风发,放胆开拓,争先创优"为核心的"闽东精神"。

正定和宁德的基层实践是习近平政治生涯的起步,也是其将青年工作理论从自身体验初步形成推进到具体实践的阶段。在青年工作实践中他拓展了青年成长对于国家发展的战略意义,丰富了青年工作的理论内涵,以亲身实践深入调查研究,强调青年工作深入基层,寻求"源头活水",强调真正了解青年发展需求,才能对标问题、分析原因、找准路径。

(三)"干在实处、走在前列"的地方实践

习近平在福州、浙江和上海主政期间,是新时代青年工作理论的发展期。在这一时期,青年工作要坚持全方位全过程育人的思想初步形成。1985年,习近平担任福州市副市长,开启了地方主政。在浙江主政期间,他两次给大学生做形势与政策报告,在上海主政期间,他与各界优秀青年代表座谈,他要求广大青年树立远大理想和坚定的信念,把个人的追求与人民群众的需要联系起来,把个人的理想同国家的前途命运联系起来。在这个阶段,习近平开始在历史中发现青年价值,从青年中找准历史方位,把青年工作放在精神文明建设的政治高度,强调青年"干在实处、走在前列"的先锋意识。青年工作理论在这一阶段基本成型。

---

① 习近平:《摆脱贫困》,福建人民出版社1992版,第44页。

这一阶段，习近平强调青年要充分发挥生力军和突击队作用，在又快又好发展浙江的过程中做"浙江精神的继承者和创造者"，坚持"自强不息、坚忍不拔、勇于创新、讲求实效"。在上海主政期间，加快推进"四个率先"，加快建设"四个中心"，传承"海纳百川、追求卓越、开明睿智、大气谦和"的"上海精神"。在青年成长与发展上，他强调理想信念，要求广大青年"把个人的理想融合于国家民族的共同理想之中"①，在实践中牢固树立为祖国、为人民、为党、为社会主义的信念，"要学会对自己负责，对亲人负责，对周围的人和更多的人负责，进而对民族、祖国、社会和人类负责"②。同时希望广大青年"树立终身学习的观念，把学习作为一种日常习惯，一种生活方式"③，在知与行的统一中增长才干，"既要读好课堂上的书，又要读好社会这本书"④。在青年的教育与培养上，坚持胡锦涛青年工作思想："关键是要抓住一个中心。这个中心就是以育人为中心，牢固树立'学校教育、育人为本，德智体美、德育为先'的思想观念，把育人融入学校工作的各个方面，贯穿于教育教学的各个环节，努力形成全员育人、全程育人、全方位育人的格局。"⑤ 他要求青年教育牢牢树立"质量立教"的意识，走教育的内涵式发展道路。在青年工作中，他要求共青团工作以竭诚服务青年为出发点和落脚点，以青年为本，真心诚意为青年办实事、做好事、解

---

① 转引自周咏南：《浙江省委书记习近平为杭州高校学生作报告》，载《浙江日报》2005年6月21日，第1版。
② 转引自周咏南：《浙江省委书记习近平为杭州高校学生作报告》，载《浙江日报》2005年6月21日，第1版。
③ 转引自缪毅容：《习近平与青年代表座谈要求大家培养作风增长才干》，载《解放日报》2007年4月30日，第1版。
④ 转引自周咏南：《继承文化传统 弘扬浙江精神》，载《浙江日报》2006年9月28日，第1版。
⑤ 中共中央文献研究室编：《十六大以来重要文献选编》（中），中央文献出版社2006年版，第650页。

难事，依法代表和维护青年的利益。可以看出，这一阶段的青年工作理论中，已经突破了青年在地域发展中的作用，转向关注在国家发展的前途命运中的青年作为。

这一阶段的青年工作理论有着鲜明的整体性、战略性和人民性。之所以称这一阶段为发展期，是因为这一阶段新时代青年工作理论具有承前启后的历史价值，既继承了前期思想形成的优质基因，又在思想深度和整体性上实现了质的飞跃，为日后青年工作理论的全面成型做了充分的理论准备。首先，习近平对青年工作的考虑已不再局限于个人经验的总结，也不再局限于青年发展对区域经济发展的作用层面，而是站在青年发展对于民族、国家、社会乃至全人类的意义的宏观层面，从青年全面发展的所有向度出发，从顶层设计到中观协调再到微观举措进行了全面思考，初步形成了青年工作全员育人、全过程育人和全方位育人的思想雏形，在青年工作的机制建设上实现了突破性发展，为日后全面推行三全育人奠定了坚实的理论基础。其次，不再单纯地把青年工作视为青年的成长与发展，而是将其放到了国家精神文明建设的政治高度。这样一方面提升了青年工作的政治意义和文化内涵，另一方面实现了统一思想凝聚社会各方力量支持青年发展，真正有效地推动青年助力国家建设。当青年主动将个人的发展与国家发展统一，将理想信念与中国精神统一；当青年工作的各方力量主动将青年工作与自身工作、国家精神文明建设相统一，青年工作的共生机制与良性生态就基本确立。所以说，这个阶段青年工作理论的战略意义不能停留在当时国家发展的阶段性成果，而应看到它实现了从关注青年工作本体到关注青年工作机制的理念升级，这是一种思想层面的质的跨越，为日后打造青年工作格局做好了铺垫。再次，新时代青年工作理论"以人民为中心"的精神实质在此阶段有了实体性成果。如果说七年知青岁月为习近平青年工作重要论述埋下了"从人民中来、为人民服务"的种子，正定、宁德基层实践的时光里习近平践行"以人民为中心"的思想，解决青年发展的困难，那么在浙江和上海主政期间，习近平坚定了人民至上的价值取向，始终坚持人民的主体地位，确定了"以人为本"的青年工作理念。这样能够更好地满足青年成长与发展的需求，代表和维护青年发展的利益，为日后以"坚持青年的主体地位，尊重青年的主体性"为核心的青年工作理论做了充分的思想准备。

习近平在地方主政期间，青年工作理论已经具有了现代性的思维框架。之前涂尔干、马克思、韦伯都只是关注现代性发展历程的一个维度，吉登斯的现代性思想则强调现代性在制度层面上多维交织的特征。在吉登斯看来，"它首先意指在后封建的欧洲所建立而在20世纪日益成为具有世界历史性影响的行为制度与模式"[①]。其次，吉登斯从工业主义、资本主义、军事力量和监督系统四个维度对现代性进行了制度性分析，强调它们之间的相互关联和紧密联系。在吉登斯现代性思想的理论视野下审视，此阶段青年工作理论所具有的科学性和理性已经具备了较为明显的启蒙现代性。一方面，习近平从青年工作的现实问题和矛盾出发，这样青年工作理论就有了科学性的前提保证；从马克思主义理论和中外文化中寻求理论渊源和精神滋养，这样青年工作理论就有了科学性的理论保证；从实践中总结经验，这样青年工作理论就有了科学性的实践保证。另一方面，习近平抓住了青年主体性的思想核心，强调青年工作要坚持服务大局与服务青年并重，从制度模式层面综合考虑多方面力量，形成有效的协调工作机制。这种初步呈现出来的现代性思维框架是新时代青年工作理论不断科学化和系统化的结果。

（四）"不忘初心，继续前进"的国家治理

十八大以来，习近平作为国家领导人在全面推进中国特色社会主义

---

[①] ［英］安东尼·吉登斯：《现代性与自我认同：现代晚期的自我与社会》，赵旭东、方文译，生活·读书·新知三联书店1998年版，第16页。

建设的过程中,始终从党的事业薪火相传、后继有人的战略高度出发,重视、关心青年和青年工作,提出了一系列富有时代性、战略性和开创性的新观点,形成了新时代青年工作理论,并不断地发展与丰富。这一阶段是新时代青年工作理论的成熟期。青年不但是党和人民事业的生力军,而且是国家经济社会发展的中坚力量,是"标志时代的最灵敏的晴雨表","青年的价值取向决定了未来整个社会的价值取向"。① 习近平要求广大青年"把自己的人生追求同国家发展进步、人民伟大实践紧密结合起来","同人民一道拼搏、同祖国一道前进,服务人民、奉献祖国",传承以以爱国主义为核心的民族精神和以改革创新为核心的时代精神为内涵的"中国精神","勇做走在时代前列的奋进者、开拓者、奉献者"。他从青年工作的整体格局打造和青年政策制定上提升青年工作的科学化水平,以党管青年为原则,以青年发展为主题,以青年为本的工作方式,坚持把教育放在优先发展的战略位置,开展社会主义核心价值观教育、理想信念教育,坚持青年首先发展的理念,打造各方面协同施策的青年工作格局。

梳理本阶段习近平的青年工作实践,可以明显地看出青年工作深化改革的路线图。通过群团工作会议,明确坚定不移走中国特色社会主义群团发展道路,提高群团组织工作和服务水平;通过共青团改革,破解共青团"机关化、行政化、贵族化、娱乐化"问题,增强共青团的政治性、先进性和群众性,提高青年工作的现实成效;通过制定《规划》,明晰青年发展的责任机制和发展目标,提高青年工作的政策化水平;通过参加青年活动和回信讲话,为广大青年发展指明方向、激发前进动力,为青年工作的高效开展提供国家样本;通过同团中央干部谈

---

① 中共中央文献研究室编:《十八大以来重要文献选编》(中),中央文献出版社2016年版,第2、6页。

话，明晰共青团的根本任务和主责主业，强调共青团在青年成长与发展中的引领作用，强调共青团作为党和政府联系青年的桥梁和纽带在巩固党的执政基础上的重要作用；通过从严治团，全面提升共青团组织、共青团干部、共青团员的先进性，全面加强共青团队伍建设，为共青团凝聚青年、赢得青年提供基础保障。这一系列青年工作的国家实践，都是在加强青年发展的国家合力，构建共青团"凝聚青年、服务大局、当好桥梁、从严治团"四维工作格局上下功夫。

新时代青年工作理论具有了一定的系统性和科学性，在世界眼光和中国特色中把握时代特征和青年脉搏，标志着中国特色青年工作理论体系的基本成型。习近平总书记一直从事关实现中华民族伟大复兴中国梦、事关党和人民事业全面发展的战略高度看待青年，从历史、现实与未来的时空中把握青年工作的定位。2018年7月2日同团中央新一届领导班子成员集体谈话时，习近平再次强调，"青年工作，抓住的是当下，传承的是根脉，面向的是未来，攸关党和国家前途命运"[1]。这种大的历史观把青年发展摆在了党和国家工作全局的战略位置，把青年工作视为党治国理政的一项基础性、全局性、战略性工作。在这样的宏观视野下，新时代青年工作理论开始进行从理念到制度到政策的全面化系统化的布局，以党管青年为原则、以坚持青年主体性为根本理念、以多方协同共同推进为工作格局的中国特色青年工作理论体系基本成型。

在梁家河的七年知青岁月奠定了新时代青年工作理论的基本方向，正定、宁德摆脱贫困的基层历练丰富了新时代青年工作理论的科学内涵；福州、浙江、上海走在前列的地方实践确定了新时代青年工作理论的整体框架；中央执政的国家治理推进了新时代青年工作理论的基本定

---

[1] 转引自王晔：《代表广大青年赢得广大青年依靠广大青年　让广大青年敢于有梦勇于追梦勤于圆梦》，载《人民日报》2018年7月3日，第1版。

型。新时代青年工作理论源自实践超越实践,在实践中不断丰富,在实践中不断得到验证,在实践中不断调整,为新时代青年工作理论的科学性提供重要保障。

# 第四章　新时代青年工作理论的内容体系

党的十八大以来，以习近平同志为核心的党中央坚持党的青年工作的优良传统，始终充分信任青年、热情关心青年、严格要求青年，带领全党全社会帮助青年成长、支持青年发展。在思想上尊重青年，在感情上贴近青年，在工作上依靠青年，在行动上深入青年，面对中华民族伟大复兴的战略全局和世界百年未有之大变局，对青年工作提出了一系列具有战略意义的新思想新论断，从而形成了新时代青年工作理论。新时代青年工作理论以马克思主义青年观为指导，将中国化马克思主义青年观与当前中国青年的发展实际相结合并做了理论与实践双重维度的创新发展，以青年现象和青年问题为焦点，以青年发展为核心，以青年的社会存在为逻辑起点，坚持以青年为本的价值取向，对青年思想引领和健康成长进行了系统化的理论创新。新时代青年工作理论是党对青年本质及特点的科学认识，也是党对青年历史作用和现实影响的全面认识：指明了中国青年运动如何开展以及青年发展的方向；回答了青年工作为谁培养青年、培养什么样的青年以及如何培养青年等一系列具体性问题；回答了青年工作的体制机制、具体措施等宏观微观的操作性问题。新时代青年工作理论是习近平新时代中国特色社会主义思想的重要组成部分，是对青年群体的主体利益及发展的理论观照，为当代青年实现中华民族伟大复兴的中国梦的历史征程提供了具体的行动指南，是服务青年主体需要、推动青年文化发展、优化青年发展的社会环境、推动青年自由全面发展的行动纲领，是国家、政党、家庭、社会等全系统的理论保障。科学总结新时代青年工作理论的科学内涵、内容结构和逻辑结构，是全面把握新时代青年工作理论的内容体系、做好新时代青年工作的重要前提。

## 一、新时代青年工作理论的科学内涵

新时代青年工作理论体现在习近平总书记参加各种青年活动、青年组织代表大会时的座谈和讲话、对团中央工作的部署、对团干部的要求、给青年代表的回信、党的政府工作报告以及有关青年发展和青年工作的中央文件中。其科学内涵从青年工作的价值前提、根本目标、总体要求和基本保障四个层面界定了青年的本质与地位、青年成长与发展的目标、青年教育与培养的路径和青年工作与组织的改革，构建了系统科学的青年工作理论体系。

（一）青年的本质与地位：青年的价值取向决定着整个社会的价值取向

只有充分认识青年在国家社会发展、党和人民事业发展中的地位与作用，才能搞清楚青年工作的目标对象，才能认清青年工作的战略意义，才能更加有效地制定青年工作的政策举措并进行相关力量与资源的协调配置。因此，对青年的本质与地位的认识是青年工作的前提，决定着青年工作的方向。习近平从青年群体的历史表现中肯定青年在国家、民族、社会发展中的重要作用，从青年群体面对的中国与世界发展的两个大局中把握青年的时代使命，从青年群体的现实境遇中勾勒青年在新的历史时期承担的历史责任。其对青年地位与角色的认识、对青年与国家民族社会关系的描述、对青年特点和作用的把握构成了新时代青年工作理论中青年本质与地位的科学内涵。

**1. 青年是国家经济社会发展的生力军和中坚力量，是党和人民事业发展的生力军**

青年在变革社会的进程中一直是一支重要的推动力量。"在革命、建设、改革各个历史时期，中国共产党始终高度重视青年、关怀青年、信任青年，对青年一代寄予殷切期望。中国共产党从来都把青年看作是祖国的未来、民族的希望，从来都把青年作为党和人民事业发展的生力军"①。"全面建成小康社会，广大青年是生力军和突击队"②，在实现伟大复兴中国梦的新时代，青年以新时代的见证者、开创者、建设者的姿态在国家经济社会发展中，坚持改革，勇于开拓创新，在实干中做改革的生力军，在奋斗中做国家发展的中坚力量。作为"引风气之先的社会力量"，青年群体是社会变迁中的意识主体、创新主体、实践主体，在不同的历史机遇中将个人发展与国家发展的历史使命相结合，谋划人生，创造历史。

"青年是标志时代的最灵敏的晴雨表"③，青年表征着时代发展的要求，表征着历史前进的方向，表征着国家发展的时代走向。所以青年在国家发展中的"双生力军"和中坚力量的准确定位是习近平站在党和国家发展事业后继有人的战略高度对青年一代地位的概括。

**2. 青年的价值取向决定着整个社会的价值取向**

青年与国家、民族、社会的关系是马克思主义青年观对青年本质与地位认识的核心内容。"九十五年来，我们党取得的所有成就都凝聚着

---

① 中共中央文献研究室编：《十八大以来重要文献选编》（上），中央文献出版社 2014 年版，第 277—278 页。
② 中共中央文献研究室编：《习近平关于青少年和共青团工作论述摘编》，中央文献出版社 2017 年版，第 7 页。
③ 中共中央文献研究室编：《十八大以来重要文献选编》（中），中央文献出版社 2016 年版，第 2 页。

青年的热情和奉献"①,"中国的未来属于青年,中华民族的未来也属于青年"②。中国青年在任何时期都是"国家发展活力的重要体现,也是一个国家核心竞争力的重要因素"③。"历史和现实都告诉我们,青年一代有理想、有担当,国家就有前途,民族就有希望,实现我们的发展目标就有源源不断的强大力量。"④ 所以我们党一直以来高度重视青年、依靠青年、发展青年,号召广大青年要增强责任意识,勇于承担历史赋予青年的重任,那就是国家的前途、民族的命运和人民的幸福。同时"青年的价值取向决定了未来整个社会的价值取向"⑤。青年价值观是青年在与社会的互动中形成与发展的,它是社会发展变迁的反映,反过来也影响着社会价值取向。因此,习近平高度重视青年的价值观教育。

3.青年充满创造能量和活力,同时尚未成熟需要正确引导

青年的特点是对青年本质认识的辩证分析,是把握青年本质的基础前提。历史上党一直能辩证地看待青年的优点与缺点,并将青年的优点视为主流,将激发青年长处、帮助青年改正缺点视为青年工作的具体目标。这也是对马克思主义青年观的方法论继承。习近平认为当代青年"朝气蓬勃、好学上进、视野宽广、开放自信,是可爱、可信、可为的一代"⑥。青年是整个社会力量中最积极、最有生气的力量,朝气蓬勃,

---

① 中共中央文献研究室编:《习近平关于青少年和共青团工作论述摘编》,中央文献出版社2017年版,第8页。
② 中共中央文献研究室编:《习近平关于青少年和共青团工作论述摘编》,中央文献出版社2017年版,第9页。
③ 中共中央文献研究室编:《习近平关于青少年和共青团工作论述摘编》,中央文献出版社2017年版,第9页。
④ 中共中央文献研究室编:《十八大以来重要文献选编》(上),中央文献出版社2014年版,第277页。
⑤ 中共中央文献研究室编:《十八大以来重要文献选编》(中),中央文献出版社2016年版,第6页。
⑥ 中共中央文献研究室编:《习近平关于青少年和共青团工作论述摘编》,中央文献出版社2017年版,第9页。

思维敏捷，学习能力强，接受新知识快，最少陈旧观念，最具创造活力。这些都是推动国家创新发展的重要引擎，要充分认识和积极拓展当下青年的这种特质，扎实推进青年工作。同时习近平也指出，青年"正处在人生成长的关键时期，知识体系搭建尚未完成，价值观塑造尚未成型，情感心理尚未成熟，需要加以正确引导"①，再加上其社会生活经验缺乏，分辨能力弱，表现出可塑性和未来性。因此，青年要想融入社会、发展自我，需要有正确的价值观指引，需要强大的动力支撑，也需要坚实的现实根基。这些都是青年工作努力的空间所在。

4.青年要在接力奋斗中担当中华民族伟大复兴的历史重任

习近平对青年的历史作用与贡献进行了高度的总结与凝练，并对青年现阶段的责任与作用进行了全新的判断与定位。他认为在革命、建设和改革开放的不同时期，青年能够将个体梦想与振兴中华的国家梦想紧密相连，不断调整自我角色定位，牢牢坚守青年人的追求和信仰。"在革命战争年代，广大青年满怀革命理想，为争取民族独立、人民解放冲锋陷阵、抛洒热血。在社会主义革命和建设时期，广大青年响应党的号召，向困难进军，向荒原进军，保卫祖国，建设祖国，在新中国的广阔天地忘我劳动、艰苦创业。在改革开放历史新时期，广大青年发出团结起来、振兴中华的时代强音，为祖国繁荣富强开拓奋进、锐意创新。"②这是对青年历史价值的充分肯定。其次，习近平在十九大报告中指出："中国梦是历史的、现实的，也是未来的；是我们这一代的，更是青年一代的。中华民族伟大复兴的中国梦终将在一代代青年的接力奋斗中变

---

① 中共中央文献研究室编：《习近平关于青少年和共青团工作论述摘编》，中央文献出版社2017年版，第37页。

② 中共中央文献研究室编：《十八大以来重要文献选编》（上），中央文献出版社2014年版，第277页。

为现实。"一方面,青年将"在实现中国梦的历史进程中放飞青春梦想"①。实现中国梦,不仅需要青年,也成就青年,让青年在实现中国梦的伟大实践中书写壮丽青春,建功立业,实现人生价值。另一方面,"中华民族伟大复兴终将在广大青年的接力奋斗中变为现实"②。在实现中国梦的征程中,青年树立共同理想,中国梦的实现就会拥有生生不息的力量源泉;青年坚持共同奋斗,中国梦的实现就会获得更加广泛和坚实的群众基础。青年的个体价值与国家发展的历史使命要在统一中推进,协同中发展。

5. 新时代的中国青年是好样的,是堪当大任的

这是习近平总书记对新时代中国青年在国家发展过程中所做出的努力给予的积极肯定,也是对青年地位进行的准确评价。无论是在脱贫攻坚战场上,以黄文秀为代表的当代青年们带领当地群众探索乡村振兴之路,还是在抗疫前线,近三分之一的医护人员都是"90后""00后"的新青年,他们不畏艰险,以青春之躯勇挑重担,遏制了新冠病毒的疯狂肆虐,抑或在航空航天等高科技领域,当代青年勇于开拓创新,努力填补国内科技空白,用青春、智慧和汗水提升中国科技的水平。"广大青年用行动证明,新时代的中国青年是好样的,是堪当大任的!"③

---

① 中共中央文献研究室编:《习近平关于青少年和共青团工作论述摘编》,中央文献出版社2017年版,第7页。
② 中共中央文献研究室编:《习近平关于青少年和共青团工作论述摘编》,中央文献出版社2017年版,第14页。
③《让青春在党和人民最需要的地方绽放绚丽之花》,载《人民日报》2020年3月17日,第1版。

## （二）青年成长与发展：青年首先发展，做民族复兴大任的时代新人

为谁培养青年、培养什么样的青年、怎样培养青年是新时代青年工作的战略课题，也是青年工作的目标指向，这既是关乎党和国家前途命运的重大战略任务，也是全党共同的政治责任，是新时代青年工作的根本目标。习近平站在党和国家事业兴旺发达、后继有人的战略高度，在国际竞争与人类命运共同体的格局中，把青年发展放在了党和国家工作全局更加重要的战略位置，提出了关于青年成长与发展的一系列论断，明确了国家层面青年发展政策与理念、青年发展的目标与方向以及青年成长与发展的路径，形成了以"推动青年首先发展，促进青年全面发展"为核心理念，以做"能担民族复兴大任的时代新人"为发展目标，以"同人民一起拼搏，同祖国一道前进，服务人民，奉献祖国"为方向的青年发展思想。

1. 以"推动青年首先发展，促进青年全面发展"为核心理念

做好青年工作，促进青年更好发展，是国家的基础性、战略性工程。《规划》首次明确提出"党和国家事业要发展，青年首先要发展"的理念，是对青年群体发展需求的回应，也是对青年群体发展意义的准确把握，并将该理念转化为具体可操作的发展措施，最终形成了不断丰富完善的青年政策体系。

青年首先发展最终是要将青年培养成德智体美劳全面发展的社会主义事业建设者和接班人。青年首先发展是为了青年的全面发展。青年全面发展，需要在思想品德、学习成绩、创新能力、动手能力、审美能力等方面全面发展。

2. 以做"能担民族复兴大任的时代新人"为发展目标

在党的十九大报告中，习近平总书记提出要"培养能够担当民族复兴大任的时代新人"，这成为新时代青年发展的重要目标。青年要以实

现中华民族伟大复兴的中国梦为己任，使个人努力方向与国家发展方向相一致，不断提升自己的学业水平和个人综合素质，树立坚定的理想信念，培养扎实的业务能力，脚踏实地，求真务实，在实现中华民族伟大复兴中国梦的征程中体现人生价值。

3.以"同人民一道拼搏、同祖国一道前进，服务人民、奉献祖国"①为方向

"新时代中国青年运动的主题，新时代中国青年运动的方向，新时代中国青年的使命，就是坚持中国共产党领导，同人民一道，为实现'两个一百年'奋斗目标、实现中华民族伟大复兴的中国梦而奋斗。"②青年要不忘"坚定跟党走"的初心，始终保持人民性和先进性，在服务人民、奉献祖国中实现梦想，这是"我国广大青年的政治选择，也是我国广大青年的人生航向"③。始终保持与祖国同向，与人民并肩是中国青年发展的法宝，也应是当下青年发展的遵循。青年要统一思想凝聚力量、增强自信勇担重任，以"勇做走在时代前列的奋进者、开拓者、奉献者"为发展目标，勇于创新、扎实奋进、甘于奉献，同人民一起奋斗，同人民一起梦想，让青春在奉献基层、服务人民的生动实践中绽放绚丽光彩，自觉主动地将个人成长成才的"青春梦"融入中华民族伟大复兴的中国梦，做有理想、有追求、有担当、有作为、有品质、有修养的当代青年，这样方能担当历史重任，在奋斗中书写青春华章。

4.以推动构建人类命运共同体和全球治理为责任担当

习近平总书记统筹国内国际两个大局，准确判断当今世界发展趋势，高度重视青年在全球治理中的基础性、战略性地位，多次发表青年

---

① 中共中央文献研究室编：《习近平关于青少年和共青团工作论述摘编》，中央文献出版社2017年版，第50页。
② 习近平：《习近平谈治国理政》第3卷，外文出版社2020年版，第333页。
③ 转引自王晔、李学仁：《立德树人德法兼修抓好法治人才培养　励志勤学刻苦磨炼促进青年成长进步》，载《人民日报》2017年5月4日，第1版。

是"国家的未来""民族的未来""世界的未来"的重要论述,强调青年在国家沟通交流中的桥梁纽带作用,将青年群体定位为构建人类命运共同体的青春力量,鼓励中国青年在"一带一路"和全球发展中有国际担当。他主张,"新时代中国青年,要有家国情怀,也要有人类关怀,发扬中华文化崇尚的四海一家、天下为公精神,为实现中华民族伟大复兴而奋斗,为推动共建'一带一路'、推动构建人类命运共同体而努力"①。他勉励全球青年要认识到他们在全球治理中共同肩负的责任担当,以国际视野、人文关怀、世界责任"同世界各国青年一道,携手为促进民心相通、推动构建人类命运共同体贡献力量"②,为人类社会实现可持续发展做出应有的贡献。

5.坚持青年成长与发展的科学路径

向人民群众学习、在火热一线成长,是我们党对青年的一贯要求,也是青年成长与发展的科学路径。习近平总书记关于青年成长与发展的科学路径是从理想信念、价值养成、基层实践、勤奋学习、创新创造、责任意识、国际担当等角度展开的。他主张青年用理想信念铸就中国梦,要敢于有梦、勇于追梦、勤于圆梦;他用"扣扣子"形象阐释价值观在青年发展中的基础作用,主张青年价值观的塑造需要社会主义核心价值观来引领;他提倡"墩墩苗",主张青年要在实践中"接地气、长底气、养正气、有活气","既多读有字之书,也多读无字之书"③;他告诫青年学习是成长进步的阶梯,提倡"蓄电池理论"和"学习的三境界";他鼓励青年培养创新意识,锐意进取,开拓创新;他强调青

---

① 习近平:《在纪念五四运动100周年大会上的讲话》,人民出版社2019年版,第18页。
②《习近平给北京科技大学全体巴基斯坦留学生回信》,载《人民日报》2020年5月19日,第1版。
③ 中共中央文献研究室编:《习近平关于青少年和共青团工作论述摘编》,中央文献出版社2017年版,第53页。

年传承人类文明、促进国际交往、促进民族团结、传播国家形象等社会责任。在《在纪念五四运动100周年大会上的讲话》中，习近平总书记对新时代新青年提出的六点希望，成为青年发展的时代要求，也是青年实现首先发展和全面发展必须遵循的科学路径。第一，要树立远大理想。即树立对马克思主义的信仰，对中国特色社会主义的信念，对中华民族伟大复兴中国梦的信心。第二，要热爱伟大祖国。爱国主义是当代青年的精神底色，也"是人世间最深层、最持久的情感，是一个人立德之源、立功之本"①。要永葆爱国主义情怀，"时时想到国家，处处想到人民"②，不能停留在口号上，而要落实在具体行动中，"把自己的理想同祖国的前途、把自己的人生同民族的命运紧密联系在一起，扎根人民，奉献国家"③。第三，要担当时代责任。民族振兴是青年的时代责任，广大青年要勇立时代潮头，争做时代先锋。第四，要勇于砥砺奋斗。奋斗是青春最亮丽的底色。新时代中国青年要勇做走在时代前列的奋进者、开拓者、奉献者。第五，要练就过硬本领。在工作中增长才干，练就本领，以真才实学服务人民，以创新创造贡献国家。第六，要锤炼品德修为。新时代中国青年要自觉树立和践行社会主义核心价值观，明大德、守公德、严私德。从这六点要求可以清楚地看到，其中五点都在强调当代青年的精神状态。因为只有树立远大理想，才能激发前进动力，给国家发展注入无坚不摧的奋进潜力；只有勇挑重担，中国特色社会主义事业发展过程中遇到的艰难险阻才有希望攻破；只有砥砺奋斗，才能实现民族复兴的历史使命；只有练就过硬本领，才能拥有跟随

---

① 习近平：《在北京大学师生座谈会上的讲话》，载《人民日报》2018年5月3日，第2版。

② 习近平：《在北京大学师生座谈会上的讲话》，载《人民日报》2018年5月3日，第2版。

③ 习近平：《在北京大学师生座谈会上的讲话》，载《人民日报》2018年5月3日，第2版。

时代脚步助力时代发展的真才实学；只有锤炼品格，才能正确面对人生路上的矛盾坎坷，找到真正的人生价值。只有把握并坚持做好这六点，青年的全面发展才有希望，青年才能肩负起祖国和时代赋予的神圣使命。

（三）青年教育与培养：以立德树人为根本，全员全过程全方位育人

"青少年阶段是人生的'拔节孕穗期'，最需要精心引导和栽培。"[1] 青年教育与培养是青年工作理论中具体行为层面的举措。怎样教育和培养青年是青年工作的中心环节，决定着青年工作的具体效果。习近平总书记在青年教育目标、内容和方法上形成了一系列逻辑严密、思路清晰的思想，为促进青年成长与发展、做好青年工作提供了目标导向、内容引领和总体要求。在全国教育大会上，就如何培养社会主义建设者和接班人，习近平总书记在讲话中强调的六个"下功夫"进一步明确了培养担当民族复兴大任时代新人的基本要求，也进一步明确了青年教育与培养的基本内容。总体而言，我国的青年工作在教育与培养青年上要坚持不懈地用习近平新时代中国特色社会主义思想武装青年，用十八大以来党和国家事业取得的历史性成就和历史性变革教育青年，教导学生深刻领会坚持党的领导、坚持中国特色社会主义背后蕴含的历史逻辑、理论逻辑和现实逻辑，坚定信念跟党走，成为党可以依靠和信赖的坚实力量，自觉做到在思想上向党看齐、在行动上跟党奋斗、在情感上与党同心，切实增强"四个意识"，坚定"四个自信"，做到"两个维护"。

1. 以"中国梦"引导青年，以"理想信念"激励青年

习近平在准确认识青年的地位与作用、准确判断青年的历史使命基

---

[1] 习近平：《习近平谈治国理政》第3卷，外文出版社2020版，第329页。

础上，尊重青年教育规律和青年发展规律，提出了一系列关于青年教育的目标要求。强调要引导青年自觉为实现中华民族伟大复兴的中国梦而奋斗。"为实现中华民族伟大复兴的中国梦而奋斗，是中国青年运动的时代主题。"[1] 让青年为实现中国梦增添青春力量，在接力奋斗中实现中华民族的伟大复兴。习近平一方面寄希望于青年主动作为积极参与中国梦的实现，另一方面强调要加强对青年的教育引导，将青年教育的重要意义提高到中华民族伟大复兴的历史高度。

"理想指引人生方向，信念决定事业成败。没有理想信念，就会导致精神上'缺钙'。"[2] 青年作为推动社会进步的重要力量，其理想信念是否坚定，既关系着青年个人的成长成才，更关乎国家前途和民族命运。要以中国特色社会主义为理想信念激励广大青年自觉坚定为中国特色社会主义事业奉献青春才智、贡献青春力量，为中华民族伟大复兴的中国梦奉献青春智慧。

2.以理想信念、社会主义核心价值观、"中国梦"、中华优秀传统文化为内容武装青年，教育青年

教育目标决定了青年教育的具体内容。从中国特色社会主义建设事业的长远考虑，从中国青年发展的当下实际考虑，习近平提出了青年教育的具体内容。

（1）理想信念教育：补足青年精神之"钙"。中国共产党历来将青年的理想信念教育放在青年教育的重要位置，教育引导青年坚定理想信念，用科学理论武装头脑，坚持党的领导，永远高举中国特色社会主义伟大旗帜，坚定信念跟党走，坚持中国道路，传播中国精神，凝聚中国

---

[1] 中共中央文献研究室编：《十八大以来重要文献选编》（上），中央文献出版社2014年版，第281页。
[2] 中共中央文献研究室编：《十八大以来重要文献选编》（上），中央文献出版社2014年版，第278页。

力量。以坚定的理想信念凝聚思想共识，就要抓好马克思主义理论教育，就要"理直气壮开好思政课，用新时代中国特色社会主义思想铸魂育人"①，让青年掌握科学的世界观和方法论，"把理想信念建立在对科学理论的理性认同上，建立在对历史规律的正确认识上，建立在对基本国情的准确把握上"②。要让青年认真学习党史、新中国史、改革开放史、社会主义发展史，"在学思践悟中坚定理想信念，在奋发有为中践行初心使命"③，引导学生明辨各种社会思潮，分析国际敌对势力的战略，理解社会转型期的各种矛盾，增强青年群体对中国特色社会主义的道路自信、理论自信、制度自信和文化自信，"把爱国情、强国志、报国行自觉融入坚持和发展中国特色社会主义事业、建设社会主义现代化强国、实现中华民族伟大复兴的奋斗之中"④。要让广大青年保有坚定的理想信念，集聚青年成长成才的强大思想动力。

（2）社会主义核心价值观教育：筑牢青年工作之"魂"。社会主义核心价值观反映了价值观受众群体的最大公约数，所以用社会主义核心价值观涵养青年价值观就成了青年教育的"筑魂工程"。习近平提出了社会主义核心价值观的教育目标："努力把核心价值观的要求变成日常的行为准则"⑤，"使社会主义核心价值观内化为人们的精神追求、外化为人们的自觉行动"⑥，使广大青年积极地"做社会主义核心价值观的

---

① 习近平：《习近平谈治国理政》第3卷，外文出版社2020年版，第329页。
② 中共中央文献研究室编：《十八大以来重要文献选编》（上），中央文献出版社2014年版，第278页。
③《在学思践悟中坚定理想信念　在奋发有为中践行初心使命》，载《人民日报》2020年7月1日，第1版。
④ 转引自张烁、谢环驰：《用新时代中国特色社会主义思想铸魂育人　贯彻党的教育方针落实立德树人根本任务》，载《人民日报》2019年3月19日，第1版。
⑤ 中共中央文献研究室编：《十八大以来重要文献选编》（中），中央文献出版社2016年版，第8页。
⑥ 中共中央文献研究室编：《习近平关于社会主义文化建设论述摘编》，中央文献出版社2017年版，第125页。

坚定信仰者、积极传播者、模范践行者"①。号召青年在"勤学、修德、明辨、笃实"上下功夫,将核心价值观内化为价值追求,外化为自觉行动。对青年进行社会主义核心价值观教育,要营造良好的社会氛围和环境,有针对性地设计载体,搭建平台,创新工作方式方法。要加强思想政治理论课建设,通过多种途径加强宣传引导,推动社会主义核心价值观进教材、进课堂、进头脑;要设计较强针对性的实践活动引领青年成长,将社会主义核心价值观融入青年的日常习惯和日常生活中去;要强调以文化人、以文育人的方法。社会主义核心价值观必须从中华优秀传统文化中汲取丰富营养,以此提升生命力和影响力。要注重挖掘中华优秀传统文化的思想价值,不断提高教育工作的吸引力和实效性。

(3)"中国梦"教育:确立青年培养之"标"。"中国梦是全国各族人民的共同理想,也是青年一代应该牢固树立的远大理想。中国特色社会主义是我们党带领人民历经千辛万苦找到的实现中国梦的正确道路,也是广大青年应该牢固确立的人生信念。"② 实现中华民族伟大复兴的中国梦是中国青年的发展方向,那么加强"中国梦"教育就是青年培养之本。对新时代的中国青年来说,热爱祖国是立身之本、成才之基。当代中国,爱国主义的本质就是坚持爱国和爱党、爱社会主义高度统一。习近平要求在青年中开展深入、持久、生动的爱国主义宣传教育,大力弘扬伟大的爱国主义精神,为实现中国梦提供精神支柱;主张将中国梦的宣传和阐释与当代中国价值观念紧密结合起来;③ 要教育青年"空谈误国,实干兴邦",只有实干才能圆梦;要教育青年在"坚持中

---

① 中共中央文献研究室编:《习近平关于青少年和共青团工作论述摘编》,中央文献出版社 2017 年版,第 40 页。
② 中共中央文献研究室编:《十八大以来重要文献选编》(上),中央文献出版社 2014 年版,第 278 页。
③《建设社会主义文化强国 着力提高国家文化软实力》,载《人民日报》2014 年 1 月 1 日,第 1 版。

国道路、弘扬中国精神、凝聚中国力量"中圆梦；要用中国梦的思想内涵来激发青年的历史责任感，动员广大青年主动参与到支持改革、维护稳定、促进发展的工作中。习近平主张教育和帮助青年树立正确的世界观、人生观和价值观，认清青年梦与中国梦的关系，努力为实现中国梦不断发力。

（4）中华优秀传统文化教育：夯实青年发展之"基"。中华优秀传统文化"积淀着中华民族最深层的精神追求，代表着中华民族独特的精神标识，为中华民族生生不息、发展壮大提供了丰厚滋养"。[1] 因此夯实青年发展的基础，提升青年发展的动力，必须加强中华优秀传统文化教育。习近平总书记指出："要讲清楚中华优秀传统文化的历史渊源、发展脉络、基本走向，讲清楚中华文化的独特创造、价值理念、鲜明特色，增强文化自信和价值观自信。"[2] 这就要求中华优秀传统文化教育首先要学透中华优秀传统文化的思想要义和文化精髓，要讲清楚中华文明的发展史，讲清楚中华文明的价值理念和鲜明特色，讲清楚中华文明的时代价值和基本走向，实现中华优秀传统文化的创造性转化和创新性发展。其次要继承中华优秀传统美德，积极践行优秀文化的精神基因，在传播优秀传统文化、讲好中国故事的过程中增强文化自觉和文化自信。

3. 以立德树人为根本，尊重规律，实现育人的科学化

习近平对青年教育的总体要求是以立德树人为根本，坚持德育为先，坚持全员全过程全方位育人。这是习近平对青年教育的顶层设计，为新时期青年教育及青年工作确定了基本方向。全员育人，即参与青年

---

[1]《把培育和弘扬社会主义核心价值观作为凝魂聚气强基固本的基础工程》，载《人民日报》2014年2月26日，第1版。
[2]《把培育和弘扬社会主义核心价值观作为凝魂聚气强基固本的基础工程》，载《人民日报》2014年2月26日，第1版。

教育工作的主体都责无旁贷地以教育青年为业，构建学校、家庭、社会、青年组成的"四位一体"的协同育人机制。全过程育人全方位育人，即青年教育各个环节都要强化，实现课程与思政互融、一二课堂无缝对接，形成教书育人、科研育人、实践育人、管理育人、服务育人、文化育人、组织育人长效机制。对此，教育部颁布了《高校思想政治工作质量提升工程实施纲要》（以下简称《纲要》），详细规划了课程、科研、实践、文化、网络、心理、管理、服务、资助、组织等"十大育人"体系的实施内容、载体、路径和方法，着力构建一体化育人体系，打通育人最后一公里。《纲要》提出要遵循思想政治工作规律、教书育人规律、学生成长规律，做到"因事而化、因时而进、因势而新"，不断提高工作能力和水平。对此，教育部等八部门于2020年4月22日联合发布《关于加快构建高校思想政治工作体系的意见》，把立德树人贯通学科体系、教学体系、教材体系、管理体系，健全立德树人体制机制。具体而言，就是要将理想信念教育、优秀传统文化教育、"中国梦"教育和社会主义核心价值观全面进教材、进课堂、进头脑，并将其全方位融入思想道德教育、文化知识教育、艺术教育、体育、社会实践教育各环节，全社会营造良好的教育氛围，积极改进课堂教学，广泛组织社会实践，大力加强校园文化建设，服务青年成长成才。

4.以"基层实践"锻炼青年，以"模范人物"带动青年，以"知行合一"要求青年

习近平以教育青年成为"有理想、有担当"的一代为目标提出了青年教育的基本方法：在给大学生村官张广秀、华中农业大学"本禹志愿服务队"、河北保定学院赴西部支教的毕业生群体代表、中国石油大学（北京）克拉玛依校区毕业生等的回信中，他屡次提出广大青年要加强基层实践，并结合自己七年知青岁月的经历，鼓励青年主动到基层，到祖国和人民最需要的地方建功立业；一方面要求模范青年要谨言

慎行，用自己的实际行动影响和带动广大青年，另一方面要求青年向劳模学习，以劳模为榜样，"发挥只争朝夕的奋斗精神，共同投身实现中华民族伟大复兴的宏伟事业"[①]；引导青年自觉投身社会实践，一方面要加强学习，"既多读有字之书，也多读无字之书"，另一方面必须躬身实践，"要坚持知行合一，注重在实践中学真知、悟真谛、加强磨练、增长本领"[②]。

（四）青年工作与组织：尊重青年的主体地位，深化改革与协同治理

青年工作需要政策配套形成制度力量，需要社会多方参与形成协同力量，需要机构改革强化组织力量。在这些力量的共同作用下，人力、物力、财力才能实现资源的优化配置，才能为青年工作提供强有力的基本保障。新时代青年工作理论既有对新时期青年工作包括工作机制、指导思想等的顶层设计，也有具体方法和行动措施等方案。这一切的设计都是从当前青年发展和青年工作的具体问题出发，有着明确的问题意识。习近平明确了青年工作的根本任务、工作目标、工作方法，强调从总体特点和历史意义的高度把握新时代青年工作理论的深层内涵。

1. 顶层设计上，强化政策完善，提升青年工作的战略意义

新时代青年工作理论最鲜明的特点就是全面提升了青年工作在国家发展整体工作中的地位，把青年工作提高到了党和国家事业发展的战略高度上。具体表现在：首先，青年工作的发展方向和定位具有国家战略意义。培养担当民族复兴大任的时代新人是我们社会主义教育的政治方向，更是直接指向"两个一百年"和中华民族伟大复兴中国梦的奋斗

---

[①] 中共中央文献研究室编：《习近平关于实现中华民族伟大复兴的中国梦论述摘编》，中央文献出版社2013年版，第37页。

[②] 中共中央文献研究室编：《习近平关于青少年和共青团工作论述摘编》，中央文献出版社2017年版，第53页。

目标，关切到我们为谁培养青年和培养什么样的青年的根本问题。习近平规划的青年工作的总体方向，成为青年工作和青年发展的根本遵循。习近平2018年7月2日在同团中央新一届领导班子成员集体谈话时强调，要坚持把培养社会主义建设者和接班人作为根本任务，引导广大青年自觉为共产主义远大理想和中国特色社会主义共同理想而奋斗；把巩固和扩大党执政的青年群众基础作为政治责任，把最大多数青年紧紧凝聚在党的周围；把围绕中心、服务大局作为工作主线，广泛组织动员广大青年在深化改革开放、促进经济社会发展中充分发挥生力军作用。习近平《在纪念五四运动100周年大会上的讲话》中强调，把青年一代培养造就成德智体美劳全面发展的建设者和接班人，是事关党和国家前途命运的战略任务，是全党的共同政治责任。"重大战略任务"体现了全党对青年工作地位的高度认识，"共同政治责任"体现了举全党全社会之力的政治决心。青年工作关系远大理想和共同理想的实现，关系到党的执政基础的牢固性，关系到青年主力军和生力军作用的发挥，这些都是影响国家发展、民族振兴、党的执政能力的重要因素，因此，青年工作的发展定位具有国家战略意义。其次，把群团工作纳入了党建工作的总体部署中。2015年7月9日发布的《中共中央关于加强和改进党的群团工作的意见》（以下简称《意见》）对新形势下群团工作的发展道路、目标任务、重点领域进行了明确规定。该意见从巩固和扩大党执政的群众基础出发，站在推进国家治理体系和治理能力现代化的高度，首次鲜明提出并定义了中国特色社会主义群团发展道路，也首次把群团工作纳入党建工作的总体部署中。《意见》把群团工作视为实现"两个一百年"和中华民族伟大复兴的中国梦的宏伟目标的磅礴力量；视为做好"四个全面"改革发展、稳定各项工作的重要依靠；视为巩固党的执政地位的重要基础。《意见》中明确了群团工作的机制、资源配置、激励措施，并强调要加强政策学习和理论研究来整体提升群团工作的水平。

我们知道在长期执政的历史条件下,党建工作是直接关系到党和国家前途命运的重点工作,群团工作是通过群团组织开展群众工作推进党的事业发展的重要力量,但把群团工作纳入党建工作部署中,提高了群团工作的政治地位,昭示着"群团组织已成为联系和整合执政党社会基础和阶级基础不可或缺的中介性力量"。群团组织主要是工、青、妇等组织,青年是群团组织重要的工作对象和发展力量,群团工作的战略地位提升也就意味着青年工作的战略地位提升。再次,把青年工作纳入国家战略和发展规划中。《规划》是一个"从国家视角思考和设计青年发展"[1]的专项规划,是新时代青年工作理论关注青年发展政策的标志性文本,是习近平对青年的本质与地位,青年成长与发展的理念、任务、内容以及青年工作的原则、主题、方式方法的全面概括。青年发展作为当前青年工作的主题,第一次在国家战略层面上有了明确的定位——国家的基础性、战略性工程;第一次在国家政策文件中"把青年发展摆在党和国家工作全局中更加重要的战略位置,整体思考、科学规划、全面推进";第一次明确提出"党和国家事业要发展,青年首先要发展"的全新理念。[2] 这种全社会关心支持青年发展的国家机制,从政策角度为青年发展提供了更全面、更权威、更有力的制度保障,为青年发展营造了良好的社会环境,有助于激发青年发展的内生动力,推动青年全面发展。

2. 工作格局上,强化青年主体,提升青年工作的协同性

"青年工作格局是指青年工作的实施主体及其功能关系。"[3] 新时代

---

[1] 周晓燕:《国家视角下的青年发展》,载《青年发展论坛》2017年第3期,第4页。

[2]《中共中央国务院印发〈中长期青年发展规划(2016—2025年)〉》,载《人民日报》2017年4月14日,第1、6版。

[3] 张良驯:《新时代青年工作理论创新研究——对〈中长期青年发展规划(2016—2025年)〉青年工作思想的分析》,载《青年发展论坛》2018年第1期,第9页。

青年工作理论在中观层面主要是打造多方协同的青年工作格局,以尊重青年的主体性地位。把青年一代培养造就成德智体美劳全面发展的社会主义建设者和接班人,是新时代青年工作的总目标,是事关党和国家前途命运的重大战略任务,是全党的共同政治责任。各级党委要充分重视青年工作,充分发挥统筹各方、总揽全局的作用,支持青年成长成才。同时,"关心和支持青年是全社会的共同责任。一切党政机关、企业事业单位,人民解放军和武警部队,各人民团体和社会团体,广大城乡基层自治组织,各新经济组织和新社会组织,都要关心青年成长、支持青年发展,给予青年更多机会,更好发挥青年作用"[①]。《意见》首次提出了"坚定不移走中国特色社会主义群团发展道路",是坚持服务群众这一工作生命线的理论创新。中国特色社会主义群团发展道路代表和发展青年利益,把广大青年团结在党的周围,坚持以青年为本,加强思想引领,强化服务维权,构建起党领导下的青年组织体系、工作格局和运行模式。《规划》首次提出的"青年首先发展"是从青年发展的主体性需求出发,从青年发展的现实困境出发,优化青年发展的制度环境、政策环境和社会环境,维护青年发展的合法权益,对青年全面发展进行了国家设计,构建了党委领导,政府、群团、社会协同施策的工作格局,充分体现了"以青年为本"的理念,有助于营造全社会关注青年发展的良好氛围,有效汇聚各方力量整合统筹和协同推进那些带有全局性和综合性的问题,进一步保障青年发展事业的高效推进。

当然,青年工作的多方协同格局是一个整体系统,全党是该系统的核心,是掌舵者,社会多方力量是重要支撑,而青年组织是关键力量,是落实党和国家的青年政策、推动青年工作产生实效的根本。因此,

---

[①] 习近平:《在纪念五四运动100周年大会上的讲话》,人民出版社2019年版,第17页。

《共青团中央改革方案》(以下简称《方案》)结合共青团建设中部分团员光荣感不强、团的吸引力凝聚力不够、工作有效覆盖面不足等具体问题,着力解决青年组织脱离青年的根本问题。改革"坚持党的领导、把准政治方向,坚持立足根本、围绕时代主题,坚持服务青年、直接联系青年,坚持问题导向、有效改进作风,坚持加强基层、支持基层创新,构建'凝聚青年、服务大局、当好桥梁、从严治团'的工作格局"[1]。从上至下展开行动,加强基层的团组织建设,稳妥有序地推进改革,也是从根本上提升青年工作格局的关键举措。

青年组织内部如何形成系统合力也是青年工作整体格局打造的重点内容。在青年组织中,共青团是中坚力量,青联和学联是共青团的组织依托和工作手臂。既要加强共青团组织建设,强化共青团对青联、学联的指导,又要系统谋划共青团与青联、学联的系统合力,使得共青团与青联、学联在共同改革、携手并进中服务青年成长成才。因此,要在青联组织中有效发挥团结凝聚作用,适应新时代青年群体结构、组织结构的新变化,推动构筑更具广泛性、代表性、时代性的青年爱国统一战线;要更好发挥共青团对学联组织的引领服务作用,指导和支持学联学生会着力服务同学思想成长、学业进步,努力帮助同学们解决具体困难。[2]

3.组织建设上,强化从严治团,推进机构改革,提升组织力量

共青团要围绕中心服务大局,引领青年,服务青年。这是共青团工作的根本性问题。只有从根本上把握工作方向,明确工作内容,才能更好地推动青年工作的科学化发展。这也是加强共青团组织建设的根本内

---

[1]《中办印发〈共青团中央改革方案〉》,载《人民日报》2016年8月3日,第1版。
[2] 贺军科:《携手书写新时代壮丽青春篇章——在全国青联第十三届委员会全体会议和全国学联第二十七次代表大会上的致词》,载《中国青年报》2020年8月18日,第2版。

容。因此，共青团要在加强对青年的政治引领过程中强化理论武装，引领广大青年始终听党话、跟党走，坚定理想信念，做自觉自信的新时代中国青年；共青团要强化思想动员，引领广大青年努力增长才干，不畏风浪挑战，做筋骨强壮的新时代中国青年；共青团要强化服务意识，提升服务能力，引领广大青年树立高尚情操，自觉走同人民群众相结合的成长道路，"做根在基层、心系人民的新时代中国青年"①，不断增强共青团的吸引力和凝聚力。

共青团要切实落实从严治团，将团组织建设成为党的坚强后盾和强有力的后备军。加强共青团系统的政治建设，坚决维护党中央权威和集中统一领导，坚决与各种歪风邪气做斗争，维护好共青团组织的良好形象；加强团干部和团员的队伍建设，紧抓教育实践，强化基层锻炼，培养青年求真务实、敢拼敢做的担当精神和奉献精神，真正做到对党忠诚、勇挑重担。尤其是"要在青年干部中开展强化政治理论、增强政治定力、提高政治能力、防范政治风险专题培训，创造条件让干部在斗争实践中经风雨、见世面、长才干、壮筋骨"②。

群团工作必须在改革中不断创新，修正与新形势新任务的要求不适应的系列问题。2015年7月，党的群团工作会议召开，大会对党的群团事业发展提出了明确要求，吹响了群团改革的冲锋号。随后几年，《共青团中央改革方案》从组织机构、干部管理、工作创新和支持保障四个层面对共青团进行从中央到地方的系统改革；《全国青联改革方案》注重严明委员标准，优化委员结构，加强思想政治引领，加强团体会员和委员管理，提高青联组织贡献度，改进工作作风，有序有力地推

---

① 贺军科：《携手书写新时代壮丽青春篇章——在全国青联第十三届委员会全体会议和全国学联第二十七次代表大会上的致词》，载《中国青年报》2020年8月18日，第2版。

② 转引自姜洁、鞠鹏：《全面提高中央和国家机关党的建设质量　建设让党中央放心让人民群众满意的模范机关》，载《人民日报》2019年7月10日，第1版。

进青联改革；《学联学生会组织改革方案》坚持问题导向深化改革，明确职能作用，提升代表性，严实队伍作风，提升工作效能，使各级学联学生会组织的政治性、先进性和群众性得到显著增强；《中央团校改革方案》也随之印发，形成了以问题促改革、以实际推进改革、全团抓改革的良好局面，切实提升了群团的组织力量。

4.工作方法上，强调思想引领，切实提升育人工作实效

青年工作方式方法创新是新时代青年工作理论的重要内容。在中央群团工作会议上，习近平提出群团工作要做到"顶天立地"，既要服务党和国家工作大局，又要立足于群众寻找工作的切合点和着力点。青年工作无论是服务国家大局，还是服务青年要求，都要围绕"以青年为本，尊重青年的主体地位"的原则进行方式方法的创新。《在纪念五四运动100周年大会上的讲话》中，习近平总书记对新时代青年工作具体思路提出的三点要求，成为青年工作必须遵循的方法论。首先，要主动走近青年、倾听青年，做青年朋友的知心人。要尊重青年天性，照顾青年特点，肯定其优势长处，理解其思想局限。与青年朋友互相学习，互相信任，共同进步。其次，要真情关心青年，关爱青年，做青年工作的热心人。关注青年所想所需，关心青年所忧所盼，帮助他们解决操心事和烦心事。再次，要悉心教育青年，引导青年，做青年群众的引路人。要鼓励、引导、帮助、纠正并举，以包容的心态留给青年自我成长的时间和空间。

习近平在参加青年活动时的讲话中多次强调具体的工作方式方法，特别是在提及做好新兴青年群体工作时，强调注意工作的有效覆盖面和工作能力。新时代青年工作方法基本体现在以下几个方面。

（1）加强思想引领，提升青年思想政治工作实效。加强青年思想政治教育一直被党视为做好青年工作的重要法宝。加强对青年的思想引领，提升青年思想政治教育的有效性是新时代青年工作的方法之一。每

年的五四青年节，习近平会参加各种青年活动并发表重要讲话，强调加强对青年的思想引领，帮助青年一代树立正确的世界观、人生观和价值观，用中国梦筑牢广大青年的思想基础。"要采取青年喜闻乐见、易于接受的形式，用科学的理论武装青年，用历史的眼光启示青年，用伟大的目标感召青年，用光明的未来激励青年"①。自十八大以来，习近平多次召开全国会议，强调思想政治工作，强调树立"大宣传"的工作理念，形成了关于思想政治工作的相关理论。2013年8月19日至20日召开全国宣传思想工作会议，他指出"意识形态工作是一项极端重要的工作"，要求深入开展中国特色社会主义宣传教育，"做到因势而谋、应势而动、顺势而为"。在2014年10月15召开的全国文艺座谈会上，他再次强调了坚持以人民为中心是广大文艺工作者必须坚守的创作原则；2015年1月19日发布《关于进一步加强和改进新形势下高校宣传思想工作的意见》，对构建高校宣传思想工作大格局进行了安排部署，着重指出要重视对青年的网络舆论引导能力。2015年7月6日，在中央党的群团工作会议上，习近平要求群团组织"多做组织群众、宣传群众、教育群众、引导群众的工作，多做统一思想、凝聚人心、化解矛盾、增进感情、激发动力的工作"，以此保持和增强先进性。2016年2月19日，习近平在党的新闻舆论工作座谈会上强调：坚持正确方向，创新方法手段，提高新闻舆论传播力和引导力。2017年2月27日，中共中央国务院印发的《关于加强和改进新形势下高校思想政治工作的意见》指出，坚持以立德树人为根本，强化对青年的思想理论教育和价值引领，以理想信念教育为核心，以社会主义核心价值观为引领，切实做好新形势下青年的思想政治工作。2019年4月30日《在纪念五四运动

---

① 中共中央文献研究室编：《习近平关于青少年和共青团工作论述摘编》，中央文献出版社2017年版，第64页。

100周年大会上的讲话》中,习近平总书记强调青年工作加强思想引领要注意方式方法,不能急于求成。"要坚持关心厚爱和严格要求相统一、尊重规律和积极引领相统一,教育引导青年正确认识世界,全面了解国情,把握时代大势。"① 无论青年是取得成绩还是遇到困难,无论青年是犯了错误还是困惑彷徨,群团组织都要以理解和宽容的态度给予青年关心与爱护,让他们在鼓励中重拾信心,在关爱中奋力前行。

总结新时代青年工作方法,主要是在马克思主义青年观的指导下,从青年的发展需求和现实问题出发,加强青年的思想理论教育和价值观教育,通过"学思践悟行"实现青年价值引领,将青年思想牢牢统一在党的领导和实现中华民族伟大复兴中国梦的伟大愿景下,将青年发展融入中国特色社会主义事业发展的伟大征程中,全面提升青年思想政治工作的实效。

(2)深入青年,调查研究。调查研究是马克思主义青年观中青年工作方法的精髓,也是党做好青年工作的一致遵循。2013年7月23日,习近平在武汉召开部分省市负责人座谈会时强调"调查研究是谋事之基、成事之道。没有调查,就没有发言权,更没有决策权"。他强调要多下基层调查研究,深深植根青年,依靠青年,倾听青年心声,"做青年朋友的知心人、青年工作的热心人、青年群众的引路人"②;要把工作延伸到广大青年最需要的地方去,了解青年的真实需求,了解青年的具体困难,了解网络空间里的青年行为,组织新兴青年群体,这样才能把握住广大青年的脉搏;要"增强发现问题的敏锐度,提高分析问题的研判力,强化反映问题的主动性,把青年的'温度'最真实、最准确、

---

① 习近平:《在纪念五四运动100周年大会上的讲话》,人民出版社2019年版,第14页。
② 习近平:《在庆祝中国共产党成立95周年大会上的讲话》,人民出版社2016年版,第31页。

最及时地反映给党，为党回应青年关切、密切与青年联系提供科学可行的决策参考"。① 也就是说青年工作要真正做好党和青年沟通的桥梁，一方面，向党及时准确地反映青年的思想动态、价值取向、行为方式、生活方式，反映青年对社会问题和现象的看法、对党和政府工作的意见和建议，另一方面，将党的最新政策与动向及时传达给青年，做到双方信息畅通，工作联通，心意相通。总之，"青年在哪里，团组织就建在哪里；青年有什么需求，团组织就要开展有针对性的工作"②。习近平重点关注了青年群体的社会分层和社会流动，将组织之外的新兴青年群体的青年工作纳入青年工作的总体范围内。他尤其强调要深入社会其他领域，做好调查研究，做好青年工作。"在新经济组织、新社会组织、社区里，在网络空间、虚拟社会里，在农民工群体、个体工商户、网民、'北漂'、'蚁族'里，尤其是那些自由职业者、网络意见领袖、网络作家、签约作家、自由撰稿人、独立演员歌手、流浪艺人等种类繁多的新兴群体"③，要"深入他们、帮助他们、引导他们"④，帮助他们解决操心事和烦心事。这样才能增强党对青年的凝聚力和青年对党的向心力，有助于提升青年工作的实效。

（3）贴近青年，讲好中国故事。善于讲故事是习近平领导风格的鲜明特色，也是习近平提倡的青年工作的具体方法。在中央电视台调研时，习近平总书记强调要善于表达，深刻道理要通过讲故事来打动人、说服人。他强调多用讲故事、举例子的方法，运用生动平实的语言、丰

---

① 贺军科：《不断书写新时代中国青年运动的崭新篇章》，载《中国青年报》2019年5月6日，第1版。
② 中共中央文献研究室编：《习近平关于青少年和共青团工作论述摘编》，中央文献出版社2017年版，第65页。
③ 中共中央文献研究室编：《习近平关于青少年和共青团工作论述摘编》，中央文献出版社2017年版，第67页。
④ 中共中央文献研究室编：《习近平关于青少年和共青团工作论述摘编》，中央文献出版社2017年版，第68页。

富有趣的网络语言来与青年交流,潜移默化来影响青年。当下青年一方面排斥意识形态工作的生硬说教,另一方面在网络化生存中习惯于多元化、形象化的文化表达。因此,我们既"要加强制度宣传教育,特别是要加强对青少年的制度教育,讲好中国制度故事,引导人们充分认识我们已经走出了建设中国特色社会主义制度的成功之路,只要我们沿着这条道路继续前进,就一定能够实现国家治理体系和治理能力现代化"①,还要注意话语表达,用符合当代青年话语特征的话语体系寓教于乐,寓教于无声。"要润物细无声,运用各类文化形式,生动具体地表现社会主义核心价值观,用高质量高水平的作品形象地告诉人们什么是真善美,什么是假恶丑,什么是值得肯定和赞扬的,什么是必须反对和否定的。"② 这样,一方面让中国青年在中国故事中得到精神激励和思想引领,另一方面激发当代青年主动积极地讲好中国故事,传播时代新声,弘扬中国力量,切实提高青年工作的实效。

青年工作与青年组织的思想具有鲜明的问题导向,实现了党对青年工作的政策性破局,也体现了党对青年工作的高度重视。《意见》直面群团发展中对群团的重视不够、研究不够、支持不够的现实问题,着力解决群团组织脱离群众和在社会管理中参与能力不够的突出问题,③ 以中共中央文件的形式,专门对群团工作进行部署,这是我们党历史上最全面、最系统、最集中的一次。《规划》充分认识到当前青年发展与社会发展形势、现代化建设要求和青年群体期待之间还存在一定距离,青年群体问题显著,青年工作的时代性和实效性有待增强。《规划》首次

---

① 转引自《继续沿着党和人民开辟的正确道路前进 不断推进国家治理体系和治理能力现代化》,载《人民日报》2019年9月25日,第1、2版。
② 转引自《把培育和弘扬社会主义核心价值观作为凝魂聚气强基固本的基础工程》,载《人民日报》2014年2月26日,第1版。
③《中共中央关于加强和改进党的群团工作的意见》,载《人民日报》2015年7月10日,第4版。

以政策性文件确定"党管青年"的工作原则，并建构了中央领导同志牵头、五十一家部委一起实施的联动机制，是党和国家对青年工作最高级别的重视。《方案》则针对共青团存在的"机关化、行政化、贵族化、娱乐化"等问题，进一步强调要保持和增强政治性、先进性、群众性，提升共青团组织对青年的凝聚力和吸引力。这是以习近平同志为核心的党中央从全局和战略的高度做出的重大部署，是党推进共青团改革发展的重要里程碑，是共青团自上而下全面提升青年工作战斗力的大练兵。

新时代青年工作理论将当代青年定位在国家经济社会发展的生力军和中坚力量的政治高度；将当代青年发展定位在实现"两个一百年"奋斗目标和中华民族伟大复兴中国梦的时代高度；将当代青年工作定位在党和国家事业发展全局的战略高度，以马克思主义青年观为指导，以"党管青年"和"青年首先发展"为原则，以实现青年全面发展和主体性发展为目标，强调全员全过程全方位地系统育人，强调坚定不移走中国特色社会主义群团道路，以实现青年和国家社会的协调发展。新时代青年工作理论确立了青年工作的价值前提、根本目标、总体要求、具体措施和基本保障，不仅有丰富完备的内容体系，还有较为清晰的结构特征和严密的内部逻辑。从内部逻辑和结构特征维度把握新时代青年工作理论，有助于深刻把握其哲学基础和思想精髓，更好地用科学理论指导青年工作的具体实践。

## 二、新时代青年工作理论的主要内容

新时代青年工作理论体现着党对青年发展的关心、对青年运动的思考和对青年工作的关注。作为科学理论体系，它始终围绕着"为谁培养青年、培养什么样的青年和怎样培养青年"这一战略课题展开，为新时代的青年、青年运动和青年工作发展找准了定位，确定了目标，指明了方向，选择了道路，找到了依靠力量，帮助广大青年和青年工作者认清了"我是谁、从哪来、到哪去、如何去、跟谁去"等一系列问题，形成了科学严密的逻辑结构，也为整体把握新时代青年工作理论的科学内涵和价值意蕴提供了一把钥匙。

（一）根本原则：坚持党对青年工作的领导，坚持党管青年的原则

中国共产党的领导是中国特色社会主义最本质的特征，是中国特色社会主义制度的最大优势，决定着中国青年运动的性质与方向。中国共产党是青年发展和青年工作的领航人，能够确保青年运动的政治方向，为青年发展提供组织保障。青年工作无论什么时候都要做到为党育人的初心不能忘，为国育才的立场不能改。坚持党的领导是新时代青年工作的根本政治原则，是实现组织使命、体现社会价值最重要的保障。党以极强的动员力、组织力和引领力调配各种社会资源助力青年发展，打造齐抓共管的青年工作格局，为开展青年工作创造有利条件，提供必要的人力、财力和物质保障。坚持党管青年的原则，既是对青年的历史作用与现实地位的充分肯定，又体现着党对青年一代的殷切期望和严格要求。它宣示了党要充分发挥其总揽全局的领导核心作用，从战略高度来谋划青年发展，从组织上确保青年能够成为实现中华民族伟大复兴中国梦的积极动力。

坚持党对青年工作的领导，坚持党管青年的原则为当代青年指明了前进的方向，使青年们认清了自身在国家发展中的重要地位，了解了在实现中国梦的征程中由谁领航及往哪领的问题。这一原则是新时代青年工作的根本原则，它从根本上确保了中国青年运动和青年工作的性质和方向。坚持党对青年工作的领导，必须始终代表广大青年、赢得广大青年、依靠广大青年，与广大青年保持密切联系，做青年朋友的知心人、青年工作的热心人、青年群众的引路人，必须把工作延伸到广大青年最

需要的地方去，倾听青年心声，维护发展青年利益。坚持党管青年的原则，必须加强对青年的思想引领，落实青年政策，将党的关心和支持送到青年中去，必须带好青年组织，将青年组织起来形成推动社会历史进步的强大现实力量，把青年的力量聚焦到为实现"两个一百年"奋斗目标、实现中华民族伟大复兴中国梦而奋斗上来。

（二）根本目标：德智体美劳全面发展的社会主义建设者和接班人

青年工作走向何方，需要搞清楚它的发展目标，也就是青年工作要为新时代培养什么样的人的问题。"新时代中国青年运动的主题，新时代中国青年运动的方向，新时代中国青年的使命，就是坚持中国共产党领导，同人民一道，为实现'两个一百年'奋斗目标、实现中华民族伟大复兴的中国梦而奋斗。"① 习近平总书记将"两个一百年"奋斗目标和中华民族伟大复兴的中国梦定位为青年发展的目标，既是国家、民族、个人命运共同体的应有之义，也是青年梦与中国梦目标一致、主体一致、利益一致的根本要求。

以"两个一百年"奋斗目标和中华民族伟大复兴的中国梦为目标，需要广大青年树立远大理想、热爱伟大祖国、担当时代责任、勇于砥砺奋斗、练就过硬本领、锤炼品德修为，努力成长为德智体美劳全面发展的社会主义建设者和接班人；需要中国青年运动始终以国家发展根本任务为前进方向，在中国共产党的领导下与人民一同投身建设社会主义现代化强国的历史潮流中；需要青年工作聚焦根本目标和根本任务，勇于自我革命，密切联系青年，服务青年，做青年成长的"领头雁"和"排头兵"，助力青年建功新时代。最终，培养出德智体美劳全面发展的社会主义建设者和接班人，培养出能担当民族复兴大任的时代新人。

---

① 习近平：《习近平谈治国理政》第3卷，外文出版社2020年版，第333页。

（三）基本方略：找准新时代青年工作的结合点、切入点和着力点

青年工作从哪出发，需要搞清楚它的立足点和现实坐标，也就是搞清楚青年工作的时代定位。这是新时代青年工作的基本方略。习近平总书记将青年发展和青年工作置于中国特色社会主义新时代的背景下，强调其"事关党和国家前途命运的重大战略任务，是全党的共同政治责任"[①]。这为青年工作确定了新的历史方位，那就是要在中国特色社会主义新时代，在统筹推进"五位一体"总体布局和协调推进"四个全面"战略布局中找准青年工作的结合点、切入点和着力点。"五位一体"和"四个全面"是青年工作的基本指引，只有在"五位一体"总体布局的引领下，青年工作才能与国家发展大局同向同行，只有在"四个全面"指导下全面加强和改进党的群团工作，青年工作才能更有实效。

新时代青年工作的主线是围绕中心服务大局。青年工作的中心和大局也就是党和国家的大局，也就是深化改革开放，促进经济社会发展，实现"两个一百年"奋斗目标和中华民族伟大复兴的中国梦，建成富强民主文明和谐美丽的社会主义现代化强国。新时代青年工作的落脚点是巩固和扩大党执政的青年群众基础，推动青年发展。新时代青年工作的结合点、切入点和着力点就是：在"五位一体"总体布局下，推动青年积极参与国家经济高质量发展，参与社会主义民主政治建设，助力社会主义文化繁荣兴盛，投身美丽中国的生态建设，传播并践行人类命运共同体理念；在"四个全面"战略布局下，深化群团改革，深化依法治团，以政治上要严、团的干部队伍建设要严、团员队伍建设要严为

---

① 习近平：《在纪念五四运动100周年大会上的讲话》，人民出版社2019年版，第12页。

抓手，全面从严治团，最终推动青年工作和群团组织工作，助力实现全面小康社会的总体目标。

（四）基本路径：坚持走中国特色社会主义群团发展道路

青年工作明确了走向，最关键的就是如何走的问题，也就是青年工作的道路与方法的问题。道路关乎国家前途、民族命运、人民幸福。选择什么样的青年工作的发展道路，是由新时代青年工作的历史使命和我国青年工作的具体实际决定的，也与我国独特的文化传统和青年工作发展历史经验有着密切的关系。习近平总书记在党的群团工作会议上发表重要讲话，明确提出"坚定不移走中国特色社会主义群团发展道路"这一重要命题，对青年工作的一系列重大理论和实践问题进行了深刻阐释，并将其作为指导新时代党的群团工作的纲领性文献和基本遵循。

作为新时代青年工作的重要力量，共青团在发展中面临着多重考验：能否做好党的助手和后备军，能否巩固和扩大党的青年群众基础，能否服务好青年，能否组织广大青年投身中国特色社会主义伟大事业中去。这些现实问题需要群团工作理论的指导。习近平总书记提出的中国特色社会主义群团发展道路，就是要从根本上保持和增强群团组织的"政治性、先进性、群众性"，在党的领导下组织青年，宣传青年，教育青年，引导青年听党话、跟党走。坚持党对群团工作的统一领导这一根本原则，围绕中心服务大局服务群众，充分发挥党和青年的桥梁和纽带作用，与时俱进，改革创新，依法依章程独立自主开展工作。实现党的领导、团结群众与依法依规治理相统一。只有坚持中国特色社会主义群团发展道路，才能确保青年工作始终与党和国家事业同步前进，才能确保群团组织和群团工作成为党的执政基础的重要支撑，成为推进国家治理体系和治理能力现代化的重要力量。

（五）体制机制：党委领导，政府、群团、社会协同施策

青年工作明确了如何走的问题，接下来就要考虑青年工作的组织力

量和依靠力量的问题，它决定着能否顺利实现发展目标，这就要求新时代青年工作必须探索科学可行的体制机制。习近平总书记意识到青年工作无论是资源配置还是工作机制，都需要多方协同形成合力。他在《规划》中提出打造"党委加强领导，政府、群团组织、社会等各方面协同施策"的青年发展工作格局。社会协同、公共参与是推进青年事务治理能力和治理体系现代化的必然要求，也是推进青年工作发展应有的制度逻辑。

青年发展事业说到底是一项社会系统工程，需要社会多方力量的共同参与和协同发力。其中党委是根本力量，既总体把握发展方向又协调各方力量优势互补；政府的行政权力在资源整合上的优势更加明显，与党委形成组织合力；群团组织是青年工作的主要执行力量，引导青年广泛而有序地参与国家事务和社会事务；社会其他力量也要参与青年工作，将带有全局性、综合性的青年发展问题进行整合统筹和协同推进，建立协同治理的工作机制，汇聚协同参与的系统合力，形成协同施策的工作格局。

### 三、新时代青年工作理论的建构逻辑

新时代青年工作理论意在建构新时代青年工作科学化、规范化、系统化的理论体系和实践指导，继承了中国共产党高度重视青年、信任青年、关怀青年的工作传统，思想上尊重青年，感情上贴近青年，工作上依靠青年，行动上深入青年，政策上发展青年，在各种维度、各级层面上支持青年在筑就伟大复兴的中国梦的奋斗中实现自己的人生理想。重视青年成长，推进青年事业发展是新时代青年工作理论的核心要义。习近平以新时期青年问题为逻辑起点，以习近平新时代中国特色社会主义思想为思想统领，以马克思主义青年观为理论支撑，以"中国梦"为实践方向，以"党管青年"为总体原则，以"青年首先发展"为基本

原则，以以人民为中心为价值追求，以共青团改革为基本动力，形成了一套结构完备、体系完整、逻辑清楚、特征鲜明的理论体系。

（一）新时代青年工作理论的逻辑前提

逻辑前提是理论体系建构必须首先解决的问题，包括理论体系的逻辑起点和基础要素的逻辑结构。新时代生成新课题，新课题催生新理论，新理论指导新实践。青年工作理论的逻辑起点，是新时代背景下青年发展和青年工作的系统问题。青年工作理论，必须理清主客体之间、行动目标之间的逻辑关系，这样才能奠定充分的逻辑基础。

新时代青年工作理论以青年发展和青年工作的问题为逻辑起点。新时代青年工作理论具有强烈的问题意识。青年组织的作用发挥问题、青年工作的实效性欠佳问题、青年发展的现实困境、青年政策和制度欠缺问题都是制约青年发展的瓶颈，也是影响青年实现"两个一百年"奋斗目标和中华民族伟大复兴的中国梦的主要障碍。以习近平同志为核心的党中央从青年问题出发，从青年发展的本质需要出发，结合国家社会对青年的时代要求从根本上锐意改革，从理念到观念、从政策到制度、从思想到行为进行了青年问题的现代化审视和系统化纠偏，进行了全方位系统化的理论革新，进行了有针对性和可操作性的实践改革。

习近平论证并理顺了青年与历史、青年与党、青年梦与中国梦以及社会主义核心价值观与青年价值观塑造的关系，奠定了青年工作理论的逻辑基础。习近平认为，在党和国家的发展历史的各个阶段，青年始终是推动历史发展和社会前进的重要力量。执政的最大优势是赢得青年，执政的最大风险是失去青年，赢得青年就能赢得未来。"我们党的成长发展进程，同样是在党的主导下青年群体、青年运动和青年工作的发展进程，是一个不断发现青年、解放青年、发展青年和服务青年的历史进程"①。"中国梦是民族的梦，也是每个中国人的梦。只要我们紧密团结，万众一心，为实现共同梦想而奋斗，实现梦想的力量就无比强大，我们每个人为实现自己梦想的努力就拥有广阔的空间。""中国梦归根到底是人民的梦，必须紧紧依靠人民来实现，必须不断为人民造福。"②这就意味着中国梦与青年梦在本质上是等同的关系。因为它们的目标一致，中国梦是包括广大青年在内的我国各民族人民的共同理想，中国梦为青年提供了前行的动力；它们的行动主体相同，无论是青年梦还是从近代中国发展至今以至中华民族伟大复兴的中国梦的实现，都离不开一代又一代青年的接续奋斗；它们的发展动力相关，中国梦的实现是中国特色社会主义建设者和接班人培养的过程，也是广大青年成长与发展的过程。因此，习近平论证了中国梦从根本上就是青年梦，青年梦与中国梦是一致的。正如习近平总书记所说："我为什么要对青年讲讲社会主义核心价值观这个问题？是因为青年的价值取向决定了未来整个社会的价值取向，而青年又处在价值观形成和确立的时期，抓好这一时期的价值观养成十分重要。这就像穿衣服扣扣子一样，如果第一粒扣子扣错了，剩余的扣子都会扣错。人生的扣子从一开始就要扣好。"③ 在青年价值观形成的关键时期，必须强化社会主义核心价值观引领和涵化青年的战略意义。社会主义核心价值观在国家、社会、个人三个层面确定了全国人民奋斗的共同思想基础。"富强、民主、文明、和谐"确定了青年成长与发展的奋斗方向，"自由、平等、公正、法治"框定了青年成

---

① 邓希泉：《社会变迁中的中国共产党与中国青年》，载《中国青年报》2016年7月4日，第2版。

② 中共中央文献研究室编，《十八大以来重要文献选编》（上），中央文献出版社2014年版，第235页。

③ 中共中央文献研究室编：《习近平关于青少年和共青团工作论述摘编》，中央文献出版社2017年版，第25页。

长与发展的制度前提,"爱国、敬业、诚信、友善"规定了青年成长与发展的价值标准。所以社会主义核心价值观是青年价值观塑造的主要内容和理论依托。

(二) 新时代青年工作理论的价值遵循

价值遵循是理论体系建构的核心问题,包括理论体系的理论渊源和思想统领,涉及理论体系的根本性质和价值走向。马克思主义青年观是新时代青年工作理论的渊源,从根本上决定了青年工作理论的价值走向。习近平新时代中国特色社会主义思想作为党治国理政的重要指导思想,统领青年工作的时代走向,从根本上确保了青年工作的中国特色。

新时代青年工作理论以马克思主义青年观为理论支撑。马克思主义青年观是马克思主义政党做好青年工作的思想武器和行动指南,是党长期以来青年工作遵循和坚守的理论指引。马克思主义青年观所具有的立场、观点和方法,是党面对中国青年发展具体实际、思考青年发展方向、解决青年发展问题的思想法宝。它从整体上全面看待青年、在具体工作中严格要求青年、根据青年的不同层次和特点开展工作、最大限度团结青年的工作方法在当今时代依然有着强大的生命力,也成为新时代青年工作理论发展的重要基础。新时代青年工作理论以马克思主义青年观为理论支撑,不断丰富和发展,将中国化马克思主义青年观推向了新的历史高度。

新时代青年工作理论以习近平新时代中国特色社会主义思想为思想统领。党的十九大将习近平新时代中国特色社会主义思想确立为我们党的行动指南和我们做好一切工作的根本遵循。新时代青年工作理论以习近平新时代中国特色社会主义思想为统领来武装青年,指导党的青年工作,强调用习近平新时代中国特色社会主义思想培养中国特色社会主义事业的建设者和接班人,"因事而化、因时而进、因势而新"地推动习近平新时代中国特色社会主义思想进教材、进课堂、进头脑,引领青年不忘初心跟党走，带动广大青年增强"四个意识"，坚定"四个自信"，做到"两个维护"，勇做走在新时代前列的奋进者、开拓者、奉献者。新时代青年工作理论以习近平新时代中国特色社会主义思想为统领，推动青年工作的现代化和科学化。

（三）新时代青年工作理论的核心要义

核心要义是理论体系建构的根本问题，像一根红线贯穿整个理论体系，包括理论体系的核心内容、本质特征和价值追求。新时代青年工作理论以青年群体的健康发展和青年工作的现代化发展为核心，以"以青年为本，尊重青年的主体地位"为本质特征和价值追求，成为现代化背景下中国特色青年工作理论最鲜明的特征。

新时代青年工作理论以重视青年事业发展为核心要义。青年事业发展包含着青年群体的成长与发展和青年工作的现代化转型双重内涵。实际上二者之间是辩证统一的逻辑关系：青年工作的现代化转型以促进青年发展为价值目标，青年发展必须依靠同时推动着青年工作的现代化转型。以青年发展为根本，打造"党委领导、政府主导、群团协同、社会参与"的育人工作格局；以青年发展为宗旨，配套涉及青年发展十大重点领域的政策规划，从根本上指导青年发展；以青年发展为目标，推动群团组织改革，增强组织对青年的凝聚力和吸引力，增强群团组织的群众性，能够真正地代表青年，引领青年，组织青年和发展青年；以青年发展为动力，青年工作要"顶天立地"，青年工作者要"做青年朋友的知心人、青年工作的热心人、青年群众的引路人"。这些改革布局都是青年工作现代化转型必需的，必须在国家治理体系中找准定位。青年工作的诸多环节需要与时代发展同步同向，实现青年工作理念、青年工作方法、青年工作组织机构、青年工作机制的现代化转型。

尊重青年的主体性是新时代青年工作理论的本质特征。习近平总书记坚持了马克思主义哲学"价值主体"思想，在对中国青年发展的现实问题以及青年工作的时代要求全面分析的基础上，进行归纳演绎，做出从哲学基础到认识论、方法论的判断，认为青年主体性发展是青年成长与发展的核心，是青年工作的目标指向。无论是对青年本质与地位的认识还是青年成长与发展的方向，无论是青年教育与培养的措施还是青年工作的机制，都需要以青年为本，以尊重和发展青年的主体性为宗旨，在实践的语境中发展青年主动性和创造性的主体意识和主体能力。因此，在新时代青年工作理论中，青年主体性就像一根红线一样贯穿思想的全部。第一，对青年的本质与地位的认识。青年不仅是国家经济社会发展的生力军和中坚力量，还是党和人民事业的生力军。我们不仅要认识到青年充满力量和创造性的主流优势，还要清楚地认识到其存在的问题，这是青年主体性的认识前提，只有对青年本质全面认识才能够确保青年主体性发展的方向。第二，对青年成长与发展的方向性把握。全面发展既是青年群体自我发展的内生需要，也是社会对青年群体的整体期望。作为"价值主体"的青年，要求实现个人需要与社会价值的统一，因此习近平强调要推动青年首先发展，促进青年全面发展。青年首先发展，在新时代青年工作理论里不仅是一种青年发展理念，而且将理念转化为具有很强针对性和操作性的具体举措。从理念到观念到政策制度形态，青年主体性发展有了较为完备的国家层面的制度保障。第三，对青年的教育与培养。要形成全员全过程全方位育人的协同育人机制，要在青年教育的各个环节尊重青年成长规律，形成长效机制。最核心的是青年教育要向青年服务和青年引领转变，这一思维方式的转变是将青年真正地作为服务的对象、发展的对象和互动的主体、参与的主体，让青年在社会参与和社会互动中发挥主体性，而不仅仅做接受教育的客体。第四，在青年工作的机制上，以共青团改革为着力点，解决脱离青年的根本问题。团的工作实现从服务大局到顶天立地的转变，《规划》针对青年发展需求在十大领域提出具体措施，这一系列安排和青年工作格局的打造都是以青年为本打造青年主体性的体现。

其实,"以青年为本,尊重青年的主体地位"是党的"以人民为中心"的价值理念的青年化、具体化、对象化表达,是"以人民为中心"价值理念破解青年发展困局的生命力表现。它既是青年工作的出发点和落脚点,又是我们做好青年工作的根本目的和价值立场,也是实现青年与社会协同发展的根本路径和方法。所以,尊重青年的主体意识,发挥青年的主体能力,体现青年的主体价值,实现青年与社会的共同发展,是尊重青年主体性的内在要求,是新时代青年工作理论的本质特征。

(四)新时代青年工作理论的基础要素

基础要素是理论体系建构的基石。新时代青年工作理论的基础要素包括青年工作的方向、动力、原则等一系列保障性因素。把握了青年工作的方向、动力和原则,才能奠定青年工作理论扎实的基础,也才能更有效地指导青年工作的具体实践。

新时代青年工作理论要以"中国梦"为发展方向。中国梦是包括广大青年在内的每个中国人的梦。为实现中华民族伟大复兴的中国梦而奋斗,是中国青年运动的时代主题。中国梦需要青年助力,中国梦成就青年发展。要引导青年把青春梦融入中华民族伟大复兴中国梦中,激发青年的历史责任感,发挥青年的主体性作用,使青年在勤学、修德、明辨、笃实中践行和培育社会主义核心价值观;要鼓励青年大力弘扬中国精神,凝聚青春力量,传播中国声音,传递中国价值和中国智慧,在接力奋斗中将中国梦变为现实,为实现中华民族伟大复兴中国梦贡献青春力量。

新时代青年工作理论要以群团改革为基本动力。在我国,从制度安排上是通过共青团这一纽带与桥梁建立党与青年的联系,是通过青联、学联等组织筑牢青年爱国统一战线,在党的领导下凝聚青年,推动青年积极参与中华民族伟大复兴的"中国梦"。当代青年发展面临更加复杂尖锐的思想争夺和现实考验，对青年爱国统一战线提出了新的时代课题，对群团改革提出了新的要求。作为青年组织，共青团凝聚青年、组织青年、引领青年的现实能力直接关乎党的青年工作实效。"共青团组织的发展必须在党团关系与团青关系两对权力关系的互动中得以实现。"① 党团关系在国家法律中有着历史性的规定，是一种权威性的存在，在某种程度上团青关系则处于不断变化与发展的状态中，也是青年工作发展的重要动力和影响因素。新时代青年工作理论以深化共青团改革为推动青年发展的组织逻辑，针对共青团的"四化"问题，强调增强组织的"三性"，进行自上而下、从中央到地方的组织机构改革，彻底解决共青团脱离青年的根本问题，将共青团发展成为青年想得到、找得到、靠得住的青年组织，能够真正发挥其联系青年、深入青年、凝聚青年的组织优势。青联、学联要深入贯彻落实习近平关于青年工作的重要思想，厚植家国情怀，坚定推进改革，团结凝聚海内外各族各界中华青年，为建设社会主义现代化强国、实现中华民族伟大复兴中国梦而不懈奋斗。这是新时代青年爱国统一战线的发展目标。因此，要始终把坚持党的领导作为根本政治原则，把爱党爱国爱社会主义相统一作为共同思想基础，把为实现中华民族伟大复兴中国梦而团结奋斗作为时代主题，把密切联系青年、广泛代表青年作为生命线，把深化改革、锐意创新作为发展动力。

新时代青年工作理论要坚持"党管青年"的总体原则。"党管青年"原则是对党与青年关系的本质性规定。中国共产党始终把青年发展视为党的事业的重要组成部分，从事关党的事业兴衰荣辱的战略高度开展青年工作。习近平首次在《规划》中明确提出，"坚持党管青年原

---

① 郑长忠：《中国青年发展的政治逻辑——党管青年原则与中国青年发展的关系研究》，载《青年学报》2017年第4期，第55页。

则",是要充分发挥党总揽全局、领导一切的核心作用,从战略上规划青年发展,助力青年在实现中国梦的征程中奋勇直前。党管青年,一方面为青年的政治参与提供组织领导,能够使青年在政治意见表达和政治活动参与中获得某种政治意识和政治能力的发展,"使青年群体成为了一种重要的政治性和组织性力量"[1];另一方面,通过对青年的组织与动员,将其发展成为"具有生力军意义的面向未来的建设性力量"[2]。从青年工作的顶层设计到青年工作的制度建设再到青年工作的具体措施,都要在党的领导下进行。充分发挥党在青年思想引领、组织提升、权益维护、服务成长等方面的重要作用,充分发挥党在群团改革中的领导作用,充分发挥党在青年政策制定与落实上的主导作用。

新时代青年工作理论要坚持"青年首先发展"的基本原则。青年首先发展,是对"青年是党和国家事业的生力军"这一本质认识的制度性发展。他框定了青年群体在党和国家事业的整体发展格局中的重要占位,体现了党对青年工作明确的政治导向。它意味着国家事业的各方面发展都要首先考虑青年发展的利益需要,首先照顾青年的特点,要营造有利于青年发展的良好环境,让青年发展成为中国特色社会主义事业的合格建设者和可靠接班人。这样青年就能真正成为国家经济社会发展的中坚力量,就能在实现中华民族伟大复兴的中国梦的征程中凝聚青春力量,发挥重要作用。

---

[1] 郑长忠:《中国青年发展的政治逻辑——党管青年原则与中国青年发展的关系研究》,载《青年学报》2017年第4期,第55页。
[2] 郑长忠:《中国青年发展的政治逻辑——党管青年原则与中国青年发展的关系研究》,载《青年学报》2017年第4期,第55页。

# 第五章 新时代青年工作理论的基本特征

从内容层面和方法论层面探讨新时代青年工作理论的基本特征，阐述理论的本质性继承与实质性发展，在此基础上总结青年工作理论的理论品格，可以从宏观上系统把握青年工作理论的内容体系、科学内涵、思想精髓，从中观和微观上全面理解青年的本质和青年的特征，发挥青年的作用，加强青年的教育，实现青年的成才，从价值传承与实践推进的角度把握理论的整体性框架，对于正确对待理论、科学运用理论和创新发展理论意义深远。

## 一、新时代青年工作理论内容层面的基本特征

新时代青年工作理论内容层面的基本特性，是其最本质的特性，是追求理想与扎实肯干相统一、传承经验与创新发展相统一、全面发展与首先发展相统一、全面改革与协同施策相统一。

### （一）追求理想与扎实肯干相统一

党的十九大对青年提出"志存高远，脚踏实地"的要求，指明青年理想塑造与精神培养相结合的方向路径。习近平总书记强调，广大青年要树立共产主义的远大理想和中华民族伟大复兴的共同理想，要将个人理想融入国家富强、民族振兴的国家理想中去，同时要脚踏实地，求真务实，在奋斗中实现国家梦与个人梦的统一。

新时代青年工作理论强调追求理想与扎实肯干相统一，实际上是对青年价值观的根本塑造，这关系到"为谁培养青年"的根本问题。在培养青年的原则上，我们党一直坚持尊重青年，将其理想与现实紧密结合，正确认识个人理想与社会理想的统一，把握理想性与现实性之间的辩证统一关系。对于人生观、世界观和价值观尚处于形成期的青年，一方面通过崇高的理想和社会主义核心价值观来进行思想引领和理想信念教育，另一方面，通过扎实的青年工作为青年实现梦想创造条件，让广大青年能够实现人生价值。追求理想与扎实肯干相统一的理论特征还表现在青年追梦圆梦的过程中，既要目标远大，又要结合实际，既要勇于追梦，又要勤于圆梦。追梦要立宏图大志，放眼未来；圆梦要勤学实干，勇于拼搏。这是广大青年成长成才，成为"有理想、有本领、有担当"的时代新人的必由之路，也是青年工作培养青年的根本准则，让广大青年既有"追梦"的自觉性，也有"圆梦"的能动性。

（二）全面发展与首先发展相统一

全面发展是党对青年培养目标一以贯之的追求，首先发展则是党对青年工作各项事务统筹的创新之举，二者的结合也蕴含了传承经验与创新发展相统一的辩证思维，是对中国化马克思主义青年观的重大推进。

青年的全面发展是指青年的各个方面、各个层次的需求与能力得到协调发展，是青年在自身发展和社会互动中德智体美劳综合能力的全面发展，是青年的生存需要、情感需要、服务需要、社会需要、享受需要和发展需要在广度和深度上的全面满足。这是青年发展的理想状态，因此也成了青年发展的最高目标和青年工作的价值追求。如果说青年全面发展是对青年及青年工作理想状态的规定，那么青年首先发展则是对青年发展在国家事业整体格局中的占位界定。但需要明确的是，青年首先发展并不是要将青年发展提升到国家发展事务序列的首位，无论从国际经验还是国家现实发展状况看，这种理解都存在着不合理性和非现实性。青年首先发展是基于青年在经济社会发展中的主体性，将青年发展上升为国家战略发展层面的重大原则。它内含着青年发展在资源分配上享受首先照顾和在发展次序上首先安排两层意思，因此，这种首先发展并非国家整体事务中的首先，更多的是在社会公共事务领域中突出首先发展。田杰教授在《全球化背景下青年工作的发展战略》一文中就建议国家要在教育、社会福利、文化艺术、政策制定等方面优先发展青年。当然，我们无法忽视学界一直倡导"青年优先发展理论"对国家青年政策制定的重要贡献，但我们需要理解青年首先发展并非挤压其他社会群体的发展空间。青年阶段是人生重要的过渡阶段，青年的成长离不开与其他社会群体的互动，青年发展好，有助于其他社会群体的良性互动和共同发展。加之青年在国家发展中的影响力和重要性与日俱增，首先发展青年是国家发展的整体需要。同时，青年首先发展与之前的优先发展相比，更加强调位次的优势。

青年全面发展与首先发展原则本身就是统一的关系。青年首先发展才能确保青年全面发展。无论是资源分配还是政策保障，青年首先发展确保了青年在社会公共资源分配、福利倾斜、机会占有、意见表达等方面的优势地位，明确的政策导向和制度保障有助于青年的全面发展。青年全面发展必须确保青年首先发展。全面发展与首先发展相统一，体现在青年工作的目标界定上，即要将培养德智体美劳全面发展的社会主义建设者和接班人作为总体目标，以推动青年首先发展为阶段目标，在资源调度、力量匹配、发展层级、政策顺序上向青年群体倾斜，可以在阶段性目标实现的过程中一步步实现总体目标。二者的统一还体现在，青年全面发展是青年个体与社会的双向期待，青年首先发展则更能反映从个体需求向国家理念的转变，青年首先发展一旦成为国家理念，必将在制度安排、改革举措等方面进行全方位革新，也必将推动青年全面发展。二者的统一，是实现"两个一百年"奋斗目标、实现中华民族伟大复兴中国梦的关键。

（三）全面改革与协同施策相统一

创新发展需要全面深化改革，需要打破制度藩篱，形成一种系统优化、协同合作的制度关系和工作格局。全面改革与协同施策相统一，蕴含着自身改革与系统改革相结合的思维。国家治理体系和治理能力现代化的背景下，青年工作内部的各个主体需要自身的全面改革，需要组织间的协同改革，而青年工作的外部环境同样需要全面改革，在不断增强党委的领导能力、政府的行政协调能力、社会的资源支持能力基础上，形成青年工作的系统合力。不仅强调组织内部加强自身结构、工作能力的建设，还强调以整体思维来审视和优化系统结构，最终形成青年工作内外部环境优化、各主体协同、治理结构合理、治理能力现代化的良好局面。

## 二、新时代青年工作理论方法论层面的基本特征

新时代青年工作理论形成了内部逻辑严密和外部特征明显的结构特征，是理论与实践相统一、个体与整体相统一、传承与创新相统一。从科学的思维结构看，在青年工作整体框架上实现本体论、价值论与实践论的统一，在青年工作思维与方法上，强调科学的世界观和方法论的统一；从内容体系结构看，在青年工作对象上强调个体与整体、主体与客体的统一，在青年工作内容上形成了从认识层面到理论层面到行动层面再到机制层面的系统化思维格局。

（一）理论与实践相统一

理论与实践相统一是中国化马克思主义青年观最重要的特性，也是新时代青年工作理论最重要的特性之一。恩格斯说过："一个民族要想

站在科学的最高峰,就一刻也不能没有理论思维。"① 中国化马克思主义青年观始终坚持创新和发展,不断推动青年工作理论与实践的创新发展。中国化马克思主义青年观强调将发展的理论转化成实践革新的动力,将实践中发现的问题转化成理论发展的源泉。

理论与实践相统一的方法论特征体现在坚持本体论、价值论与实践论的统一。本体论就是对青年及青年工作的本质即"青年是什么,青年工作是什么"的研究,是"青年工作应该是什么"和"青年工作应该怎么做"的认识前提。只有进行了青年本体论研究,才能从根本上理解青年的历史存在与时代价值,才能理解青年特点与需要,解释青年现象与青年行为,有针对性地开展青年工作。只有进行青年工作的本体论研究,才能明确青年工作的性质与定位,明确青年工作的主体与客体,青年工作的实效性才有基础。价值论是对青年及青年工作的价值性质的研究。价值是反映主客体关系的范畴。从客体方面来看,即青年和青年工作本身具有的功能属性,表现为在青年运动中、在社会发展中青年及青年工作所发挥的具体作用;从主体方面来看,青年的价值属性表现为被社会所需要,表现为社会对青年及青年工作的价值与意义的定位。只有进行青年工作的价值论研究,才能为当代青年发展提供基本的价值准则和行为准则,才能为当代青年工作提供价值理念和准确定位。实践论是对青年工作操作层面的研究,是研究青年及青年工作如何发展成为本体论和价值论所规定的样子。具体到新时代青年工作理论中,青年本质与青年问题属于本体论,青年成长与发展、青年及青年工作的价值与意义属于价值论,青年的教育与培养和青年工作属于实践论。本体论、价值论和实践论的统一是哲学意义上应有的逻辑,从这一角度看新时代青年

---

① 中共中央马克思恩格斯列宁斯大林著作编译局编译:《马克思恩格斯选集》第 3 卷,人民出版社 2012 年版,第 875 页。

工作理论，某种程度上就具有了哲学上的科学性。

理论与实践相统一的方法论特征还体现在世界观与方法论的统一。世界观是人们对整个世界以及人与世界关系的总的看法和根本观点。方法论是人们认识世界和改造世界的根本原则和根本方法。新时代青年工作理论，不仅要求青年工作坚持正确的价值理念和世界观，而且强调青年工作要讲求科学的思维方法，坚持科学的世界观和方法论的统一。当然这种思想的哲学高度很大程度上来源于习近平的理论学习与实践总结。

对待青年工作，科学的世界观主要表现在对青年本质与地位以及青年工作在党和国家事业发展全局中的战略地位的科学认识。首先，习近平站在中华民族伟大复兴的新的历史起点上、在党和国家事业发展的战略全局中认识中国青年与党、与社会、与世界的关系，将青年定位为党和人民事业发展的生力军、国家经济社会发展的中坚力量、实现中国梦的重要力量以及构建人类命运共同体的青春力量。其次，利用事物矛盾运动的基本原理，客观冷静地分析青年发展与青年工作存在的突出问题，积极化解青年发展所遇到的各类矛盾：面对异质文化的交流交融交锋必定会对青年产生极其复杂的影响，习近平强调大力开展中华优秀传统文化教育；面对网络虚拟空间各种社会思潮交杂，习近平在新闻舆论工作和宣传思想工作中强调净化网络空间，壮大主流思想舆论，切实推动中国特色社会主义理论体系进教材进课堂进头脑；面对青年发展的全球化影响，习近平提出青年要在"一带一路"和人类命运共同体中具有国际担当。再次，习近平坚持实事求是，一切从客观实际出发，辩证地分析当代青年的缺点与不足，辩证地把握青年成长的主客体关系，辩证地认识共青团组织在服务大局与发展青年之间的角色关系。

对待青年工作，科学的方法论主要表现在对青年教育与培养以及青年工作具体开展的方式方法创新。首先，在青年教育与培养上，协同育人、系统育人、三全育人意在从整体上打通青年教育的制度壁垒，追求系统效果的最大化；其次，在青年自身发展上，坚持实践第一的观点，提倡榜样示范、基层实践、笃实创新、责任担当；再次，在青年工作方法上，针对青年特点，研究青年需求，维护青年利益，提倡深入青年调查研究，贴近青年讲好故事，切实加强思想引领。

习近平以推进青年工作改革为动力，统一了科学的世界观和方法论。具体表现为，在对青年工作的认识和青年工作方法上坚持辩证思维、战略思维、历史思维和创新思维。辩证思维体现在：在对青年及青年工作的辩证认识基础上提出共青团改革的方向与群团组织工作方法；在青年发展主客体的辩证认识基础上提出青年发展要坚持青年主体自觉自主和客观环境的支持营造协同发力；在青年本质的辩证认识基础上提出青年首先发展理念和青年主体性发展思想。战略思维体现在，从历史、现实与未来，从国内现实与国际影响的多重维度认识青年发展与青年工作的战略意义，在党和国家事业发展的全局中定位谋划青年工作，从顶层设计和国家机制上推进青年工作的科学化。历史思维体现在尊重党对青年本质的认识传统，继承党的青年工作优良传统，总结党在发展过程中的精神传统，发展历史传统的时代价值。习近平非常注重从党的历史中汲取智慧和力量，先后总结和提炼了历史上的"红船精神、苏区精神、西柏坡精神、沂蒙精神、抗战精神、照金精神、延安精神、遵义会议精神、井冈山精神、老区精神、长征精神、吕梁精神"。这些党的优良传统和革命精神是青年工作和青年教育的重要资源素材，是青年成长发展的不竭动力。创新思维体现在对创新重要性的认识以及青年工作各方面的实践创新。习近平把创新列入五大发展理念之首，摆在国家发展全局的核心位置，认为创新是"民族进步的灵魂"①，是"长远发展的动力"②。要求广大青年走在创新创造的前列。在青年工作中，要重点抓好理念创新、制度创新，创新青年乐于接受的话语表达方式，在思想工作的手段创新、形式创新上多做努力；在文艺创作上要进行"观念和手段相结合、内容和形式相融合的深度创新"③，增强文艺作品对青年思想的感召力；在内容创新上要既能反映中国精神和时代精神、传播中华文明的智慧与价值，又能贴近青年生活与实际，使其产生共鸣与认同。在制度创新上，《意见》《规划》《方案》都是从政策上对青年工作的实践创新提供组织保障。

（二）个体与整体相统一

在个体与整体的关系中，习近平强调二者的统一和谐共生，以整体思维推动青年个体发展和结构优化。在青年群体与其他社会群体的关系、青年与社会与国家的关系定位中，习近平始终强调只有青年将自我融入集体，将青春梦融入中国梦，青年才有奋斗的力量和发展的动力。同样他也认为"中国梦是广大青年在内的人民的梦"，国家、社会、政党、组织都应为青年发展创设良好环境，为青年成长提供保障。习近平还与时俱进地分析青年群体的内部差异，强调要引导和帮助新兴青年群体发挥正能量，助力他们在实现中国梦的过程中奉献青春力量。这些新经济组织、新社会组织、网络空间的青年工作也是青年工作整体中不可忽视的部分。另外，《规划》中涉及的青年重点发展的十大领域和十大重点工程，也构成了当前青年工作的整体。

---

① 中共中央文献研究室编：《习近平关于科技创新论述摘编》，中央文献出版社2016年版，第3页。

② 习近平：《创新增长路径 共享发展成果——在二十国集团领导人第十次峰会第一阶段会议上关于世界经济形势的发言》，人民出版社2015年版，第5页。

③ 中共中央文献研究室编：《习近平关于社会主义文化建设论述摘编》，中央文献出版社2017年版，第157页。

新时代青年工作理论关于青年工作的战略转向体现了主体与客体统一的价值理念。它强调在对青年教育与培养的同时，更要加强对青年的服务与引领。在"党委领导、政府主导、群团协同、社会参与"共同施策的工作格局中，青年是教育和培养的客体对象，需要在社会提供的环境与条件中发展；但青年作为自主自为自觉的主体，一方面成为服务、引领工作需要重点发展的主体，另一方面要主动担当历史大任，成为中华民族伟大复兴的"中国梦"的实践主体。青年工作的重心已经不是仅仅做好青年的教育管理工作，而是要在激发青年的主体意识和提高青年的主体能力上下功夫，在服务青年、引领青年中实现青年的全面发展。

（三）传承与创新相统一

传承经验体现在共同的理论渊源、文化来源、发展要求和实践指向，创新发展则体现在党对青年社会价值、培养目标、工作方法等方面的日益完善。无论是青年全面发展、青年组织建设，还是青年工作发展，都内在地需要传承经验与创新发展相统一。这就需要在总体上把握新时代青年工作理论的"变"与"不变"。这也是中国化马克思主义青年观的发展逻辑。坚持用科学的世界观和方法论解决现实问题的辩证方法"不变"，坚持实事求是、与时俱进、开拓创新的工作态度"不变"，坚持立足当下、面向未来，马克思主义的普遍真理同中国具体实际相结合的工作思路"不变"，坚持不断革新、自我批判，在理论与实践双重维度上寻求突破的成长路径"不变"。青年运动的时代主题在"变"，社会主要矛盾变化带来的青年发展的历史方位在"变"，青年工作的历史使命和发展任务在"变"。传承"不变"的经验，随着"变化"的环境不断创新发展，坚持传承经验与创新发展相统一，是新时代青年工作理论重要的特征。

传承经验与创新发展相统一的特征体现在既强调对马克思主义青年

观和中国化马克思主义青年观思想本质的传承，也要超越马克思、恩格斯、列宁、毛泽东等人的青年观的时代性，科学把握马克思主义青年观的本质思想和核心要义，结合新时代青年工作的具体实际进行创新性发展，这是对青年工作理论基础的定位；体现在既不能忘记中华优秀传统文化的"根"，也不能忘记马克思主义的"看家本领"，对中华传统文化进行创造性转化和创新性发展，在推陈出新、吐故纳新、中西贯通中坚定文化自信，坚持党对青年工作的领导，这是对青年工作的精神动力的要求。青年的教育与培养既要遵循青年发展、青年教育的普遍规律，又要继往开来，坚持青年为本、全面发展的价值导向，创新发展青年工作的方式方法、体制机制。

传承经验与创新发展相统一的特征还体现在对青年组织的改革创新上，强调既要充分肯定青年组织在维护青年权益、推动青年成长方面取得的成绩和积累的经验，又要结合青年发展的新形势思考青年组织的革新之道。要将共青团、学联、青联的内部改革与系统改革结合起来，以从严治团为核心，以构筑青年爱国统一战线为目标，推动青年事务治理现代化。

### 三、新时代青年工作理论的理论品格

新时代青年工作理论是马克思主义青年观与中国青年发展和青年工作实践相结合的产物，彰显着马克思主义的真理力量，表征着中国共产党不断进行理论创新、发挥党的理论优势的努力，展现出鲜明而独特的理论品格。这些理论品格是新时代青年工作理论的本质与价值，也是决定其影响力与生命力的根本。只有深刻总结新时代青年工作理论的理论品格，才能深刻把握其思想实质和精神核心，进一步明确青年工作的根本方向与行动指导。全面把握新时代青年工作理论的理论品格，需要从结构和功能的统一性上去把握其整体性，从理论内部各要素之间的相互

联系与相互作用把握其基本逻辑，从思想与外界环境的相互关系把握其整体结构。因此，系统性思维应该成为我们把握新时代青年工作理论的重要思维方式，从对马克思主义青年观的创新发展、坚持青年主体性、中国特色青年工作理论体系的构建、青年工作原则、语言艺术等五个维度解析其理论品格，准确而全面地把握新时代青年工作理论的理论品格。当然，新时代青年工作理论必然会随着新时代中国特色社会主义实践及中国青年的发展而不断丰富和完善，其理论品格也会不断地随之更鲜明、更具体。

（一）人民性和主体性的价值指向

新时代青年工作理论最鲜明的品格就是以人民为中心的价值立场和青年主体性的价值指向。具体体现在一切从实际出发，科学辩证地看待青年问题，实事求是地进行改革，体现在于实践中全面而深入地践行"以青年为本、尊重青年的主体性发展"的价值理念。

新时代青年工作理论有着强烈的问题意识，坚持一切从实际出发，从问题出发。新时代青年工作理论并非纯粹的理性思辨，而是在对当前中国青年发展和青年工作面临的现实问题的高度警醒和清醒认识基础上，在青年发展面临的国内国际环境中，在对青年工作所关联的国家发展稳定、国际交往等一系列困境的反思中形成的智慧结晶和理论总结。它不排斥青年工作的客观困难，也不脱离青年发展的国际形势，聚焦于青年的主体性需求以及中国梦实现的国家发展需求，冷静客观地进行从顶层设计到微观措施的全方位布局。它既肯定我国青年工作取得的巨大成绩，同时也敢于对青年工作存在的不足进行批判性反思。这种反思表现在对群团组织问题的清醒判断、对青年政策缺失导致工作成效受损的准确把握、对异质文化交流交融交锋对青年产生的复杂影响的冷静分析。比如群团发展和共青团改革的问题，问题的落点在于如何在国家治理现代化的历史进程和实现中国梦的社会结构中充分发挥共青团的作用：一方面作为党的助手，将党的价值观念有效地传递给青年，有效回应党对青年群体的要求和期望，在组织影响凝聚青年的过程中切实巩固党执政的青年基础；另一方面以青年需求为导向，在服务青年与引领青年中推动青年发展，使青年真正成为国家社会发展的生力军。当然新时代青年工作理论不止于批判性反思，更重在大刀阔斧地建构与改革，形成了一系列青年工作的创新举措：复兴传统文化教育、推动青年的国际交流、自上而下全面推行共青团机构改革、颁布青年发展政策等。这些新战略新思想对于理顺青年工作的机制、推动青年的全面发展、提高青年工作的实效、提升中国青年工作的国际影响力起到了根本性的推动作用。也就是说新时代青年工作理论一方面注重将认识矛盾和解决矛盾相结合，在解决矛盾的过程中推动青年工作的发展，另一方面并非所有矛盾同步平衡解决，而是善于抓主要矛盾，善于从根本上解决矛盾。最突出的表现是，从顶层设计补上了多年来因政策空白而导致的行动纲领缺失，并找到了青年发展的本质性和根源性目标即青年的主体性发展。这是新时代青年工作理论在处理工作原则、工作理念、工作目标、工作方法等诸多青年工作内容要素时抓住矛盾的主要方面，从制度建设和青年工作的根本追求两个维度解决青年工作的总体矛盾。这种关系处理的方法论准确把握客观实际，尊重客观规律，是以习近平同志为核心的党中央坚持一切从实际出发、实事求是理论品格的集中体现，使得新时代青年工作理论具备了揭示规律的洞察力和解决问题的执行力。

在党的十九大报告中，"坚持以人民为中心"被明确为习近平新时代中国特色社会主义思想基本方略的重要原则和组成部分。以人民为中心体现在新时代青年工作理论中，就是"以青年为本，尊重青年的主体性"的思想，这是新时代青年工作理论的根本底色。它致力于维护青年利益，解决青年发展的实际困难，促进青年的全面发展。它践行以青年为中心的发展思想，制定青年发展政策，改革群团组织，提高青年工作实效，协调多方力量系统发力共同致力于青年发展。这些核心思想都体现了以习近平同志为核心的党中央坚持"为人民服务"的执政理念，体现了"从群众中来到群众中去"的群众路线。仔细梳理新时代青年工作理论的内容体系可以发现，"以青年为本，尊重青年的主体性"是其思想的本质核心。因为"人的本质是由很多要素、层次、方面所构成的复杂系统。人的本质的这种全面性又决定了人的需求、发展和价值等的全面性"[①]。在人具有普遍性与特殊性的前提下，新时代青年工作理论集中探讨以"什么样的青年"为本，以"青年的什么"为本和怎样以"青年为本"的理论问题，构成了新时代青年工作理论的主体。这些理论问题都蕴含着人民立场的理论品格。

我们知道，以人为本最基本的要求就是在人和物两者之间把人放在首位，摆脱商品拜物教的魔咒，摆脱物对人的异化。新时代青年工作理论中青年发展是青年工作的核心追求，青年是社会经济发展的重要力量，因此要以青年的需求为目标来发展社会经济。其次，以人为本的核心要义是要尊重人的普遍性权利。维护青年发展的利益，尊重青年发展的权利是新时代青年工作理论中关于青年工作的重要内容。在《规划》中专门有"青少年合法权益"的政策，意在引导青年更好地融入社会并且切实保护其合法权益。再次，以人为本的人是社会中大多数的人。以青年为本就是要以大多数青年为本，以最弱势的青年的需求和发展为本。在新时代青年工作理论中，就有着对社会边缘群体和新兴青年群体的政策观照，还有对处于同一性危机中的青年的引导与帮扶。综上，新时代青年工作理论从根本上维护了青年的发展权利与发展利益，体现了鲜明的人民性。

---

① 陈学明：《情系马克思——陈学明演讲集》，武汉大学出版社2010年版，第50页。

以青年为本，首先要以青年的本质为本。马克思将人的本质定义为人的生产实践对自然、社会和人自身的能动性改造。新时代青年工作理论关注青年的就业，关注青年的各种实践，实际上就是以青年的劳动生产实践为本。考虑青年的社会融入问题，考虑青年在参与实践过程中建立和发展起来的社会关系，并考量这种交往与合作是否是一种基于青年本性的正常的理性的存在，这些思想都是对青年的社会性的观照。其次要以青年的全面需求为本。马斯洛的需求层次理论具体描述了人的五大层次的需求，那么不能仅仅停留在满足青年对基本物质资料的生存需求上，不能让青年成为消费的青年，成为只从物质层面满足自己的"单向度的青年"。新时代青年工作理论正是从满足青年的物质、精神、文化、心理等各方面的需求的维度来布局各层次的青年工作。再次，以青年全面而自由的发展为本。新时代青年工作理论不仅关注青年的心智发展，还关注青年自身发展，最终指向青年与社会的协调统一发展。最后，以青年自身的价值为本。马克思说过：人通过实践创造对象世界。当然这种对象世界也包括人本身。那么人自身的价值就在于为社会创造价值的同时实现自身的价值。社会和他人满足青年个体的需要是价值的主体；青年个体创造财富满足社会和他人的需要则是价值的客体。青年既是价值的主体也是价值的客体。所以新时代青年工作理论要求青年把自己的理想融入实现中华民族伟大复兴中国梦的过程中，实际上就是要引导青年把创造价值作为积极的人生追求，实现了自我价值和社会价值的统一，也就实现了青年的人生意义。

那么如何以青年为本？实际上就是要帮助青年解决发展困惑，帮助青年追求发展利益。首先，要帮助青年学会处理人际关系，学会社会融入，帮助青年建构他们的"意义世界"。在马克思看来，人要真正获得意义，必须由社会制度安排。这种社会制度安排被马克思称为"自由人联合体"。马克思非常关注个人利益的实现，同时强调共同体才是个人利益实现的唯一通路。因为"只有在共同体中，个人才能获得全面发展其才能的手段，也就是说，只有在共同体中才可能有个人自由"①。其次，要创造机制条件和环境助力青年追寻人生意义。当下的青年越来越关注自我命运的公正与平等，希望通过公平公正的竞争实现自己的人生理想。因此，新时代青年工作理论为青年发展提供原则与实践的制度保障实际都是为了实现"把个人体力与智力的差异以及个人家庭情况的差异也考虑在内的真正的平等"②。它对青年工作的机制与环境的设计是经过实践检验后证明行之有效的，它所追求的正是马克思认为的最理想的状态：公正平等的理念的"原则和实践在这里已不再互相矛盾"③。最能体现以青年为中心的是服务青年思想，这既是新时代中国共产党青年工作主体性追求的具体表现，也一直贯穿于中国革命和建设的伟大实践中。新时代以习近平同志为核心的党中央竭诚服务青年发展，强化组织建设，提升服务青年的水平，集中破解制度障碍，为青年实现价值创造良好环境，重点解决青年在成长成才、就业创业等方面的实际困难，真正急青年之所急，想青年之所想，夯实了党在青年中的群众基础和执政根基。

新时代青年工作理论坚持以人民为中心的价值追求。"以人民为中心"是习近平新时代中国特色社会主义思想的核心理念，具体表现在"人民对美好生活的向往，就是我们的奋斗目标"④"密切联系群众的群众路线""人民是历史的创造者"等人民主体观。"以人民为中心"的

---

① 马克思、恩格斯：《德意志意识形态》（节选本），中共中央马克思恩格斯列宁斯大林著作编译局编译，人民出版社2018年版，第65页。
② 陈学明：《情系马克思——陈学明演讲集》，武汉大学出版社2010年版，第358页。
③ 中共中央马克思恩格斯列宁斯大林著作编译局编译：《马克思恩格斯选集》第3卷，人民出版社2012年版，第364页。
④ 中共中央文献研究室编：《十八大以来重要文献选编》（上），中央文献出版社2014年版，第70页。

价值理念具体到青年工作思想中就是"以青年为本,尊重青年的主体地位"。具体而言,就是全心全意为青年服务,全心全意依靠青年。这是"以人民为中心"价值理念的青年化、具体化、对象化表达,是"以人民为中心"价值理念破解青年发展困局的生命力表现。它既是青年工作的出发点和落脚点,又是我们做好青年工作的根本目的和价值立场,也是实现青年与社会协同发展的根本路径和方法。牢牢坚持"以青年为本,尊重青年的主体地位",就把握住了新时代青年工作理论的思想实质。

(二)科学性和战略性的发展目标

新时代青年工作理论的科学性是指在科学运用马克思主义立场、观点、方法的基础上,准确把握青年思想政治工作规律、教书育人规律、青年成长成才规律,针对培养中国特色社会主义事业建设者和接班人的时代目标,明确提出了青年德才兼备、全面发展的系列要求,从而形成了具有丰富理论内涵和实践指导的科学理论体系。思想政治工作规律包括用科学理论武装人、理论与实践相结合、解决思想问题与实际问题相结合等。教书育人规律是指按照党的教育方针培养德智体美劳全面发展的社会主义事业建设者和接班人,坚持育人为本、立德树人,注重学思结合、知行合一,尊重学生个性发展,促进学生全面发展。青年成长成才规律就是人才成长过程中带有普遍性的客观必然要求,包括厚德育人规律、竞争成才规律、量才施用规律、成长黄金期规律、团队成才规律等。[①] 新时代青年工作理论解决青年发展的思想问题和实际困难,在青年教育与培养上,尊重教育规律,形成全员育人、全过程育人、全方位育人的系统思想,尊重青年成长成才规律,以发展青年主体性为思想红

---

① 仲祖文:《遵循人才成长规律》,载《人民日报》2014年8月19日,第2版。

线全面布局青年工作。所以说新时代青年工作理论是对青年工作规律的科学概括。

新时代青年工作理论之所以具备科学性的理论品格，首先是因为它旗帜鲜明地以马克思主义理论为根本指导思想，把马克思主义青年观作为根本指导，同时将社会学、心理学、文化学的相关理论兼容并蓄，审视中国青年的发展与青年工作的改革，与时俱进地进行理论创新，提出中国特色社会主义群团道路，确保了中国青年工作的理论基础与根本方向，这是科学性的基本前提。其次它将青年理论与中国青年发展的具体实际相结合，成功解答了"青年工作如何认识青年、培养青年、发展青年"等一系列重大实践问题，这是科学性的现实保证。再次，对青年工作的规律把握，即对青年认识规律，青年成长与发展规律，青年教育规律，青年发展的制度建设、政策建设、体系建设等规律的全面认识和把握，从根本上保证了科学性。最后，新时代青年工作理论兼具世界视野与中国语境，并蓄中华文化与西方文明，从文化逻辑上确保了理论的科学性。

新时代青年工作理论的战略性理论品格是指从青年工作的顶层设计到具体的战略举措都呈现出战略眼光和战略思维，彰显了面向未来与面向世界的大局气质。习近平指出："战略问题是一个政党、一个国家的根本性问题。战略上判断得准确，战略上谋划得科学，战略上赢得主动，党和人民事业就大有希望。"[①] 习近平站在党和国家事业发展的战略高度，站在"两个一百年"奋斗目标和实现中华民族伟大复兴中国梦的时代全局，面向国内和国际两大视野，抓住青年工作的重点，统筹兼顾推动全局发展。具体而言，他处理好了青年工作与国家全局工作的

---

① 中共中央文献研究室编：《十八大以来重要文献选编》（中），中央文献出版社2016年版，第45—46页。

关系、青年工作重点与一般工作的关系、青年工作的长远规划与当前目标的关系，集中体现了系统性的战略思维。首先，他把青年工作提高到党和国家事业发展的战略高度，推行"青年首先发展"的工作理念，既突出了局部工作的重要地位，又为全局工作增添了动力保证；其次，他抓住了影响青年工作整体实效的政策、机制、体系、格局等重点问题进行突破，同时从青年工作的相关群团组织的改革出发，完善青年教育的内容体系和方法，这种既突出重点又兼顾一般的战略举措把解决深层次问题与解决具体问题结合起来，使得战略思维有了一定的深度和广度；再次，他将培养社会主义建设事业的接班人的长远目标和发展青年主体性的根本目标结合起来，既立足当下，注意举措的可操作性，又着眼长远，增强政策的预见性和前瞻性，提高了驾驭全局的战略能力。所以，新时代青年工作理论从战略层面制定青年发展政策，推行群团改革、"三全"系统思想和多方协同的育人格局，既没有用局部发展损害全局利益，也没有损害长远利益以换取当前利益，体现了鲜明的战略性理论品格。

（三）系统性和整体性的理论追求

构建中国特色青年工作理论体系，需要明确青年工作的研究对象、研究方法、研究框架、研究话语等。新时代青年工作理论以突出的系统性和整体性，站在顶层设计的角度构建中国特色青年工作理论体系。以青年和青年工作为研究对象，以跨学科协同的研究方法展开，以青年工作内涵为框架，以中国特色青年发展理论和青年政策为核心，创造属于青年学科独有的话语体系。

新时代青年工作理论的系统性主要是指其涵盖的内容从青年工作的顶层设计到具体的战略举措都不是互相隔绝彼此孤立的存在，而是彼此之间普遍联系，形成了具有全面性的思想体系。新时代青年工作理论各部分之间有着紧密的逻辑关联，因此能够产生整体大于局部之和的系统合力。

新时代青年工作理论的科学体系主要包括以下内容：第一，坚持以青年为主体，尊重青年的主体地位，以促进青年的全面发展和主体性发展为根本目标，是贯穿新时代青年工作理论的红线，也是其思想精髓，为新时代青年工作确立了方向和基调。第二，中国青年运动的时代主题是为实现"两个一百年"奋斗目标、实现中华民族伟大复兴的中国梦而奋斗。这是新时代青年工作理论为中国青年确立的与时代共进的发展方向，那就是同人民一道拼搏，同祖国一道前进，服务人民，奉献祖国。第三，坚持党管青年的原则是新时代青年工作理论鲜明的政治立场，也是做好青年工作的根本保证。这是把青年工作与青年发展置于党和国家工作全局中进行统筹，是党第一次旗帜鲜明地强调党管青年的原则。第四，坚持青年首先发展的理念是新时代青年工作理论的历史推进。青年发展理念在经历全面发展、优先发展之后进入了首先发展的最高层级，将青年发展设定在所有发展秩序的首要位置，最终目标是确保青年自由而全面地发展。第五，坚持以立德树人为根本，全员全过程全方位育人是新时代青年工作理论对青年工作遵循教育规律的强调。第六，代表广大青年、赢得广大青年、依靠广大青年是做好青年工作的重要保证和根本路径。这是新时代青年工作理论对党青年工作一贯遵循的工作原则的继承与坚守。第七，制定颁布国家青年发展政策是新时代青年工作理论的重大贡献，这是一项历史性的政策补白，将在很长一段时间内成为我国青年工作的行动纲领。第八，打造党委领导，政府、群团、社会协同施策的工作格局是新时代青年工作理论凝聚系统合力发挥整体作用的重要举措。第九，突出强调服务青年与引领青年是新时代青年工作理论的重大时代转向。只有深入青年中去，才能了解青年关注的思想"热点"，把握青年的舆论"焦点"，解决青年发展的关键"痛点"；只有切实维护好青年的利益，满足青年的发展需求，才能更好吸引和凝聚青年，才能促进青年与社会的和谐发展，切实提高青年工作的实效。第十，必须把培养中国特色社会主义事业建设者和接班人作为新时代青年工作理论根本目标，这既是新时代新青年的社会价值，也是青年工作的国家要求。第十一，以共青团改革和群团改革为重要抓手是新时代青年工作理论追求系统合力的突破口。切实提高共青团作为党和政府联系青年的桥梁和纽带作用，强化群团工作的群众基础和执政基础。

最能体现新时代青年工作理论系统性理论品格的是全员育人、全过程育人、全方位育人的思想。它直指当下我国青年工作存在的一个根本性问题：系统内部和外部各种力量呈现互相割裂的状态，难以形成青年工作的系统合力。就青年工作系统内部而言：首先，共青团作为协助党开展青年工作的重要组织，存在着不容忽视的"政治性、先进性、群众性"不足和"机关化、行政化、贵族化、娱乐化"有余的现实问题，不利于凝聚青年代表青年，更无法有效地组织青年与服务青年。其次，青年工作只有相关人员参与，比如思想政治辅导员、思想政治理论课教师等，其他诸如图书馆工作人员、后勤服务人员等很少参与，因此，青年活动的重要场域应该发挥的青年引领与青年服务功能弱化，同时，各参与主体之间没有组织统筹和系统联系，青年工作的全员育人合力无法发挥。再次，系统性、针对性、持续性、贯穿性的青年工作缺乏整体设计，关注重大时间节点而忽视青年工作的日常化和长期性，青年工作的全过程育人合力大打折扣。最后，青年工作的载体和资源没能有效整合，思想引领的理念没能渗透到青年生活和青年工作的所有场域，尤其是网络空间，青年引领工作无法有效开展，青年工作的全方位育人合力尚待提升。就青年工作系统外部而言，统筹协调青年发展工作的体制机制还不完善，各方面共同推进青年发展的合力有待进一步形成。各种社会力量之间常常处于彼此消解、互相抵牾的状态，需要整合为实现青年工作育人目标的"系统合力"。基于此，新时代青年工作理论在形成系统合力的目标下提出"三全育人"思想，在青年发展政策中明确青年工作的多方协同工作格局，在共青团改革中明确青年工作的协调机制和工作体系。

新时代青年工作理论的整体性一方面是指它包含的顶层设计、具体部署和方法论三部分之间形成了一个有机统一、紧密相连、逻辑严密、层次分明的整体；另一方面是指它的战略举措内含着整体性思维。

在顶层设计上，发展目标、发展理念、发展原则、发展方向这四个部分中青年发展的目标将其他三方面紧紧地联系在了一起。青年首先发展是激发青年主体意识、提升青年主体能力的重大机制保障，从国家层面确保了青年发展的首要地位；党管青年原则为青年主体性发展提供了强大的组织保证和政治保证；青年主体性发展一方面需要以实现中国梦为时代背景与历史任务，另一方面也是推动中国梦实现的重要力量。同时作为顶层设计的青年发展政策与青年工作机制的实施与确立，都是将青年主体性发展作为核心动力进行全面规划的。在具体部署上，有群团发展意见、共青团改革方案、青年发展规划等多重行动纲领性文本。在对党的群团工作长期奋斗历史经验进行科学总结的基础上提出坚持中国特色社会主义群团发展道路，对于新时代群团组织如何做好青年工作给出了明晰的路线图，也是共青团改革发展的根本道路；共青团改革方案坚持问题导向，重在加强团的基层组织活力，构建"凝聚青年、服务大局、当好桥梁、从严治团"的工作格局；青年发展政策中十大重要领域的发展目标和具体举措涵盖了青年发展的全面需求。在方法论上的整体性主要体现在青年工作始终是在推进中国特色社会主义实践、推进国家治理体系和治理能力现代化的大格局中不断发展，因此它既要服务于国家整体改革与发展的"公转"，围绕中心服务大局，又要进行自身体制机制改革的"自转"，创新工作形成特色。在共青团改革的整体思路中，整体性则体现在共青团内部问题的整体性定位、共青团从中央到地方系统内的整体性安排以及共青团改革各环节逐步推进的整体性谋划。如在共青团改革面临"强三性"和"去四化"的突出矛盾时，要认清二者之间的整体关系，"以增强共青团政治性、先进性、群众性为共青团改革创新的根本遵循，以破解'四化'问题为共青团改革创新的基本方向，通过'去四化'的改革举措达到'强三性'的改革目标"[①]。这两组矛盾与现实问题的整体关联成了共青团改革的基本原则。顶层设计、具体部署和方法论各自内部是一个关系整体，三者又紧密相连，构成了新时代青年工作理论的三大层次。

（四）政治性和协同性的实践方向

新时代以习近平同志为核心的党中央继承中国共产党的优良传统，高度重视青年工作，将其视为重大的政治任务和战略工程，强调青年工作的政治方向和政治意义，具有鲜明的政治性。具体表现在：首先，强调党管青年的工作原则，从加强党的直接领导的角度确保青年工作永葆正确的政治方向，有利于青年工作在党的领导下充分发挥国家发展的生力军作用。其次，在共青团改革中强调必须强化共青团的政治属性，把准政治方向，强化政治功能。习近平在共青团十八大报告中明确提出"政治建团、思想立团、固本兴团、改革强团、从严治团"的原则和思路。这种政治性是共青团第一属性的定位，明晰了青年工作与一般事务性工作的不同，同时也强调了共青团在服务育人过程中必须尊重思想政治工作规律。再次，在青年教育与培养上重视青年的理想信念教育和社会主义核心价值观教育，确保青年成长过程中坚持正确的方向，确保中国特色社会主义事业后继有人。他强调"要引导学生从社会主义思想源头和历史演进中，从我们党探索中国特色社会主义历史发展和伟大实践

---

[①] 刘佳：《论共青团改革实践重心、思维方法和行动前瞻》，载《青年发展论坛》2017年第1期，第67页。

中，认识和把握人类社会发展的历史必然性，认识和把握中国特色社会主义的历史必然性，不断树立为共产主义远大理想和中国特色社会主义共同理想而奋斗的信念和信心"①。同时将"立德树人"确定为青年教育的根本任务，要求广大青年不断培育和践行社会主义核心价值观，系好人生的第一粒扣子。

新时代青年工作理论在理论渊源与大量实践经验总结的基础上充分尊重和把握了青年成长与发展规律、青年教育规律，强调以系统协同的思维方法和工作方法推动青年的主体性发展和全面发展。这些规律一方面是马克思主义青年观和中国化马克思主义青年观发展的总结，另一方面是习近平结合中国青年发展实际和国际国内对当代青年发展的时代要求进行的探索。尊重青年发展规律，就是以把握青年与社会的互动规律为关键，追求青年个体与群体的生理性发展、认知性发展和社会性发展，最终实现青年的主体性发展和全面发展。新时代青年工作理论强调青年创新发展。创新是青年本质的集中体现，既需要青年群体主动承担历史使命和时代责任，也需要整个社会全方位的支持作为保障。所以，习近平"希望广大青年学生把自己的人生追求同国家发展进步、人民伟大实践紧密结合起来"，"在创新创业中展示才华、服务社会"②。青年发展规划强调了全社会协同施策整合资源助力青年发展的工作格局。在这个过程中不仅需要青年与社会的协同发展，也需要青年自身各方面的协同发展，如身心协调、人格体格协调等。新时代青年工作理论提出"青年首先发展"的理念也是在协调青年发展与国家发展的梯度和次序。尊重青年教育规律，就是在尊重教育的一般规律的前提下，尊重青

---

① 中共中央文献研究室编：《习近平关于青少年和共青团工作论述摘编》，中央文献出版社2017年版，第40页。
② 中共中央文献研究室编：《习近平关于青少年和共青团工作论述摘编》，中央文献出版社2017年版，第49页。

年的特殊性本质与特殊性需求，强调青年教育的特殊目标、内容、路径与方法。尤其是在加强青年的思想政治教育上，习近平就青年思想政治教育的地位、目标、任务、价值、内容、方法等形成了一系列新思想，都是为发展青年的主体性意识和主体性能力所做出的理论创新。在青年工作规律的把握上，习近平主要在对共青团工作和群团发展的意见中提出了工作原则和工作方法的创新，要求共青团在"强三性"和"去四化"的过程中增强吸引力，在组织青年、凝聚青年和服务青年中做好青年工作。

（五）亲和力和感染力的话语表达

话语是人类交流最直接、最重要的载体和符号。话语内容和话语表达不仅能展示个体的思想、立场、态度和情感，还能展示一个国家国民的整体形象。国家领导人通过话语表达对外传播国家形象，外媒也是从国家领导人的政治话语表达中分析其治国理政思想。新时代青年工作理论的话语特征表现在习近平谈治国理政过程中的用典用语，形成了具有"中国风格"和"中国气派"的话语表达。习近平总书记善于使用典故民谚，活用诗文古句，将大道理融入小故事，将深理论化入流行新句中，摆事实和讲故事与青年同频共振，用幽默话和大众话为青年解疑释惑，用古籍经典和连珠妙语引领青年思想。无论是话语内容还是话语风格，都彰显着深厚的文化自信和理论自信，表征着浓浓的爱国情怀和亲民情怀，展示出高超的语言艺术。习近平总书记的语言艺术具有民族性，深植于中华优秀传统文化的根脉中；具有人民性，话语朴实贴近群众，让百姓听得懂、记得住、用得上；具有时代性，把握时代律动，彰显时代风格，凝聚共识，引发情感共鸣；具有生动性，运用话语修辞表达和行动逻辑转化，让党的创新理论"飞入寻常百姓家"。

话语表达无论是内容还是形式，都是思想的外化，其背后有着深层次的动力机制。习近平走近青年，与青年谈话时，经常用典故，形象生动,易于接受。实际上这与习近平精神世界的塑造与紧贴大地的实践密不可分。首先,他的语言风格来自坚定的理想信念。习近平的讲话始终贯穿着对马克思主义的信仰,对科学社会主义和中国特色社会主义的信仰,对中国共产党的信仰。他始终强调,只有坚定理想信念,才能凝聚全党和全国人民的强大力量,才能拥有实现中华民族伟大复兴中国梦所需要的精神动力。以坚定的理想信念做根基,习近平的话语表达就有了落脚点,也就始终做到了"不忘初心"。比如他在对青年谈理想信念时强调,"信仰问题是头号问题""革命理想高于天""理想信念是共产党人精神上的'钙',精神上'缺钙'就会得'软骨病'"等等,以此激励广大青年树立崇高理想信念,培植家国情怀,砥砺前行,为实现中华民族的伟大复兴而奋斗。其次,他的语言风格来自扎实的理论根基。他将读书学习当成一种生活态度、生活方式和精神追求。他不仅学习马克思主义理论,还学习其他社会科学知识;不仅向书本学习,还向实践学习。扎实的理论根基使他的语言内容能始终围绕着马克思主义理论与中国化实践展开,有思想深度和理论厚度,保持着马克思主义政党与时俱进的理论品格,不断开辟马克思主义中国化的新境界。所以在话语内容"连天线"的基础上,创新话语表达方式才会实现理论"接地气"的传播效果,才会让理论被群众所掌握。再次,他的语言风格来自深厚的文化修养。习近平指出:"博大精深的中华优秀传统文化是我们在世界文化激荡中站稳脚跟的根基。中华文化源远流长,积淀着中华民族最深层的精神追求,代表着中华民族独特的精神标识,为中华民族生生不息、发展壮大提供了丰厚滋养。"[1]习近平之所以能够巧妙用典,传统文化的"金句"能够随口而出,源自他对中华优秀传统文化的积累,也源

---

[1] 教育部课题组:《深入学习习近平关于教育的重要论述》,人民出版社2019年版,第233页。

自他对国外有益文化的学习吸收。习近平在论述中国梦时讲道：中华民族走过了"雄关漫道真如铁"的昨天，正豪迈地跨越"人间正道是沧桑"的今天，"长风破浪会有时"的美好明天在招引着我们前行。回首历史，他饱含深情："我仿佛听到了山间回荡的声声驼铃，看到了大漠飘飞的袅袅孤烟。"①他在身体力行地感召当代青年学习并传承中华优秀传统文化，从中找到前进的精神动力，主动讲好中国故事、传播中国智慧，做中华文明的传播者。最后，他的语言风格来自真挚的人民情怀。他亲身实践，与人民在一起，了解青年所需，用青年喜闻乐见的网络语言拉近与青年的距离，列举优秀青年代表的实例感召青年。《在纪念五四运动100周年大会上的讲话》中，习近平举了从马克思到爱因斯坦，从贾谊到王勃，从毛泽东、周恩来、邓小平到赵一曼、邱少云的例子，证明自古英雄出少年，号召广大青年奋发有为，建功新时代。他借用有些同志的自嘲表述了当前青年工作和宣传思想工作失语的状态："与新社会群体说话，说不上去；与困难群众说话，说不下去；与青年学生说话，说不进去；与老同志说话，给顶了回去。"②这些表面看似表达技巧和表达能力不足，实际上背后都是与人民、与青年、与新社会群体有了物理空间和心理空间的距离造成的。他在实践中躬身示范，在海南省调研时，他谈到"小康"话题时脱口而出的"小康不小康，关键看老乡"③，借老百姓常用的词语"老乡"来对应"小康"，朗朗上口随和幽默，话锋精锐却举重若轻，一下子拉近了和"老乡"的距离。

习近平强调青年培养要"墩墩苗"，用"人生的扣子从一开始就要

---

① 习近平：《弘扬人民友谊　共创美好未来——在纳扎尔巴耶夫大学的演讲》，载《人民日报》2013年9月8日，第3版。
② 习近平：《干在实处　走在前列——推进浙江新发展的思考与实践》，中共中央党校出版社2006年版，第419页。
③ 转引自兰红光：《中央农村工作会议在北京举行》，载《人民日报》2013年12月25日，第1版。

扣好"表达了对青年人生价值养成的殷切期望；用"三寸粉笔，三尺讲台系国运；一颗丹心，一生秉烛铸民魂"① 表达了对教师队伍的关心与重视，拉近了与广大师生的距离；用"撸起袖子加油干""幸福都是奋斗出来的""天上不会掉馅饼，努力奋斗才能梦想成真"等话语激励广大青年。习近平总书记以自身实践为青年示范，教导青年要坚定理想信念，志存高远；要努力学习，扎实理论根基；要提升文化修养，扎根大地紧贴实践。新时代青年工作理论在话语表达上以理想信念为骨，以传统文化为血，以青年话语为肉，真正体现了"中国风格"和"中国气派"。

---

① 习近平：《做党和人民满意的好老师——同北京师范大学师生代表座谈时的讲话》，人民出版社2014年版，第14页。

# 第六章　新时代青年工作理论的时代价值

习近平关于青年工作的重要思想是新时代青年工作理论的核心，是马克思主义青年观与中国青年发展、中国青年工作实践相结合的产物，也是对中国青年运动百年实践的经验总结和时代发展，彰显着马克思主义的真理力量，表征着中国共产党不断进行理论创新、发挥党的理论优势的努力。它以系统化的内容体系、整体化的理论逻辑构建起了科学化的中国特色青年工作理论体系，成为中国青年发展与青年工作的思想指南与行动纲领。

## 一、新时代青年工作理论的理论价值

新时代青年工作理论的系统性和科学性，决定了它深厚的理论价值，为指导青年工作实践提供了坚实的理论保证，为提高青年工作实效、推动青年工作现代化提供了扎实的理论基础。

### （一）继承和发展了中国化马克思主义青年观

马克思主义青年观从青年本质入手，系统地阐释了青年的价值属性和社会定位。马克思主义青年观所具有的立场、观点和方法，成为党面对中国青年发展具体实际、思考青年发展方向、解决青年发展问题、做好青年工作的思想法宝和基本遵循。它从整体上全面看待青年、在具体工作中严格要求青年、根据青年的不同层次和特点开展工作、最大限度地团结青年的工作方法在当今时代依然有着强大的生命力。在此基础上，中国共产党结合中国青年发展的具体实际，认真研判、科学谋划、精准施策，开创性地建构了中国特色青年工作理论。仔细梳理马克思主义青年观中国化的发展过程，可以清楚地看到，青年地位始终以"做社会主义事业的建设者和接班人"为思想内核，经历着从"先锋队和突击队"到"生力军""主力军"再到"中坚力量"，从"国家和社会发展的生力军"到"既是国家和社会发展的生力军，也是党和人民事业的生力军"的演变过程，能够看出青年在国家发展中的主体地位的上升，这背后有着深刻的历史逻辑与现实逻辑。习近平总书记鉴于新时代青年在国家社会发展中的重要性逐步增强、青年发展与国家发展之间的关系越来越紧密的现实，将青年视为"双生力军"和"晴雨表"，将青年视为社会变迁的集中反映、影响整个国家和社会发展的重要力量，进一步明确了当代青年在实现中华民族伟大复兴中国梦、推进全面深化改革、推进国家治理体系和治理能力现代化的历史征程中的中坚作用，也为新时代青年工作理论与实践奠定了认识基础。在继承"实现青年的全面发展"的思想基础上，习近平总书记抓住了青年主体性发展的现实诉求，构建了以青年首先发展为理念、以青年主体性发展为目标的青年教育内容体系和青年工作格局。从顶层设计到中观布局到微观举措，都紧紧围绕着"青年成长成才"这个中心，服务"青年主体性发展和全面发展"这个大局，为青年实现中国梦创设人人皆可成才、人人都能出彩的社会环境。

（二）丰富和拓展了中国青年运动的实践经验

"五四运动以来的100年，是中国青年一代又一代接续奋斗、凯歌前行的100年，是中国青年用青春之我创造青春之中国、青春之民族的

100年。"① 中国青年始终将青春梦与国家梦、民族梦融为一体，自觉担当起国家富强、民族振兴的历史使命。爆发于1919年的五四运动，标志着中国青年首次以群体方式登上中国的政治舞台，从此开启了中国青年运动的百年实践。总结百年中国青年运动史，可以清晰地看到，中国青年运动始终是在党的领导下，与救亡图存、寻求解放、改革开放、现代化建设的国家发展主题同向同行，中国青年主动参与传播马克思主义等新思想、新文化、新知识，掀起了一场场思想启蒙、文化启蒙、社会变革的运动。其中，"坚持党对青年的领导"是青年运动的根本原则，马克思主义是指导青年运动实践的思想理论基础，"爱国、民主、科学、进步"是青年运动的精神底色，"与工农结合、与人民群众一起"是青年运动的行为方向。总结百年青年运动的成功经验，习近平总书记提出了在"坚持党对青年工作的领导"原则下，推进共青团和群团组织改革、强化对青年的思想引领、强调青年首先发展的社会资源整合等一系列论断，是对新时代中国青年运动的主题与方向的深刻把握，明确了"新时代中国青年的使命，就是坚持中国共产党领导，同人民一道，为实现'两个一百年'奋斗目标、实现中华民族伟大复兴的中国梦而奋斗"②。新时代，中国梦从根本上就是青年梦，中国梦需要青年助力，中国梦成就青年发展。

（三）系统化建构了中国特色青年工作理论体系

马克思主义青年观中国化的历史演进过程实际上就是中国特色青年工作理论体系不断科学化和整体化的过程。在毛泽东、邓小平、江泽民、胡锦涛等领导人对马克思主义青年观中国化和时代化的创新实践中，中国特色青年工作理论体系逐步形成并接续发展。毛泽东青年观是

---

① 习近平：《在纪念五四运动100周年大会上的讲话》，人民出版社2019年版，第5页。
② 习近平：《习近平谈治国理政》第3卷，外文出版社2020年版，第333页。

马克思主义青年观中国化的开端，为体系的构建引入了科学的马克思主义哲学基础。邓小平青年观为马克思主义青年观赋予了本土的时代化特征，为体系的构建积累了丰富的实践经验。同时，青年人才培养工作积累的大量经验成为中国特色青年工作理论体系形成的重要思想资源。江泽民站在现代化建设、民族存亡的战略高度，着重从青年教育观、人生价值观等方面论述了重视和加强青年工作的重要性。至此，中国特色青年工作理论体系的逻辑框架初步显现。胡锦涛青年观丰富和完善了中国特色青年工作理论体系，为中国青年运动发展指明了正确的方向。

习近平关于青年工作的重要思想则在此基础上将中国特色青年工作理论体系不断具体化、系统化，构建起了科学完整的中国特色青年工作理论体系。之所以称其为科学完整的理论体系，是因为它既具有严密合理的理论基础，又具备鲜明的时代主题；既具备科学的方法论，能够系统回答新时代青年发展的历史性问题，又以极强的内部逻辑架构起了集思想性、理论性和现实性于一体的知识体系，最终形成了涵盖哲学基础、理论支撑、核心要义、工作原则、工作方法和工作动力等的一套逻辑清楚、结构完备、特征鲜明的理论体系。它全面系统地对青年地位、青年发展、青年教育和青年工作等核心问题进行阐述和剖析，呈现出了中国特色青年工作理论体系严密科学的内部逻辑。它在厘清青年与历史、青年与党、青年梦与中国梦、青年价值观与社会主义核心价值观等关系基础上，以尊重青年的主体性、重视青年事业发展为核心要义，以"党管青年"为根本原则，以"青年首先发展"为基本理念，坚持历史、现实与未来相统一，理论与实践相统一，辩证继承与创新发展相统一的方法论，坚持中国青年运动的社会主义方向，形成了中国特色青年工作理论的科学体系。

（四）指导和引领了新时代青年工作与青年发展

当代青年是高度分化的一代，"纯正"的网络化一代，平等自信的国际化一代,价值观和思维方式包容开放的一代。① 他们在行为选择、人际交往、价值取向、道德评判和身份认同等方面面临着多重困境。习近平总书记从青年地位与价值上强化青年的理想信念,从青年教育与培养上增强青年的精神动力,从青年工作开展上强调青年的思想引领,为青年摆脱现实困境、增强奋进动力提供组织保障。

新时代青年工作理论对青年工作的现实问题进行了制度破解。针对我国因青年政策长期缺失导致青年工作成效受损的现实,制定颁布《规划》,指导青年发展走向,这是国家与青年关系由规约保护走向主体赋权的政策化转向,更是将青年思想、青年工作列为国家议题的重要举措。针对群团组织发展中出现的突出问题,制定《意见》,强调群团组织要"强三性""去四化",坚定不移走中国特色社会主义群团发展道路。针对共青团吸引力凝聚力不够、工作有效覆盖面不足等问题,推行《方案》,对团的组织制度、干部制度、运行机制、工作方式、工作领域进行全方位深层次的改革,为共青团更好地凝聚青年、服务青年提供了实践指导。《在纪念五四运动100周年大会上的讲话》中,习近平对新时代青年工作提出的三点要求,更是在坚持党对青年工作的领导下全社会为青年创造人人努力成才、人人皆可成才、人人尽展其才的发展条件的时代宣言和政治承诺。

新时代青年工作理论有助于全面推进青年工作的科学化。它巩固了党的青年群众基础,实现青年全面发展;它提出了中国特色社会主义群团道路理论,为深化共青团改革确定了基本方向;它确立了青年工作的基本理念,完善了青年工作的制度设计,阐释了青年工作的科学方法,全面深化了青年工作改革,推动青年在国家治理中积极发挥作用,为青

---

① 樊泽民:《价值多元时代的当代青年研究》,载《党政干部学刊》2015年第9期,第59—61页。

年主动担当中华民族伟大复兴的历史重任提供保障；它体现了鲜明的战略思维、辩证思维和创新思维，提升了青年工作的科学化水平、中国青年的社会影响力和国际影响力，在谋大势、定大局、抓根本中实现了中国特色青年工作理论与实践的创新发展。

## 二、新时代青年工作理论的实践价值

新时代青年工作理论具有丰富的实践价值，具体体现在：在国家维度上，为青年在国家富强和民族振兴中发挥角色作用和责任担当提供保障；在社会维度上，整合社会力量，形成全社会关心青年服务青年的良好氛围；在个体维度上，尊重青年的主体性，促进青年的全面发展。

### (一) 巩固党的青年群众基础，实现青年全面发展

当代青年已经是党执政兴国的重要群众基础，是国家发展的重要社会力量。强化青年的思想引领，扩大青年工作的有效覆盖面，建立群团组织直接联系青年、服务青年的工作机制，提高共青团等群团组织的吸引力、凝聚力，成为当前夯实和巩固党的青年群众基础的关键。新时代青年工作理论从多个角度全面规划，以帮助青年实现自身全面发展为目标，巩固党的青年群众基础。首先，从思想引领入手，实现对青年的凝聚和影响。强调尊重青年的主体地位，针对青年需求和接受特征进行全方位的思想教育；强调共青团等群团组织发挥社会实践和体验教育的优势，让青年学生在体验中成长，在实践中锻炼；强调思想政治工作和宣传思想工作要利用多种媒体，贴近青年实际，贴近青年生活，做到"因事而化、因时而进、因势而新"；强化理想信念教育，为青年在接力奋斗中实现中国梦提供精神动力。其次，从组织提升入手，全面扩大群团组织的有效覆盖面。2013年6月20日，习近平在同团中央新一届领导班子集体谈话时强调新时期共青团的工作方向就是"两个提高"（提高团的吸引力和凝聚力）和"一个扩大"（扩大团工作的有效覆盖面）。

扩大团工作有效覆盖面关键是要把工作延伸到广大青年最需要的地方去。团组织要建在青年的活动空间里，团组织要针对青年的需求开展青年工作。为此，《方案》提出了一系列措施强化共青团的组织凝聚力。再次，从关心青年、服务青年入手，帮助青年解决困难。一方面要求广大团干部"不做青年官，争做青年友"，另一方面整合社会资源，把青年事务管理纳入公共管理的职能范畴，提高服务的针对性和有效性，切实在服务中凝聚青年，吸引青年，发展青年。在思想引领中凝聚青年，在组织提升中影响青年，在服务青年中帮助青年，从而巩固党执政的青年群众基础，既有助于在新时代提升党的执政能力，加强党的自身建设，也有助于实现青年的全面发展。

新时代青年工作理论的最终目标是要促进青年的全面发展。所以它强调从激发与培养青年的主体意识和主体能力入手，尊重青年群体的社会分化，尊重不同青年群体的个性差异，有针对性地进行青年教育。同时在青年全面发展中强调和谐理念，重视青年自身的身心和谐，重视青年与社会的和谐发展。党管青年引领青年发展，共青团自身改革服务青年发展，完善政策规划助力青年发展，社会多方力量关心青年发展，新时代青年工作理论在实践中全面推动了青年的成长与发展。

（二）深化共青团改革，提高共青团的思想引领能力

新时代青年工作理论是共青团改革的指挥棒和施工图。习近平推进共青团改革是要重点解决青年组织脱离群众的问题，也就是聚焦脱离青年群体这个根本问题，将共青团改革作为全面深化改革、全面从严治党、推进国家治理体系和治理能力现代化的重要举措加以部署。他提出坚定不移地走中国特色社会主义群团道路理论，为共青团改革确定了基本方向，具有科学的实践价值导向作用；调整团代表的选拔机制和干部制度，增强团的代表性和广泛性；建立直接联系、服务、引导青年的工作机制让更多的青年在直接参与团的工作中增强获得感；推进"网上共

青团"建设，实现对青年的有效覆盖和组织动员；加强基层团组织建设，创新工作，更好地服务青年健康成长。所以对团的组织制度、干部制度、运行机制、工作方式、工作领域等方面进行全方位深层次的改革是新时代青年工作理论关于共青团改革的整体性战略谋划，为共青团更好地凝聚青年、服务青年提供了实践指导。

（三）加强青年工作的制度设计，提升青年工作的科学化水平

新时代青年工作理论重视顶层设计和制度建设，从根本上和基础上提升青年工作的规范化和科学化水平。它从青年工作的组织制度、干部选拔制度、青年工作的运行机制、青年工作的联动机制、青年工作的保障机制等层面加强制度设计。如对各级团代表的人员构成比例、共青团工作运行方式、青年对工作的评价机制、专兼挂的干部队伍建设、团干部直接联系青年制度、青年工作的阵地建设、社会力量多方联动的机制、青年工作的制度保障和经费保障等进行调整。这些制度设计是在遵循新时代青年工作规律的前提下所做出的科学决策，为青年工作科学化搭建了平台，大大提升了青年工作的实效性，找到了新形势下青年工作的有效方法，实现了青年工作的机制创新和组织创新，为推动青年工作更好助力中国特色社会主义建设发挥着重要的保障作用。

（四）指导中国特色青年运动实践，提升青年的国际影响力

新时代青年工作理论作为青年工作的行动纲领，其各种战略安排和行动举措都是为了推动中国青年的全面发展，助推青年在实现中华民族伟大复兴中国梦的实践中发挥生力军的主体作用。它号召当代青年主动参与国际交流，在国际交往中展现中国青年的风采，进一步提升青年在国际舞台的影响力。它明确了党对中国青年运动的领导原则，明确了中国青年运动必须坚持马克思主义的思想指导，把握了中国青年运动的时代主题和正确方向，明确了中国青年运动高举习近平新时代中国特色社

会主义思想伟大旗帜。在新时代青年工作理论的正确引领下，中国青年运动坚持与党同心、与人民同行，用中国梦激扬青春梦，用青春梦助力强国梦，在奋斗中实现青春价值，推动实现民族复兴梦。

（五）推动青年深度参与国家治理，激发青年的社会影响力

我国青年发展政策一直散见于党委、人大、政府、群团各系统的相关法律法规之中，缺乏系统性和整体性。新时代青年工作理论站在党和国家长治久安的高度，对青年的全面发展进行了统筹，从党委、政府、群团、社会等各方面协同施策的角度进行政策安排和制度设计，有序引导青年理性参与国家和社会事务，推动青年全面深入地参与国际青年事务。不仅将青年发展议题融入党政工作的具体内容，而且将其融入国家治理现代化的各领域、各环节中，使得青年能够获得更多的社会关注和更好的政策支持，扩大了青年的社会影响力，有助于全方位展示当代中国青年的良好风貌。尤其是十九届四中全会后，共青团系统全面深化改革，必将从组织系统内部的结构性改革转向规范性的内涵式制度性建设，不断提高规范制度、运用制度进行青年事务治理的能力。

我们可以从共青团组织职能的内涵演变和不断丰富的过程中看出，从一以贯之的"党的助手和后备军""在实践中学习中国特色社会主义和共产主义的学校"，到不断丰富的"党联系青年的桥梁和纽带""国家政权的重要社会支柱"，共青团组织在确保青年发展的政治方向上职能属性未变，不断丰富的是其联系服务青年的社会职能和协助党和政府管理青年事务的公共职能。也就是说，共青团作为参与国家治理的重要力量，需要在引领凝聚青年、组织动员青年、联系服务青年中深度参与并积极为国家治理体系和治理能力现代化作贡献，需要推动完善中国特色青年工作制度体系，从根本上推动青年事务治理的现代化。

新时代青年工作理论运用辩证思维抓根本，确立了青年工作的价值理念；运用战略思维定全局，加强了青年工作的制度设计；运用历史思

维谋大势，把握了青年工作的方法论；运用创新思维促发展，进一步深化了青年工作改革。新时代的青年工作实践需要增强协同化思维、社会化思维和网络化思维，进一步完善党对青年工作集中统一领导的制度，完善青年思想政治教育的常态化制度，完善引领服务青年的制度，切实提高引领力、组织力、服务力，把党的青年工作制度优势转化为治理效能，切实提升对国家发展大局的贡献度，彰显青年工作的时代价值。

# 第七章 新时代党领导青年工作的具体实践与基本经验

十八大以来，党领导青年工作始终坚持问题导向，实现理论突破，创新工作实践。在具体实践中，以提升青年工作的动员力、吸引力、凝聚力、组织力和服务力为目标，围绕中心工作，完善制度设计，加强思想引领，强化组织建设，提升服务能力，在全面服务青年主体性发展、推动青年事务治理体系和治理能力现代化上做了大量开创性的有益尝试，为中国青年运动紧扣时代主题、服务国家发展大局提供了制度保障和动力支持，也积累了大量先进经验，一方面丰富了中国特色青年工作理论体系，另一方面也为世界青年工作发展提供了中国方案和中国样本。

## 一、新时代党领导青年工作的具体实践

### （一）围绕中心工作，提升青年工作的动员力和贡献度

围绕中心工作，服务党和国家发展事业的大局是青年工作尤其是团的工作主线。在大局下思考，在大局下行动，应该也必须成为青年工作的一条重要逻辑。十八大以来，党的青年工作积极引导和动员广大青年用青春梦助力中国梦，紧紧围绕统筹推进"五位一体"总体布局，协调推进"四个全面"战略布局，聚焦打好"三大攻坚战"，找准青年工

作为党分忧、为党尽责的切入点、结合点、着力点，在改革发展稳定的第一线建功立业，推动青年在国家治理中充分发挥生力军的作用，提升青年工作在党和国家工作大局中的贡献度。

在乡村振兴、脱贫攻坚的重大战略中，共青团组织青年们赴贫困地区进行教育扶贫、产业扶贫、电商扶贫，帮助当地农民开发特色产业，解决农产品销售问题，同时在乡村人文环境提升、青年返乡创业等方面起到了助力作用。大中专学生志愿者利用暑期文化科技卫生"三下乡"社会实践活动，开展实践调研，利用专业所学努力推进农村精神文明建设。大学生村官用脚步丈量土地，用青春担当在乡村振兴事业上发挥重要作用。大量的青年返乡创业，成为乡村振兴的"领头雁"。为了更好地激发返乡青年的创业热情，共青团中央印发了《关于深入开展乡村振兴青春建功行动的意见》，积极引导、支持、服务高校毕业生和外出务工青年返乡就业创业，培育本土人才兴乡，服务在外人才返乡，动员社会人才下乡，为人才助力乡村振兴形成有效机制，培育了乡村全面振兴的新动能。

在全国抗击新冠肺炎疫情的战役中，各级共青团组织在党委领导下，依托青年突击队、青年志愿者、希望工程等，广泛动员团员青年投身疫情防控人民战争。在疫情前期，共青团组织一方面教育引导广大青年服从抗疫大局，另一方面组织青年参与社区志愿服务，从根本上为维护国家安全稳定保住了基本盘；在疫情攻坚期，共青团组织广大青年在各自岗位上扎实工作，参与抗疫疫苗研制、一线救治和一线防疫，全国有5.2万余支青年突击队、111.8万余名团员青年奋战在医疗救护、交通物流、项目建设等抗疫一线；在疫情常态化阶段，广大青年一方面继续防疫维持抗疫成果，另一方面积极投身经济生产和各项事业，在实现二季度GDP强势反弹、确保2020年经济发展目标的基础上不断努力。可以说在抗击疫情的各条战线上，都有共青团团员的身影，都有中国青年的贡献。青年工作在突发公共危机面前第一时间响应，迅速动员广大青年参与到各地联防联控、群防群治等工作中，参与到抗击新冠肺炎疫情的总体战、阻击战中，为夺取抗击新冠疫情的最终胜利做出了重要的贡献。

"一带一路"等倡议，引导青年成为中国精神的践行者和中国故事的传播者。新时代的中国青年积极响应党中央提出的"一带一路"倡议，在中尼跨境互联网光缆的"数字丝路"、中巴经济走廊塔尔电站、蒙古国设计建造两座桥梁的过程中，承担技术攻关、施工建设等核心工作。中国技术造福丝路沿线人民，中国精神夯实丝路友谊，中国力量推动丝路国家共同发展，推动人类命运共同体理念走深走实。他们传承中国精神，身体力行"工匠精神"为"一带一路"建设工程质量保驾护航，以奋斗者的姿态将个人价值融入中华民族伟大复兴中，在推动中国与世界的互联互通中书写着中国青年的实践与担当。当然他们也以实际行动向全世界展示中国与世界的相处之道，宣示中国的大国外交，推动中华文化"走出去"，成为在世界各地讲好中国故事、传播中国形象的参与者、见证者和贡献者。

## （二）完善顶层设计，提升青年工作的制度化和法治化

制度是管根本、管长远的。从青年工作的队伍建设、组织建设、纪律建设等方面找到制度漏点，进行制度完善，提升青年工作的制度化和法治化，是新时代青年工作必须解决的关键问题，是青年工作全面深化改革的根本性保障。进入新时代，党在领导青年工作时，着力从制度体系建设上破局，构建新时代青年工作发展的制度基础，进一步健全共青团内部的基础制度体系，并将群团改革的成果进一步制度化，实现改革成果的最大化，切实提升了青年工作的法治化和现代化水平。

构建新时代青年工作发展的制度基础。作为青年工作的重要组织，共青团的组织建设对于青年工作的现代化发展起着重要的作用，因此，

必须夯实共青团组织发展的制度基础。对共青团建设的行动纲领——《中国共产主义青年团章程》的修订,既是对共青团组织发展内在机理的遵循,也是对治党治国治团综合逻辑的依循。十八大以来,随着党的纲领、国家治理现代化的任务、青年发展的具体要求以及社会结构的变迁等全方位变化,共青团的发展面临着全新的环境和全方位的变化。团的十八大对团章进行修订,一方面体现习近平新时代中国特色社会主义思想,贯彻党的十九大精神,落实中央群团改革精神,推动青年事务治理现代化;另一方面,主动适应社会结构和青年发展需要的变化,创新共青团的组织形态和运行机制,打造青年工作的大格局。新的团章成为接下来一段时间内党领导青年工作和共青团组织全面发展的制度性基础。

健全团内基础制度体系。团的组织力和吸引力成为当前共青团组织发展的关键问题。一方面需要通过完善组织体系、加强组织内部的自身建设、提升素质、改进作风来提升组织形象,另一方面通过加强思想引领、权益维护和优化服务增强青年的先进性和获得感,提升青年对党和国家的政治认同、思想认同和情感认同。为此,十八大以来,团中央制定《中国共产主义青年团基层组织选举规则》(中青发〔2016〕15号)和《中国共产主义青年团基层组织"三会两制一课"实施细则(试行)》(中青发〔2017〕5号)来加强团的基层组织建设;颁布《关于新形势下推进从严治团的规定》(中青发〔2017〕3号),抓好团干部队伍建设,增强团员先进性和光荣感,扩大组织覆盖面,增强组织活力,增强团组织的"政治性、先进性和群众性";制定《关于加强和改进新形势下高校共青团思想政治工作的意见》(中青联发〔2017〕10号),对新时代共青团思想政治工作提升针对性、亲和力、时代感和实效性提出了指导原则和总体要求;为了提升团的组织力,制定了《新时代团的组织力提升三年行动计划(2019—2022)》(中青办发〔2019〕8

号),在强基固本、素质提升和形象塑造三大维度提出了具体的改革措施和行动方案,并探索构建科学完善的基层团组织的组织力评价指标体系。这一系列制度体系的健全与完善,对于新时代全面提升青年工作的组织力和吸引力具有重大的现实意义。

以制度推进改革,固化改革成果;以改革完善制度,转化治理效能。《意见》《方案》《规划》的制定与实施,是十八大以来党领导青年工作、推动制度创新的重大举措,对青年组织的改革问题、服务青年需求问题、推动青年发展问题进行了国家层面的制度安排,为提升青年工作改革实效提供了制度保障。同时,制度发挥作用,必须依靠一定的执行机制和执行能力,将制度体系转化为治理效能。自青年工作的制度体系建立之日起,开展了从中央到地方、从高校到企业、从城市到农村,横向到边纵向到底的全方位改革,破解了制度壁垒,最大程度地发挥了制度的规范、协调和管理功用。

(三)强化思想引领,提升青年工作的吸引力和凝聚力

思想引领一直以来是党领导青年工作的法宝。帮助青年坚定理想信念、树立远大理想、主动融入国家和时代发展的潮流之中,是青年工作铸魂育人、为国育才的重要内容。习近平总书记强调要高举理想信念的旗帜,用科学的理论武装青年,用历史的眼光启示青年,用伟大的目标感召青年,用光明的未来激励青年,不断提高青年的思想水平、政治觉悟、道德品质和文化素养,最终助力青年发展成为德才兼备、全面发展的人才。十八大以来,党和国家从加强理想信念教育、深化青年马克思主义者培养工程、培育和践行社会主义核心价值观等维度,通过主题教育、社会实践、对外交流、朋辈教育等方式强化青年的思想引领,提升青年工作的吸引力和凝聚力。

以"四进"为手段,推动"一学一做"制度化常态化,加强理想信念教育。深化"青年大学习",带领青年深入学习习近平新时代中国

特色社会主义思想，通过讲话精神和治国理政新理念、新思想、新战略"进支部、进社团、进网络、进团课"，引导帮助青年坚定"四个自信"，不断增进对党中央的政治认同、思想认同和情感认同。推进"学习总书记讲话，做合格共青团员"制度化、常态化，创新落实"三会两制一课"，增强团员青年在组织生活中的参与感和获得感。通过讲授团课、解读形势与政策、指导社会实践等方式，创新思想政治工作载体和途径，引导广大青年在服务乡村振兴战略、助力打赢脱贫攻坚战中夯实理想信念。

以青年马克思主义者培养工程为抓手，着力培养青年人才。近些年中央采取措施，在高校、国企、农村全面推动"青马工程"，将其作为抓手，培养一批能够运用马克思主义的立场观点方法分析问题、解决问题，对党忠诚、信仰坚定、作风过硬的青年骨干。"青马工程"已经发展成为为组织培养输送推荐青年人才的重要渠道。"青马工程"在全国、省、市各层级培养青年，按照"少而精"的原则定期开办，以1年为培养周期。从2007年开始实施以来，截至2020年6月，各级"青马工程"共培养近200万人。2020年6月，共青团中央、教育部、民政部、农业农村部、国务院国资委又联合印发了《关于深入实施青年马克思主义者培养工程的意见》，对新时代深入实施"青马工程"作出部署安排，强调要逐步构建覆盖高校、国企、农村、社会组织等各领域优秀青年的分层分类培养体系，创新优化体制机制，不断强化"青马工程"为党育人的政治功能。

以培育和践行社会主义核心价值观为抓手，引导青年树立正确的世界观、人生观和价值观。通过校内实习、校外实践、志愿服务和公益活动等载体，健全培育和践行社会主义核心价值观长效机制，引导青年正确认知、有效传播、理性践行、适当引领，积极弘扬社会公德、职业道德和家庭美德。团中央通过开展向上向善好青年、大学生自强之星、大学生年度人物、践行社会主义核心价值观先进集体和先进个人等活动，在全国掀起向榜样学习的热潮。

（四）加强组织建设，提升青年工作的有效覆盖面和组织力

加强组织建设，一方面要建立直接联系、服务、引导青年的制度，让广大青年能够找到青年组织，另一方面，健全党领导下的以共青团为主导的青年组织体系，把工作延伸到广大青年最需要的地方，最终构建起"凝聚青年、服务大局、当好桥梁、从严治团"的工作格局，使青年组织成为联系和服务青年的坚强堡垒。十八大以来，团中央通过推动"网上共青团"建设与广大青年保持经常性联系，通过从严治团加强团干部队伍建设，通过推进青联、学联、少先队改革健全青年组织体系。2015 年，团中央提出开展区域化团建来加强城市街道的基层组织建设，在城市街道推动构建网格化管理、阵地化服务、社会化运作、功能化发展的区域整体性工作格局。同时，全国各地突破物理空间的局限进行虚拟空间和现实空间有效衔接的载体探索，如北京的"青年汇"、陕西的"青春驿站"、上海的"青春家园"、重庆的"市民学校"等，使青年组织成为广大青年遇到困难时想得起、找得到、靠得住的力量。

建立"青年之家"，扩展青年工作组织的社会性和公益性。根据青年聚集的新的时空特点和新的成长发展需求，依托各类城市社区、商区、园区等场所和空间建立的供广大青年交流互动、参与社会、获得服务的新型关系空间和组织形态，为青年提供文化学习、体育健身、休闲娱乐、婚恋交友、志愿公益、创业就业等各类服务。团中央在全国组建公益性、综合性服务场所"青年之家"，建立起"共青团+社会组织"的一体化青少年服务机制。在全国各地，"青年之家"成了务工子女的暖心课堂，成了空巢老人的活动阵地，更是青年志愿者们社会实践服务的大家庭。各地根据实际情况，联办活动、联建阵地、联动队伍，使得"青年之家"真正成为团组织、青年组织联系青年、服务青年的桥梁。

以"智慧团建"和"青年之声"平台打造"网上共青团",适应青年工作"线上"和"线下"全天候全方位的发展需要。2015年起,为了适应青年群体网络化生存的现实,团中央积极探索了"互联网+共青团"的网络育人新模式,以"智慧团建"平台实现基础团务网上管理,让青年可以在网上找到自己的组织,参与组织的活动,实现团内信息动态采集与管理;以"青年之声"平台实现青年诉求的反映与回应、青年权益的维护与服务,使青年关于工作、生活、学习、创业、社交等方面的诉求与困难可以直达团中央并得到反馈。这些平台成为共青团与青年联系的便捷通道。

为了克服脱离青年群众的问题,让团干部直接面向青年、深入青年,团中央建立了直接联系、服务、引导青年的制度。2017年起建立"8+4""4+1""1+100"工作机制,让团干部全方位融入青年。"8+4"就是力争每年1/2的机关干部在机关工作8个月、在基层工作4个月;"4+1"就是机关干部每周在机关工作4天、在基层工作1天;"1+100"就是每名团干部要与100名团员青年保持经常性联系。这种制度推动了广大团干部俯下身子去了解青年关心的热点、难点和痛点,真正地走群众路线。

在新形势下推进从严治团,建好建强团的基层组织,打通共青团联系青年的"最后一公里",是提升青年工作有效覆盖面的关键之举。团中央2017年1月10日通过的《关于新形势下推进从严治团的规定》(中青发〔2017〕3号)实施以来,全团上下狠抓作风,深刻领会中央八项规定的精神实质,坚决反对形式主义、官僚主义、享乐主义和奢靡之风这"四风",加强团干部和团员的教育管理,推进团干部述职和团员的测评工作制度化,进一步严肃组织生活、严明组织纪律、加强组织监督,为做好青年工作提供了作风保证。

深入推进青年组织改革,健全党领导下的以共青团为主导的青年组织体系。《学联学生会组织改革方案》（中青联发〔2017〕4号）下发以来，全国高校系统着力构建党领导下的"一心双环"团学组织格局，高校学生会、社团、研究生会积极响应，按照要求进行了机构改革，进一步明确了青年组织的职能作用，严实了工作作风，增强了群众组织的代表性，凸显了学生的主体地位。全国青联也按照团中央的要求，通过换届，努力向实现各行各业优秀青年代表在青联中有身份、有广泛社会影响的青年社会组织在青联有席位、占人口大多数的青年群体在青联有代表这三个前置性标志迈进了一大步。为了增强青联组织的凝聚力和组织力，2019年全国青联启动了"我和我的祖国"全国青联委员走基层宣讲活动，还持续推进了"青联思享汇"活动，进一步扩大青联的社会影响。

十八大以来，为了扩大团在"两新"组织的有效覆盖面，稳步推进非公企业团建工作，团中央分层分批分领域实施非公企业团建工作。依托区域化团建、"青年之家"推动规模以上非公企业的团建工作，对不符合条件的企业进行培育，探索通过先建立兴趣组织或者公益组织再适时建立团组织的方式，实现共青团在新经济组织和新社会组织中的有效覆盖。同时开始探索在大型园区内成立团组织，在园区管委会中设立团组织，全面开展园区非公企业的团建工作。

（五）提升政策服务，提升青年工作的针对性和服务力

新时代青年工作的科学化转向体现在由强化教育管理转向强化思想引领与服务育人并重，将解决青年的思想问题与现实问题相结合，在维护青年权益、服务青年成长中提升青年工作的针对性和实效性。

面对新兴青年群体数量多、分布散、体制外、流动性大等特征，共青团中央2019年颁布了《关于切实做好新兴青年群体工作的意见》，在强化对新兴青年群体的有效联系、为其合法权益维护提供帮助和服务、创新推进新兴青年群体团建等方面制定了政策。2017年起实施的"筑

梦计划",就是通过组织专门培训、开展职业导航、进行梦想孵化、提供展示平台等手段,助力签约作家、自由撰稿人、独立制片人、独立演员歌手、自由美术工作者和新社会组织从业人员等新兴群体中的青年实现个人梦想。"筑梦计划"重点在提供展示平台和创业服务中推动新兴青年群体逐步融入青年组织,积极围绕党和国家中心大局,发挥自身专业优势,有序进行社会参与。各级团组织和青年组织还尝试以"文艺+公益"的模式引导青年走进社区开展演出服务,推动青年自身专业发展的同时,还让青年积极参与了和谐社区建设和文明创建工作,在服务国家发展重大战略中提升获得感。

面对新职业从业者和大学生群体,提供全方位的就业帮扶和创新创业指导。为新职业从业者提供合作办学机制,帮助他们提升就业技能的同时获得学习认证,提升他们适应社会的各项能力。在大学生就业成为社会关注的焦点的当下,青年工作在为大学生就业能力和职业规划做好服务的同时,也注重人文关怀和心理疏导,开展"千校万岗"高校毕业生就业精准帮扶行动、心理阳光工程、学业导师计划等工作,不仅改善了劳资关系,还缓解了日益激烈和普遍的代际冲突,从根本上缓解了社会压力。

完善志愿服务保障体系,推动青年参与民主治理。党的十八大以来,《关于支持和发展志愿服务组织的意见》和《志愿服务条例》先后出台,从制度层面对志愿服务进行顶层设计和整体布局。党的十九大报告提出了"推进志愿服务制度化",党的十九届四中全会提出了"健全志愿服务体系"。近年来,党在健全志愿服务体制机制、提高志愿服务专业化水平、推进志愿服务法治化上做出了积极的努力,"奉献、友爱、互助、进步"的志愿服务精神深入人心。不仅大学生们参与志愿服务的热情高涨、平台广阔,全社会积极参与志愿服务的氛围已经形成,并在抗击新冠肺炎疫情的中国行动中得以实践。广大青年不仅在志愿服务中锻炼了自我,更在参与社会治理中服务社会。

## 二、新时代党领导青年工作的基本经验

新时代党领导青年工作,必须贯彻习近平关于青年工作的重要思想,以培养社会主义建设者和接班人为根本任务,充分发挥共青团作为党的助手和后备军的重要作用,围绕中心,服务大局。系统梳理新时代党领导青年工作的具体实践,可以总结出以下基本经验。

(一)坚持党的领导,确保青年工作的政治方向

青年工作,抓住的是当下,传承的是根脉,面向的是未来,攸关党和国家前途命运。坚持党对青年工作的领导,是党的青年工作的一致遵循,是做好群团工作的根本保证。新时代党对青年工作的布局,从宏观上体现在党中央对青年工作的直接领导和战略谋划,从中观上体现为各级党委落实对青年工作的领导责任,从微观上体现在共青团坚持贯彻党的精神,引领青年坚定不移听党话、跟党走。

党的十八大以来,党中央从当今国家事业发展的全局出发,从两个大局的战略全局出发,对青年工作从战略地位、时代主题、责任使命、工作方法、系统改革等方面进行了全方位谋划和具体指导,出台中国历史上第一个青年发展规划,填补了我国青年发展政策长期性空白,推动群团改革,适应新时代青年发展的需求。党对青年工作的领导首先就体现在从宏观战略上党中央做出的全方位谋划,通过政策制定、制度设计、推动改革等方略推动青年工作的现代化。

党对青年工作的领导离不开党中央的战略谋划,更离不开各级党委的落细落实,离不开各级党委在协调政府、社会、群团组织中的关键作用。习近平总书记在构建青年工作的社会化格局上强调,各级党委要与政府、社会、群团组织形成合力,共同致力于青年工作的现代化发展。但是在整个格局中,党委要负主要责任和领导责任,要重视青年工作,

狠抓共青团工作。各级党委在工作布局中要着力完善和优化青年工作的政策条件和机制保障，要将党和国家制定的青年政策和相关部署结合本地具体工作实际转化为切实可行的工作方案，进一步推动《规划》《意见》《方案》的落实，要在关注青年发展需求和现实困难的基础上进一步理清青年成长成才、建功立业的制度障碍和机制堵点，在青年工作大格局中起到举旗定向、系统协调的功能，为青年工作和青年发展提供充分的保障。

党对青年工作的领导，最终依靠共青团等群团组织的工作。新时代党的青年工作的关键是加强对青年的思想引领，坚定青年的理想信念，使青年真正成为党和国家可以依靠的力量，成为社会主义事业的建设者和接班人。共青团作为党的助手和后备军，从诞生之日起就肩负着通过强化政治引领来巩固党执政的青年群众基础的责任使命。党旗所指就是团旗所向。新时代的共青团必须锐意改革，不断增强凝聚青年、服务青年的能力，以习近平关于青年工作的重要思想为指导，坚持中国特色社会主义青年运动方向，推动党的青年工作和青年发展。

(二) 加强制度建设，确保青年工作的科学发展

制度建设是管根本、管长远的。加强青年工作的制度体系建设，从根本上破除青年工作的发展壁垒，从根本上填补青年工作的制度缺失，对于青年工作的科学发展和青年事务治理现代化具有决定性意义。推动新常态下的共青团事业实现深化发展、创新发展、长远发展，也迫切需要完备管用的制度提供保障。

加强和完善制度体系是推动青年工作科学发展的根本性前提。十八大以来，共青团中央针对团员队伍建设、基层团组织建设、基层团干部队伍建设出台了一系列规章制度，从根本上规定了新时代团员先进性、基层团组织的组织力和服务力提升的制度安排，从指导思想、行动目标、行动举措和组织保障等层面全方位地完善顶层设计，为青年工作的

科学发展提供了坚强有力的指导。同时为了加强和改进新形势下高校共青团的思想政治工作，团中央对共青团、学联、学生会的改革制定了实施方案，进一步提升了青年组织对青年工作的积极引领能力，推动了青年的主体性发展。为了更好地加强与青年交流，提升青年工作实效性，作为促进青年工作的制度性安排的青年工作联席会议制度在推动部门交流、促进合作、完善政策、加强青年事务的协调指导上发挥了重要的作用。

配套成熟的执行机制是确保青年工作制度体系发挥作用和生命力的关键。制度的生命力在于执行。定期召开会议研讨青年工作、定期收集和反馈青年政策效果、监测青年工作实效、共青团与政府协同购买社会服务等机制推动了青年工作制度体系转化为治理效能。《规划》是国家层面的制度构想，各省各市必须依据《规划》制定适合地方特色的方案，建立推动《规划》发挥实效的体制机制，建立和完善青少年生存发展状况的指标监测体系，确保在动态平衡中实现《规划》目标。各地在积极探索中建立了相对成熟的运行机制，逐步建立起开放式、市场化的青年事务服务体系，推动了青年工作的科学发展。

（三）推进系统改革，确保青年工作的前进动力

改革创新是青年工作发展进步的不竭动力。群团组织的工作能力和服务能力，在很大程度上决定了青年工作的整体运行。群团组织的系统改革，直接影响着青年工作的发展动力。因此，对标党和国家对青年工作的总体要求，遵循青年成长规律，分析当前青年工作的供给质量，全面把脉群团组织的问题，进行自我革命，是当前青年工作提质增效的关键。

切实增强共青团的政治性、先进性和群众性是青年工作永葆动力的根本。政治属性是共青团组织的根本属性。共青团必须代表广大青年、赢得广大青年、依靠广大青年，始终成为青年值得信赖和依靠的组织力

量。共青团必须坚定不移走中国特色群团发展道路，始终走在时代前列，走在青年前列。在增强政治性上，各级团组织坚持以政治建设为统领，全面落实从严治团要求，增强"四个意识"，坚定"四个自信"，坚决维护党中央权威和党的集中统一领导，保持清风正气和良好形象；在提高先进性上，团干部要按照习近平总书记"坚定理想信念，心系广大青年，提高工作能力，锤炼优良作风"的要求，不断提高工作能力、锤炼优良作风，在提高青年工作能力上下功夫，广大团员青年也要保持先进性，主动迎接挑战，不断增强学习能力、工作能力和适应能力；在增强群众性上，团干部要心系广大青年发展，了解广大青年需求，代表广大青年利益。

在加强自我革命性锻造中推进改革是青年工作永葆动力的关键。共青团系统要围绕方向性、战略性、全局性问题，聚焦主责主业，对团的领导机构建设、基层组织建设、团干部队伍建设等领域进行系统改革，从上层理顺工作体制，从基层夯实工作能力，不断地改进工作方式，在增强团的吸引力、凝聚力和扩大有效覆盖面上下大功夫。共青团要履行好引领凝聚青年、组织动员青年、联系服务青年三项基本职责，围绕青年在就业创业、社会融入、社会参与、社会保障等方面的发展需求，在系统协调中优化青年发展环境；围绕青年思想意识多样、价值选择困难等问题，共青团要用社会主义核心价值观凝聚共识，用先进文化教育青年，用中国特色社会主义引领青年；共青团要面向基层，深入青年之中，青年在哪里，团组织就建在哪里；青年需要什么，青年工作就延伸到哪里；提升青年工作的针对性和有效性，把团组织建设成为联系青年、服务青年的坚强堡垒。

（四）打造工作格局，确保青年工作的协同治理

青年问题的产生是综合因素共同作用的结果。青年问题的解决需要党委、政府和家庭、社会等多方面力量。因此，整合各方力量，形成有

效的协同机制，打造良好的工作格局，推动青年工作的协同治理，是新时代党领导青年工作的重要经验之一，也是坚定不移走中国特色社会主义群团道路的必然要求。

协同治理是推动青年工作科学发展的必由之路。青年发展制约因素的多样性和青年事务的跨界特征内在地要求多部门、多领域、多层级、多主体参与政策制定和执行，决定了青年工作需要协同治理。必须充分发挥党委、政府、青年组织、社会等执行主体的独特作用，进行横向纵向的协同治理，充分发挥部门联动和层级联动，形成协同治理的合力，提高协同治理的效能。"中国的公共政策执行发生在一个'以党领政'、党和国家相互'嵌入'的独特结构和政治生态中。"[1] 因此，在青年事务治理中，必须发挥党委领导一切的作用，推动各部门各主体的政策认同，通过党委的权威介入进行全局性安排和整体性协调，使得各部门的协同合作走向深入；必须充分发挥政府部门的资源优势和管理优势，调动政府部门参与青年事务协同治理的积极性；共青团必须充分发挥协调和督促作用，在党委领导下与政府部门、社会组织、企业组织进行充分合作，争取资源，增强解决青年发展问题、处理青年发展事务的能力；必须有效发挥青年工作的联席机制，不断建立健全议事机制、政策机制、参与机制、协调机制和落实机制，充分整合政府、市场、社会各方面资源，为广大青年成长成才、创新创业做好价值引领和服务保障。在这样的协同治理机制下，各主体的作用实现最大化，同时系统间的合力形成，有效补全了单一主体的工作劣势。当然，目前部门协同治理的制度保障和实施规范还有待进一步完善。

---

[1] 贺东航、孔繁斌：《公共政策执行的中国经验》，载《中国社会科学》2011年第5期，第64页。

# 第八章 新时代青年工作理论的践行与发展

新时代青年工作理论的生命力在于践行,在践行中探寻理论的生长点,在践行中不断系统优化。新时代青年工作理论在中国特色社会主义伟大实践中不断发展,在青年事务治理现代化进程中不断完善,在以习近平同志为核心的党中央领导青年工作的实践中不断丰富和完善。因此,必须把握践行新时代青年工作理论的着力点,在实践中不断地推进青年工作理论内涵式发展。

## 一、践行新时代青年工作理论的主要着力点

践行新时代青年工作理论需要把握其科学的理论内涵,更需要在实践中贯彻落实,才能真正发挥其指导青年工作行动纲领的现实作用。在实践中落实,需要立足大局,聚焦主业,对标问题,落实主体责任,形成有效的工作机制。

### (一)以培养担当民族复兴大任的时代新人为根本方向

习近平总书记在党的十九大报告中提出"培养担当民族复兴大任的时代新人"的新要求,这是新时代新青年的培养目标,也是践行新时代青年工作理论的主要着力点。时代新人首先需要有实现中华民族伟大复兴中国梦的理想信念和能力,要不断增强中国特色社会主义道路自信、理论自信、制度自信、文化自信,将个人发展与国家民族的命运紧密相

连，将个人的理想与国家发展、民族富强紧密相连，自觉肩负起民族复兴的时代责任。其次，时代新人要具备国际竞争能力。要在战略、科技等方面具有创新能力，要主动服务于国家重大发展战略，在国际竞争中赢得主动，为人类发展贡献中国智慧和中国方案。这是当代青年不仅助力国家发展还要放眼全球的时代担当。因此，要在办好人民满意的教育上下功夫，按照习近平总书记在全国教育大会上的讲话精神，全力深化教育领域综合改革，发展素质教育，推进教育公平。要强化教育引导，把社会主义核心价值观融入社会发展的各个方面，转化为青年的情感认同和行为习惯，使之内化于心外化于行；要强化实践养成，创新内容和载体，引导青年自觉践行；要强化制度保障，要完善青年发展的法律法规，更多地体现人文关怀和道德理念。

培养民族复兴大任的时代新人，青年人的主体性不可忽视，青年主观能动性的发挥至关重要。要自觉贯彻并践行习近平总书记对当代青年提出的六点希望。树立远大理想，就要树立对马克思主义的信仰、对中国特色社会主义的信念、对中华民族伟大复兴中国梦的信心，用马克思主义理论武装头脑，在实践中坚持马克思主义的世界观和方法论，坚定对中国特色社会主义的道路自信、理论自信、制度自信和文化自信，在实现中国梦的伟大目标感召下奋力前行，在实现自己的青春梦的过程中助力实现中国梦；热爱伟大祖国，就要听党话、跟党走，坚决做到"两个维护"，坚决维护习近平总书记党中央的核心和全党的核心地位，坚决维护党中央权威和集中统一领导，牢记祖国的屈辱史、抗争史、改革史和建设史，理解中国崛起和中国奇迹背后的中国逻辑，爱国爱民，奉献祖国，奉献人民；担当时代责任，就要明确新时代国家所处的历史方位、社会的主要矛盾以及当前发展起来以后的诸多问题，在担当中历练，在尽责中成长，主动担起实现"两个一百年"奋斗目标和中华民族伟大复兴中国梦的时代责任，努力成为德智体美劳全面发展的社会主义建设者和接班人；勇于砥砺奋斗，就要保持好"永久奋斗"这个优秀的革命传统，勇做走在时代前列的奋进者、开拓者、奉献者，遇到艰难险阻要无所畏惧一往无前，不断创造奇迹；练就过硬本领，就要增强学习紧迫感，苦练内功，扎实奋进，在学习中增长知识、锤炼品格，在工作中增长才干、练就本领；锤炼品德修为，就要自觉践行社会主义核心价值观，饮水思源，懂得感恩，明辨是非、保持定力，恪守正道、知行合一，在祖国需要的地方扎根实践，追求更高境界的人生。

（二）以坚持党管青年为基本原则

坚持党的领导，是坚持和发展中国特色社会主义的根本保证，既是中国特色社会主义最本质的特征，也是中国特色社会主义制度的最大优势。新时代青年工作理论第一次旗帜鲜明地提出坚持党管青年的工作原则，意味着党总揽青年工作全局，对青年工作进行总体领导，党要协调各方力量和资源，对青年工作施行直接领导。因此，落实新时代青年工作理论，就要在实践中牢牢坚持党管青年的工作原则。

首先，要增强战略意识和大局意识。新时代青年工作理论将青年工作和青年发展提高到了国家发展的战略地位，因此我们要自觉地在党中央和各级党委领导下，在党和国家工作的大局中，朝着培养中国特色社会主义建设者和接班人的目标，谋划青年工作和青年发展事业。其次，要加强思想引领，在思想上赢得青年。用习近平总书记系列讲话精神来武装青年，用习近平治国理政的新思想和新战略来引领青年，用中国特色社会主义共同理想和共产主义远大理想来教育青年，加强党对青年的有效引领。再次，要推进群团改革，发挥组织活力，在服务中凝聚青年。要结合新时代新青年的发展诉求，进一步推动群团改革，发挥组织活力，健全党领导下的青年组织体系，强化共青团在联系青年、引导青年、组织青年中的主导作用，让青年在发展中相信组织，依靠组织，找得到组织。最后，要以落实《规划》为抓手，在完善政策保障的过程中关心青年。要在青年发展政策的国际比较与本土借鉴中进一步完善青年政策体系，按照党中央制定颁布的《规划》目标与措施逐步细化青年工作，把党对青年的关心与关爱传递给青年，让青年在社会融入与社会参与过程中享有更多的获得感，增强青年对党的领导的认同感，并引领青年自觉参与到中华民族伟大复兴的历史重任中来，不断巩固和扩大党执政的青年群众基础。

### （三）以推动青年首先发展为基本理念

青年首先发展的理念是新时代青年工作理论对中国特色青年工作理论的重大创新。青年首先发展的理论强调青年发展在党和国家各项事业发展中居于最先发展的位置，实际上是在教育优先发展、人才优先发展的公共政策中纵向植入青年首先发展，在各项国家发展战略中加大对青年发展的重视程度与支持力度。首先，优化青年发展的政策环境，保障青年首先发展。青年政策的制定要与国家和社会系统相协调，在国家总体政策框架中遵循综合性和单一性相结合的政策制定原则，在《规划》的基础上进一步建立和完善具有中国特色的青年发展政策体系和工作机制，从根本上实现青年发展的国家战略。其次，维护青年发展的合法权益，增强青年发展的动力保障。既要全面贯彻现有的关于青少年发展的法律法规，又要完善权益维护的法律法规和政策体系，健全青少年权益保护的工作机制，对侵害青少年合法权益的行为要依法严厉打击。再次，对标服务青年发展的具体需求，推动青年首先发展。青年在健康、婚恋、就业创业、社会融入和社会参与、社会保障等方面有着迫切而多元的需求，在农村、企业、学校等不同场域，不同青年群体又呈现着不同的需求，青年在发展的不同阶段也呈现着多变的需求。要在为广大青年提供学习资源、搭建成长平台、营造成长环境、解决成长困难等服务的过程中适应并满足青年的各种需求。

## （四）以深化共青团改革为主要抓手

新时代青年工作理论强调必须把共青团全面深化改革作为提升青年工作实效的重要抓手。共产党领导下具体组织实施青年工作的共青团，是培养社会主义事业建设者和接班人的重要力量。共青团的整体发展与工作能力很大程度上决定着青年工作的实效。首先，要坚持从严治团，强化共青团的政治意识。作为党联系青年的桥梁和纽带，必须牢牢坚持"党旗所指就是团旗所向"，把培养社会主义建设者和接班人作为根本任务，把巩固和扩大党执政的青年群众基础作为政治责任，把围绕中心、服务大局作为工作主线，这样才能确保共青团的政治方向，才能确保共青团在国家全面深化改革和发展中的角色定位。要抓好团干部和团员的队伍建设，改进工作作风，提高政治站位。其次，创新工作方式方法，在增强共青团组织的吸引力和凝聚力上下功夫。加强组织建设，激发基层团组织活力，加强与青年组织有效对接，进一步扩大共青团工作的有效覆盖面，提升共青团工作的专业化和社会化水平。同时，要用新媒体和新手段来凝聚青年，加强网上思想引导能力，建立线上线下联系服务青年的长效机制，让青年能够更加紧密地团结在共青团的周围，组织动员广大青年坚定不移跟党走。再次，加强共青团队伍建设。要在从严治团中强力推进团干部的教育管理，全面加强团干部的理论武装，将团干部的理论学习制度化、常态化，帮助团干部补足精神之钙，筑牢信仰之基。将团干部联系青年的制度落细落实，带动其所联系的支部青年一起学习，主动开展面对面的理论宣讲，在交流中深入基层，了解青年，真正做到争当青年友，不做青年官。把团员和团干部这支队伍的思想建设、组织建设和作风建设抓好筑牢，共青团的改革才可能真正见实效。

## （五）以创新青年工作格局为基本思路

构建党委领导，政府、群团、社会协同施策的工作格局，是新时代青年工作理论的重大创新。青年问题都是综合性和公共性的问题,青年发展是一项系统的社会化工程。营造全社会关心支持青年发展的良好氛围,形成有效聚集各方力量的青年工作格局,是推动青年发展的顶层设计和制度保障。首先,在平台搭建上要注重系统间合力的发挥。各部门需要在角色定位、任务分工、力量调配和联动中形成有序合理的合作,实现青年工作效果的极大值。其次,在资源整合上要充分发挥组织优势和市场化原则,将人、财、物、信息等各种资源进行多形式、多渠道、全方位的整合,最大程度地借力党和政府组织优势,将共青团与社会力量同步共享的机制打通。充分争取各种渠道的社会资源并且维护渠道的稳定关系,使得青年工作需要的各项资源能够得到充分满足,既实现团的各级组织、各类阵地之间的内部系统互联互通,又实现团组织与党政部门、社会组织等系统间有效联动,全面推动青年工作取得实效。

## 二、在实践中不断推动青年工作的内涵式发展

新时代青年工作理论在逻辑、结构和方法上注重发展理论品格,在实践中推动青年工作现代化,具有鲜明的时代价值和实践特征。新时代青年工作理论具备了完整的理论形态,之所以这样说,既在于它全方位回应了青年在实现中华民族伟大复兴中国梦过程中的应有作为这一时代性课题,也在于它运用辩证唯物主义和历史唯物主义,系统地回答了青年发展的一系列重大问题,还在于它明确阐释了青年工作从宏观到中观到微观的所有层次的具体理念和方法。这些理论具有内在的逻辑联系,构成一个有机的整体。第一,新时代青年工作理论做出了系统的理论设计,具有严密完整的理论框架和内在逻辑。它以青年的全面发展为理论主题,以青年与社会和谐共同进步为理论灵魂,以青年的主体性为理论核心,以马克思的辩证唯物主义和历史唯物主义为理论基石,以青年发展为理论范畴设定了理论的基本框架。第二,新时代青年工作理论具有

丰富的理论内涵：它以马克思主义青年观为理论支撑，以新时代中国青年问题为逻辑起点，以习近平新时代中国特色社会主义思想为思想统领，以"中国梦"为实践方向，以以人民为中心为价值追求，以重视青年并全力推进青年全面发展为核心要义，以党管青年为总体原则，以青年首先发展为基本原则，以共青团改革为基本动力，以思想引领为根本方法。第三，新时代青年工作理论内部具有紧密的逻辑关联：它对青年本质有着全新的认识，即国家的生力军和中坚力量，党和人民事业的生力军；它对青年影响有着全新的定位，将青年发展定位在人类命运共同体的国际视野中，定位在国家发展、民族希望的视野中，定位在实现中华民族伟大复兴中国梦的历史征程中；它对青年成长有着科学的方法论，即志存高远、德才并重、情理兼修、勇于开拓；它对青年发展的理念有着全新的概括，即坚持以人民为中心、以青年为主体，尊重青年的主体性，坚持青年首先发展的核心理念；它对青年发展有着全新的战略布局，即党委领导、政府主导、群团协同、社会参与的协同工作机制；它对青年工作有着全新的思维，即综合运用战略思维、系统思维、创新思维和辩证思维，在服务中引领青年的全面发展。随着以习近平同志为核心的党中央对青年工作的进一步领导，新时代青年工作理论会不断丰富和完善。目前看来，青年发展和青年工作要不断提升水平，需要在实践中不断地加强理论创新、制度创新、机制创新、政策创新，在理论形态和制度化法制化层面进行实质性的突破。

（一）在加强理论创新中提升青年工作理论的科学化

目前新时代青年工作理论的理论形态相对完整，但需要在实践中强化青年主体性这一本质特征，在青年主体性思想的引领下，构建更能凸显青年主体性需求、强化青年主体性参与、增强青年主体性意识、提高青年主体性能力的政策体系。观念形态需要扩展为整个社会的思想共识，需要在理论观念上进一步凝练：新时代青年工作理论所内含的以青年为本的发展观念；由青年工作体系的协同、多方社会力量的协同、青年与社会的协同和全员全方位全过程的协同共同构成的协同发展观念；强化社会主义核心价值观、理想信念、传统文化、中国梦的新时代青年教育观。这些观念形态已经具备了丰富的理论内涵和充分的可操作性。将青年工作对于社会发展和个人发展的重要意义进行价值普及，在人们价值观念和思想观念日益多元的当下，将青年工作的价值观念从自我认同引向社会认同。在这个过程中需要政府的引导、全社会的广泛教育与动员，更需要青年群体靠自身发展影响全社会对青年的认同改变。在发展青年工作思想的行为形态时，要注重理论与实践的契合点，在指导青年发展和青年工作的具体实践中，增强理论的破局能力，增强解决青年发展问题的能力，考虑理论发展的现实性和特殊性，在实践中反哺理论，增强青年工作理论的实效性，使得全社会对青年工作的认识从自在到自为，从自发到自觉。青年政策实现了本质上的突破之后，需要在政策的立体化上下功夫。首先从机制上中央到地方实现政策配套与完善，以《规划》等政策为指导思想因地制宜地制定适合本地区青年工作发展实际的政策，同时要让政策发挥实效就必须在政策的涵盖层面深耕，对青年突出问题进行科学论证，使得青年政策处于相对稳定的动态发展中。制度形态是新时代青年工作理论从理论形态向实践形态转化的重要中介和保障。目前构建了多方协同施策的青年工作制度，需要在推动《青年法》的出台过程中取得制度化法制化的进步，在青年工作实施制度、考核制度、政策论证制度等方面进一步规范完善。促进理论形态的体系化，推动观念形态的普及化，强化行为形态的实效性，推进政策形态的立体化，助力制度形态的规范化，全面提升中国特色青年工作理论的科学化水平。

（二）在强化制度建设中推动青年发展理念落细落实

新时代青年工作理论的理念创新表现在确保青年首先发展，推动青年全面发展。青年首先发展理念在提升青年工作在国家发展战略布局的位置上起到了重大的作用，为青年发展提供了国家层面的发展空间和制度保障。但作为一种理念，目前需要理论形态的深入剖析与论证以及制度建设的跟进。具体而言，要对首先发展的本质做理论上的归纳与概括；对首先发展所涵盖的内容做详尽的规划设计，包括育人方法、培养模式、价值意义等；同时对首先发展做原则性的安排，包括青年首先发展与国家发展、青年首先发展与社会发展的关系，还要对首先发展做规律总结。总之，需要对青年首先发展理念进行全面整体科学的界定，才能在具体工作实践中将理念落细落实，发挥青年首先发展这一理念创新的重大作用。在制度建设上，要设计青年首先发展的工作制度、评估制度以及配套工程等，在根本制度、基本制度、具体制度和特殊制度不同层次做详细设计，将制度所包含的价值、组织、规范等要素做明确的规定，将理念落细到有制度、有措施的行动层面，彼此之间协调运作、互相贯通，真正推动青年首先发展。

制约青年全面发展的因素很多，但从根本上说制度是直接的决定性因素。"制度对于生活于其下的人来说，是一种既定的力量，它限定、规范和塑造着人的活动和社会关系以及人的个性，由此构成人的发展的现实空间，形成人的现实生活世界。"[①] 制度规定了青年的活动范围、标准、规则和模式，也就是规定了青年自由的发展空间；制度规定了青年交往的秩序与框架，有助于消解青年人际关系的紧张与冲突；制度规定了青年的德性与伦理规范，有助于青年健康价值观和人格的养成；制度规定了青年的社会角色和社会关系，并呈现出不同制度环境下的青年发展关系格局。从哲学上看，制度是社会化的青年互相聚集的方式，是

---

① 吴向东：《制度与人的全面发展》，载《哲学研究》2004年第8期，第79页。

规范和固化社会关系的重要手段，制度也是限制或者激励青年发展的重要力量。因此从这个维度讲，制度是实现青年全面发展的重要条件，要想推动青年全面发展，就要在青年发展的空间、青年发展的社会关系调适、青年发展的德性规范、青年发展的激励机制等方面推动制度建设与发展。具体而言，首先，内含着一定价值规范和伦理精神的制度，需要将文化价值理念具象化和实体化。也就是说，现有的青年发展制度需要彰显青年发展应有的文化价值理念，应该在青年发展的文化内涵上有所体现，使得青年发展制度不仅是青年发展的具体措施，而且是以文化价值引领和塑造为核心的制度设计。其次，马克思将人的全面发展界定为人的劳动活动的全面发展，以及人的需要和能力的全面发展。马克思强调的活动的全面发展，表现为活动内容和形式多种多样并且具有可变动性。这实际上就是强调作为社会的人，无论是改造自然界还是改造社会改造自身，都应该根据自己的兴趣和特长自主选择活动，在全面而丰富的活动中开展创造性劳动。① 新时代青年工作理论已经确立"坚持以青年为主体，尊重青年的主体地位"，这就需要从制度上细化，确保青年有自主选择的多样活动，有根据自我发展需求进行自主选择的空间。对于习近平总书记提到的关注新兴群体的发展，要做制度上的方案设计，要想好以什么样的形式组织新兴群体使之产生集体认同，同时还能保障他们的自主活动，在他们的自主性与集体性之间保持适度的张力。其次，在青年社会关系的全面丰富和个性的自由发展上，需要完善制度的规定性。"脱离了社会秩序就没有人的存在，人只能通过社会秩序来发

---

① 马克思说："在共产主义社会里，任何人都没有特殊的活动范围，而是都可以在任何部门内发展，社会调节着整个生产，因而使我有可能随自己的兴趣今天干这事，明天干那事，上午打猎，下午捕鱼，傍晚从事畜牧，晚饭后从事批判，这样就不会使我老是一个猎人、渔夫、牧人或批判者。"(《马克思恩格斯选集》第1卷，人民出版社2012年版，第165页。)

展自己的个性"①,因此需要在建构青年与社会互动的关系框架上做制度设计,在青年个性的自由发展上做政策安排。

(三) 在强化机制配套上全面体现青年的主体性诉求

新时代青年工作理论提出发展青年主体性、尊重青年的主体地位这一核心思想,是对马克思主义理论关于主体性范畴的本质继承。袁贵仁认为"主体性这个范畴,人们在三个不同而又密切联系着的方面使用它。一是理论的主体性,二是活动的主体性,三是人的主体性"②,这三者之间的内部逻辑关系表现在:理论的主体性是基本前提,是本质和规律性的揭示,为社会活动提供科学的世界观和思维方法;活动的主体性则强调活动的形成、发展、过程、结果整个链条都是人的主体性影响的结果;人的主体性则是根本追求,是对主体性的获得与确证。因此青年主体性在政策制定、机制配套、措施跟进上要得到全面体现,就需要构建以青年作为人的主体性为核心的兼具理论的主体性、活动的主体性和制度的主体性的青年工作理论。实现青年的主体性发展,实际就是要推动青年在实践活动中形成和发现自己的主体性,在活动的过程中打上青年主体的印记,最终在活动中实现自己的主体性。

马克思主义理论中关于人的主体性主要包含人作为主体的能动性、作为活动主体的创造性和自主性。青年主体性的发展自然也要在改造世界的活动中发展主体的能动性、创造性和自主性。那么就需要我们在政策制定、机制配套、措施跟进上做如下努力:首先在发展青年作为主体的能动性时,要让青年能够认清自己与他物的主客体关系,并能够在这

---

① [美] 查尔斯·霍顿·库利:《人类本性与社会秩序》,包凡一、王源译,华夏出版社1989年版,第275页。
② 袁贵仁:《主体性与人的主体性》,载《河北学刊》1988年第3期,第24页。

种主客体关系的理解与调节中主动确定目标、制定计划和采取行动。当然这种主体性不仅存在于改造世界的活动，还体现为青年能够在反思中总结规律，预测活动发展的未来趋势，并在预测中完成目标与计划的修订。其次在发展青年作为活动主体的创造性时，要从青年的创造性需求的满足、创造性能力的培养和创造性品质的锻造中完成自我实现的创造性。当代青年不再满足于重复前人的社会活动，而是更追求个性化的独创性的劳动，以此确证自己作为主体的社会价值与本质力量。同时在创造性活动的过程中，青年更在意自我创造性能力及创造性品质的提升，包括"大胆、勇敢、自由、自发性、明晰、整合、自我认可，即一切能够造成这种普遍化的自我实现创造性的东西"[①]。因此青年工作就需要以此为方向去为青年的主体性发展创造制度性环境与条件。再次，在发展青年作为活动主体的自主性时，要为青年实现自我独立思考和行动、自由支配情感和意志、自我调节心理和潜能的权利提供制度保障，促使青年形成自立自强的完美人格，能够自信自主地发展自我，最终在国家社会发展中体现青年价值。

（四）在完善政策体系上取得实质性的制度突破

《规划》作为青年发展的政策，不仅有清晰的青年成长发展规划，还有对多方协调联动工作机制的规划。《方案》成为共青团改革进一步提升青年服务能力的施工图。《关于加强和改进新形势下高校思想政治工作的意见》《关于进一步加强和改进新形势下高校宣传思想工作的意见》则对青年思想引领进行全面的规划和部署。这些都是新时代青年工作理论在政策发展上取得的突破性进展。但在工作协调机制的具体运行模式、政策体系自上而下的配套、青年发展指标体系的构建以及青年工

---

① [美] A. H. 马斯洛：《存在心理学探索》，李文湉译，云南人民出版社1987年版，第131页。

作评价机制的建立等方面必须实现实质性的突破才能保证青年政策效能效力得到充分发挥。

首先,在党委领导、政府群团尽职、社会参与的青年工作协同机制基础上,需要进一步明确政府各部门与社会力量在统一协调时的职能分工,也就是要把分散的政策资源和社会力量集中到一个相对协调统一、综合配套的政策体系中,使社会力量积极参与、政府力量多元施策,最终使青年政策更好地发挥整体效果。其次,青年政策体系需要从中央到地方配套。《规划》是国家层面的青年政策,各省级、市级层面需要根据中央精神结合各地青年工作的具体实际配套制定具有可操作性和针对性的地方性青年发展政策。同样,《方案》作为群团改革的国家施工图,需要配套各省市地区的群团改革方案,共同构成青年政策的完整体系。目前,全国各省都已公布各自的规划,各高校均已完成由党委审议通过的方案。接下来需要在监控体系、评价体系和反馈体系上完善,以调适现有的政策。《规划》确定了青年工作"形成具有中国特色的相对完善的青年发展政策体系和工作机制"的政策目标和"明显提升青年思想政治素养和全面发展水平"的直接目标。虽然《规划》已经在青年发展的十大领域做了详细的规划,但缺乏具体可行的指标体系去评判青年发展目标实现的效果。对比2004版的《当代中国青年发展状况指标体系研究》可以发现,《规划》新增了对青年的"思想道德""青年文化""合法权益""社会保障""青少年犯罪"等五大领域的关注,将"劳动就业"改为了"就业创业",将"公民参与"和"人际交往"合并为"青年的社会融入与社会参与"。应该讲,这是对青年工作发展现状和态势做的合理调整,但缺乏可以说明青年发展实况的"客观指标"和表征青年主体发展的"主观指标"。这些指标既能反映青年发展的主体性需求和观念、态度的变化趋势,也能客观呈现青年工作的发展水平。这是落实青年政策的基础性工作。① 最后，要进一步完善青年工作的评价机制。《规划》最后提出要建立规划实施情况的监测评估机制，目的是推动规划实现。但青年工作的评价需要充分调动各参与力量的积极性，将青年工作的评价指标落实到政府发展规划中，落实到具体责任单位的绩效考评中，对青年发展的十大领域所涉及的相关部门进行工作考核，从激励机制的角度推动青年工作的高效运转。

（五）在提升服务水平中强化青年工作的实效性

从观念形态转化成行为形态的过程中，需要强化行为形态的实效性，在强化青年工作的实效性上推进新时代青年工作理论的发展。在理论与观念指导实践的过程中，需要将理论与观念内化为人的主观行为，成为人们自觉或不自觉的一种行为习惯。当前新时代青年工作理论的实践已全面铺开，高校青年思想政治教育和共青团改革全面启动，青年政治参与和社会参与得到有效增强。但在理解转化为行动上仍存在着很多现实问题。比如概念理解不彻底、对象群体窄化等问题，无意中忽视了青年群体的广泛性，忽视了新的社会分层存在。具体表现为社会价值观变迁对青年的深入影响尚未破解，青年问题和青年权益的保护尚待解决，青年发展的动力机制需要研究，网络空间的青年发展措施不够，中国梦、理想信念、价值观、优秀传统文化要想通过教育转化为个体的精神价值追求，需要切实考虑教育内容、教育对象和教育路径的现实性。全社会联动的相关部门需要调整认识，尤其是三种工作方式要在目标一致、角色交互的过程中实现有效对接协同发力。这些问题都会影响理论形态入脑入心的效果，影响青年工作的开展实效。因此，需要切实提高做好青年工作的思想和行动自觉，全面提升服务青年成长的水平。一方

---

① 张华：《落实我国中长期青年发展规划的五个关键环节》，载《中国共青团》2017年第7期，第35页。

面，共青团要继续发挥"党有号召、团有行动"的光荣传统，不断加强自身建设，提高组织的向心力、凝聚力和吸引力，增强青年对组织的认同感，积极服务青年诉求，引领青年思想，影响青年行动，做好党与青年联系的桥梁与纽带；另一方面，共青团进一步做好青年社会实践的平台机制建设，鼓励青年立足岗位，扎根基层，在实践中成长，在基层中锻炼，把青春力量凝聚到实现中华民族伟大复兴的中国梦中，在提升青年工作组织、引导、服务、维权四项能力上推动青年的可持续发展。

# 主要参考文献

[1] 中共中央马克思恩格斯列宁斯大林著作编译局. 马克思恩格斯文集：第2卷［M］. 北京：人民出版社，2009.

[2] 中共中央马克思恩格斯列宁斯大林著作编译局. 马克思恩格斯文集：第5卷［M］. 北京：人民出版社，2009.

[3] 中共中央马克思恩格斯列宁斯大林著作编译局. 马克思恩格斯文集：第7卷［M］. 北京：人民出版社，2009.

[4] 中共中央马克思恩格斯列宁斯大林著作编译局. 马克思恩格斯文集：第8卷［M］. 北京：人民出版社，2009.

[5] 中共中央马克思恩格斯列宁斯大林著作编译局. 列宁选集：第4卷［M］. 北京：人民出版社，2012.

[6] 中共中央马克思恩格斯列宁斯大林著作编译局. 列宁全集：第7卷［M］. 北京：人民出版社，2013.

[7] 中共中央文献研究室. 毛泽东文集：第1卷［M］. 北京：人民出版社，1993.

[8] 中共中央文献研究室. 毛泽东文集：第2卷［M］. 北京：人民出版社，1993.

[9] 中共中央文献研究室. 毛泽东文集：第6卷［M］. 北京：人民出版社，1999.

［10］中共中央文献研究室. 毛泽东文集：第7卷［M］. 北京：人民出版社，1999.

［11］邓小平. 邓小平文选：第1卷［M］. 北京：人民出版社，1994.

［12］邓小平. 邓小平文选：第2卷［M］. 北京：人民出版社，1994.

［13］邓小平. 邓小平文选：第3卷［M］. 北京：人民出版社，1993.

［14］马克思，恩格斯. 德意志意识形态：节选本［M］. 中共中央马克思恩格斯列宁斯大林编译局，编译. 北京：人民出版社，2018.

［15］共青团中央，中共中央文献研究室. 毛泽东邓小平江泽民论青少年和青少年工作：增订本［M］. 北京：中国青年出版社，2003.

［16］中共中央文献研究室. 十八大以来重要文献选编：上［M］. 北京：中央文献出版社，2014.

［17］中共中央文献研究室. 十八大以来重要文献选编：中［M］. 北京：中央文献出版社，2016.

［18］中共中央党史和文献研究院. 十八大以来重要文献选编：下［M］. 北京：中央文献出版社，2018.

［19］中共中央党史和文献研究院. 十九大以来重要文献选编：上［M］. 北京：中央文献出版社，2019.

［20］习近平. 论党的青年工作［M］. 北京：中央文献出版社，2022.

［21］中央党校采访实录编辑室. 习近平的七年知青岁月［M］. 北京：中共中央党校出版社，2017.

［22］习近平，之江新语［M］. 杭州：浙江人民出版社，2007.

［23］习近平. 干在实处　走在前列：推进浙江新发展的思考与实

践［M］．北京：中共中央党校出版社，2006．

［24］习近平．知之深　爱之切［M］．石家庄：河北人民出版社，2015．

［25］习近平．摆脱贫困［M］．福州：福建人民出版社，1992．

［26］习近平．习近平谈治国理政：第1卷［M］．北京：外文出版社，2018．

［27］习近平．习近平谈治国理政：第2卷［M］．北京：外文出版社，2017．

［28］习近平．习近平谈治国理政：第3卷［M］．北京：外文出版社，2020．

［29］习近平．习近平谈治国理政：第4卷［M］．北京：外文出版社，2022．

［30］中共中央文献研究室．习近平关于青少年和共青团工作论述摘编［M］．北京：中央文献出版社，2017．

［31］袁贵仁．马克思的人学思想［M］．北京：北京师范大学出版社，1996．

［32］安东尼·吉登斯．现代性与自我认同：现代晚斯的自我与社会［M］．赵旭东，方文，译．北京：生活·读书·新知三联书店，1998．

［33］陈学明．情系马克思：陈学明演讲集［M］．武汉：武汉大学出版社，2010．

［34］查尔斯·霍顿·库利．人类本性与社会秩序［M］．包凡一，王源，译．北京：华夏出版社，1989．

［35］A. H. 马斯洛．存在心理学探索［M］．李文湉，译．昆明：云南人民出版社，1987．

［36］吴端．寂静的青春：儒学民众化与青年现象的消失［M］．北

京：中国发展出版社，2015.

［37］陈映芳."青年"与中国的社会变迁［M］.北京：社会科学文献出版社，2007.

［38］高宣扬.布迪厄的社会理论［M］.上海：同济大学出版社，2004.

［39］黄志坚.青年学新论［M］.北京：中国青年出版社，2004.

［40］詹姆斯·D.马歇尔.米歇尔·福柯：个人自主与教育［M］.于伟，李珊珊，等译.北京：北京师范大学出版社，2008.

［41］F.马赫列尔.青年问题和青年学［M］.陆象淦，译.北京：社会科学文献出版社，1986.

［42］A.H.马斯洛.动机与人格［M］.许金声，程朝翔，译.北京：华夏出版社，1987.

［43］陶东风，胡疆锋.亚文化读本［M］.北京：北京大学出版社，2011.

［44］李连科.价值哲学引论［M］.北京：商务印书馆，1999.

［45］黄蓉生.青年学研究［M］.2版.成都：四川人民出版社，2009.

［46］何萍，李维武.马克思主义中国化探论［M］.北京：人民出版社，2002.

［47］黄蓉生.当代青年思想政治教育研究［M］.成都：四川人民出版社，2002.

［48］李泽厚.中国现代思想史论［M］.天津：天津社会科学院出版社，2003.

［49］张耀灿.中国共产党思想政治教育史论［M］.北京：高等教育出版社，2006.

［50］戴维·迈尔斯.社会心理学［M］.侯玉波，乐国安，张智

勇，等译. 北京：人民邮电出版社，2006.

［51］蒋庆哲，田辉. 马克思主义中国化在青年大学生中的传播研究［M］. 北京：北京师范大学出版社，2014.

［52］中国共产主义青年团中央团校. 马克思恩格斯列宁斯大林论青年［M］. 北京：中国青年出版社，1980.

［53］曾燕波. 青年八大热点问题［M］. 上海：上海社会科学院出版社，2007.

［54］风笑天. 社会变迁中的青年问题［M］. 北京：北京大学出版社，2014.

［55］徐兰宾，刘汉一. 社会思潮与青年教育［M］. 南昌：江西人民出版社，2013.

［56］张耀灿. 思想政治教育学前沿［M］. 北京：人民出版社，2006.

［57］黄志坚. 黄志坚青年研究文集［M］. 北京：研究出版社，2012.

［58］张华. 落实我国中长期青年发展规划的五个关键环节［J］. 中国共青团，2017（7）.

［59］陆建华. 论青年群体的社会学特征［J］. 中国青年研究，1993（1）.

［60］周晓虹. 中国青年的历史蜕变：国家与社会关系的视角［J］. 江苏社会科学，2015（6）.

［61］沈杰. 后现代语境中青年概念的重构［J］. 中国青年研究，2018（6）.

［62］平章起. 青年社会学与"中层理论"探索［J］. 青年研究，2000（1）.

［63］黄志坚. 学术研究与普及应用：论加强青年学研究之双轨并

进［J］.中国青年研究，2018（1）.

［64］中国青少年研究中心课题组.中国共产党与青年、青年运动关系研究［J］.中国青年研究，2013（6）.

［65］沈杰.中国青年发展的分析框架及其测量指标［J］.北京青年研究，2017（2）.

［66］伍复康.论青年本质：从马克思主义人的本质理论出发［J］.中国青年社会科学，2017（4）.

［67］沈杰.青年社会学的基本理论视角［J］.北京青年研究，2014（3）.

［68］周廷勇.齐克瑞的大学生自我同一性发展理论研究［J］.复旦教育论坛，2015（6）.

［69］夏学銮.青年文化建设的意义与目标探讨［J］.青年探索，2010（1）.

［70］邓希泉.青年文化发展规律研究［J］.中国青年社会科学，2015（5）.

［71］张春枝.习近平青年工作思想探究［J］.中南民族大学学报（人文社会科学版），2018（1）.

［72］周晓燕.国家视角下的青年发展［J］.青年发展论坛，2017（3）.

［73］刘佳.论共青团改革实践重心、思维方法和行动前瞻［J］.青年发展论坛，2017（1）.

［74］张良驯.新时代青年工作理论创新研究：对《中长期青年发展规划（2016—2025年）》青年工作思想的分析［J］.青年发展论坛，2018（1）.

［75］郑长忠.中国青年发展的政治逻辑：党管青年原则与中国青年发展的关系研究［J］.青年学报，2017（4）.

[76] 韩振峰. "三个面向"教育思想的深层意蕴和现实启示 [J]. 中国高等教育, 2013 (20).

[77] 熊建生. 构建"三个面向"的思想政治教育内容体系 [J]. 思想教育研究, 2013 (12).

[78] 吴向东. 制度与人的全面发展 [J]. 哲学研究, 2004 (8).

[79] 袁贵仁. 主体性与人的主体性 [J]. 河北学刊, 1988 (3).

[80] 樊泽民. 价值多元时代的当代青年研究 [J]. 党政干部学刊, 2015 (9).

[81] 田杰. 论马克思、恩格斯的青年观 [J]. 中国青年政治学院学报, 2004 (6).

[82] 倪邦文. 五四精神与青年发展 [J]. 中国青年政治学院学报, 2009 (3).

[83] 汤苍松. 中国共产党人的青年观 [J]. 中国青年研究, 2013 (9).

[84] 万美容. 当代中国社会变迁与青少年价值观教育转型 [J]. 思想政治教育研究, 2012 (2).

[85] 刘必好, 刘怀玉. 论习近平新时代中国特色社会主义思想的理论品格 [J]. 南京社会科学, 2018 (6).

[86] 中共中央国务院印发《中长期青年发展规划（2016—2025年）》[N]. 人民日报, 2017-04-14 (1, 6).

[87] 中办印发《共青团中央改革方案》[N]. 人民日报, 2016-08-03 (1).

[88] 邓希泉. 社会变迁中的中国共产党与中国青年 [N]. 中国青年报, 2016-07-04 (2).